Venus und ich

Venus und ich
Anja Schäfer

DISCUS
PUBLISHING

Coverdesign und Satz: Anja Schäfer

ISBN: 978-3-910804-00-5

Anja Schäfer

Venus und ich

Wie ich durch die Begegnung mit Omnec Onec Botschafterin der Venusier wurde

Eine Geschichte über Einweihungen, die Transformation der Erde und die Liebe

Inhaltsverzeichnis

Vorwort

Das Buch, das du hier in deinen Händen hältst, entstand durch einen Bewusstseins- und Schreibstrom während einer zweiwöchigen Reise mit einem Nachklang von einigen Tagen. Nach meiner Rückkehr schrieb ich in Deutschland die letzten zwei Kapitel. Ich wusste noch während der Reise, welche Kapitel fehlen und dass keine weiteren hinzukommen würden.

Du kannst dieses Buch als eine Art Erzählung in Tagebuchform ansehen, in die spirituelle und aktuelle Informationen eingewoben sind. Es hat keinen Anspruch auf Vollständigkeit und ich verspreche nicht die Beantwortung aller möglicherweise auftauchenden Fragen. Der Stil ist relativ pur so, wie mir der Schnabel gewachsen ist.

Dieses Buch ist aus meinem Herzen geschrieben und nicht aus meinem Kopf.

Möge es dir inspirierende und auch vergnügliche Lesestunden schenken.

Lasst uns immer mehr miteinander verbinden und gemeinsam eine wundervolle, neue Welt erschaffen!

In Liebe und Dankbarkeit

Anja

Leserstimmen

Dies sind die ersten Rückmeldungen meiner lieben Probeleser, denen ich so dankbar bin dafür, dass sie sich die Zeit für das gründliche Lesen eines doch recht umfangreichen Buches genommen haben.

So etwas ist im Zeitalter der Multimedialität alles andere als selbstverständlich. Das intensive Lesen und Eintauchen in ein Buch ist etwas ganz anderes als das Schauen von Videos und das rasche Überfliegen von kurzen Impulsen in Social-Media-Kanälen – vom Berieseln Lassen durch Mainstream-Medien ganz abgesehen.

Diese Menschen, deren Stimmen ich meinem ersten Buch voranstelle, haben mir hilfreiche, ehrliche und liebevolle Unterstützung gegeben. Von ihnen erreichte mich enorm viel positive Energie und Ermutigung, was mich sehr darin bestärkte, dieses doch sehr persönliche Werk wirklich zu veröffentlichen.

Ich freue mich, wenn Dir diese Rückmeldungen den Einstieg in mein erstes Buch noch schmackhafter machen.

Anja ♥

Dieses Buch, in dem so viel Wissen, Erfahrung und Weisheit steckt, kann man auf ganz verschiedenen Ebenen lesen. Mit dem Verstand, mit dem Gefühl und mit dem Herzen. Jedes Kapitel ist ein kleines Buch für sich selbst, mit einem eigenen Thema – geführt durch einen roten Faden: die persönliche Lebensgeschichte der Autorin.

Authentisch, schonungslos ehrlich mit sich selbst und doch voller Humor und Liebe nimmt Anja dich mit auf ihrem Weg ihrer Erfahrungen und Erkenntnisse. Im Hintergrund steckt viel Wissen, Recherche und Weisheit, exzellent umgesetzt in klarer, verständlicher Sprache und nie mit einem erhobenen, belehrenden Zeigefinger. Dieses Werk ermuntert dazu, sich selbst zu lieben und seine eigenen Erfahrungen wertzuschätzen. Ebenso zeigt es kreative Wege, wie wir unsere Zukunft mitgestalten können.

Ich bin sehr dankbar für diese große Fülle an Informationen, die mich sicher noch lange inspirieren und begleiten werden.

Kim

Anja beschreibt in ihrem Buch ein Lebensgefühl, das in Kapitel 9 folgendermaßen auf den Punkt gebracht wird: „Geboren werden, durchs Leben rennen, sterben. Langsam ist das doch langweilig, findest du nicht auch? Das Leben ist doch in Wahrheit so viel größer. Es gibt so viel mehr zu entdecken, zu leben, zu sein."

Dieses Lebensgefühl entspricht ganz und gar dem heutigen Zeitgeist.

Ich bin mir sicher, dass viele Leserinnen und Leser in Anjas Erlebnissen und Gedankengängen auch Eigenes erkennen werden. Sie findet Worte für das, was heute die meisten von uns empfinden, in der Hektik des Alltags aber oftmals kaum oder überhaupt nicht zur Sprache kommt.

Ralph

Liebe Anja,

du nimmst den Leser mit auf deine persönliche Lebensreise, lässt uns mutig teilhaben an deinem Herzensweg, schlägst einen großen Bogen von den Stufen deiner Erkenntnisse und deines eigenen spirituellen Erwachensprozesses bis hin zu den großen Zusammenhängen des kosmischen Schöpfungsplanes. Durch die Höhen und Tiefen deines Lebensweges wurde in dir viel Weisheit, Liebe und Erkenntnis hervorgebracht. Du erkennst darin die göttliche Fügung und schließt Frieden mit allem. Wie du deinen Heilungsweg und das schrittweise immer mehr Öffnen für die reine wahre göttliche Liebe beschreibst, deine eigenen Lebensthemen und Zyklen intensiv bearbeitest, in Liebe abschließt und die gewonnenen Erkenntnisse ganz bewusst in dein Leben integrierst, ist für mich pure Inspiration.

Egal wie verworren, leidvoll oder kompliziert unsere Seelenwege scheinen, du stärkst den Leser im tiefen Vertrauen in die göttliche Führung, dass alles einem perfekten Schöpfungsplan und damit letztlich der Heimkehr in die göttliche Liebe dient.

Dieses Buch ist voll von wertvollen Impulsen zur Einnerung an das, worum es auf diesem Planeten wirklich geht, das Erwachen der Menschen in ihr gottgegebenes höchstes Bewusstsein, die Rückverbindung mit dem Göttlichen und der Liebe - unseren einzigen Weg zurück nach Hause.

Ninja

Dieses Buch beschreibt den spirituellen Erwachungsprozess der Autorin. Durch ihre erfrischende und witzige Art zu schreiben habe ich mich mitgenommen gefühlt, als wäre ich mit auf ihrer Reise gewesen.

Ein wunderschönes Buch, das ich nur weiterempfehlen kann.

Axel

Liebe Anja,

ich finde dein Buch sehr gelungen, liebevoll, heiter und richtig schön zu Lesen und es ist mir eine Freude und Ehre, wenn mein Input dazu führt, dass du dich dann noch sicherer und wohler fühlst, es zu veröffentlichen!

Von Herzen viel Erfolg damit und möge die Energie, die du mit diesem Buch teilst, ebenso offenen Herzen Mut auf ihrer Reise machen und Inspirationen geben, die eigenen Schlüssel zu finden, so wie du deine gefunden hast!

Marianne

Danksagung

Ich bedanke mich unermesslich bei meinen lieben Eltern Renie und Gerhard für alles, was sie ihr Leben lang für mich getan haben. Sie sind gesegnet.

Marianne, Ninja, Kim, Ralph und Axel danke ich dafür, dass sie als erste mein Buch vollständig gelesen und mir mit ihren Rückmeldungen geholfen haben, Fehler zu korrigieren und ausreichend Mut und Rückenwind zu empfangen, um den Schritt in die Veröffentlichung tatsächlich zu machen.

Bei Reiner Feistle bedanke ich mich für sein Vertrauen in mich und dafür, dass er mir am 20. August 2022 die Möglichkeit gegeben hat, erstmalig öffentlich in meiner Funktion als „Botschafterin der Venusier" einen Vortrag auf einem seiner Kongresse zu halten. Er und alle Anwesenden wissen, dass das ein für mich bedeutender Meilenstein war. Ich mag nach wie vor keine Etiketten und ich verwende den Begriff „Botschafterin der Venusier" in aller Bescheidenheit und Dankbarkeit und mit Omnec Onecs Segen; ich verwende ihn nur, um den Menschen einen Eindruck zu geben, worum es in dem, was ich zu teilen habe, geht.

Frank Jacob danke ich ganz besonders für seinen Einsatz, um den Vortrag von Robert Potter während unserer „Von der Venus mit Liebe Tour 2022" mit Dr. Raymond Keller ins Deutsche zu übersetzen und auch dafür, dass er mich während meines Vortrages auf Reiners Kongress technisch unterstützt hat. Ich finde Franks Filme und sein öffentliches Wirken als „Bewusstseins-Archäologe" sehr wichtig für das Durchschauen der Hintergrundmächte-Agenda und für das Erkennen übergeordneter Zusammenhänge im Weltgeschehen.

Besonderer Dank gilt auch Robert Potter. Rob ist ein jahrzehntelanger Freund oder sogar „Fan" der Venusierin Omnec Onec und sich des Wertes ihrer Präsenz auf der Erde sehr bewusst. Sein Wissen um die Venus ist immens. Rob unterstützt das Zusammenfinden von gleichgesinnten Seelen und die Verbreitung des Wissens um galaktische Kontakte unter anderem durch die Organisation der Mount Shasta Sommerkonferenzen und seine eigenen weltweiten Aktivitäten.

Bei Werner Forster von den UFO-Nachrichten bedanke ich mich dafür, dass er unsere Artikel (meine sowie Omnec Onecs und Dr. Raymond Kellers, die ich schreibe bzw. übersetze) gerne veröffentlicht. Seine freundliche, bescheidene Art und seine langjährige Konsistenz im Verbreiten von nicht-mainstream-konformen Inhalten empfinde ich als sehr wertvoll für die Welt.

Meinen lieben Venus-Lehrern und Seelenfreunden Omnec Onec und Dr. Raymond Keller danke ich unendlich für ihre Weisheit, ihre Liebe und ihre Geduld. Aus meiner persönlichen Sicht sind sie zwei der besonderen Engel auf diesem Planeten.

Ich widme dieses Buch meinem Geliebten und der Liebe.

Anja

Kapitel 1 – Der Anfang

Remember, I will still be here
As long as you hold me, in your memory

– „Remember Me", Lied von Josh Groban (2004)

Wie erzählt man eine Geschichte, die keinen Anfang und kein Ende hat? Kein „Es war einmal" …und kein Ende mit den Worten … „und wenn sie nicht gestorben sind, dann leben sie noch heute."

Nun ist meine Geschichte auch nicht wirklich eine Märchengeschichte, auch wenn Teile davon dem einen oder anderen so erscheinen mögen. Es ist auch nicht nur MEINE Geschichte, sondern es ist die Geschichte vieler Menschen auf der Erde, nur, dass sie in diesem Fall durch meine Persönlichkeit erzählt wird.

Ich schreibe dieses Buch aus einem einfachen Grund: Am Tag, bevor ich mich auf meine Reise in die Türkei machte, in der ich vor wenigen Stunden angekommen bin, machte ich einen langen Spaziergang über die Felder in der Gegend, in der ich wohne. Es war kalt, um den Gefrierpunkt herum, und so konnte ich gut über die fast gefrorene Erde gehen. Während ich ging, dachte ich auf einmal darüber nach, was ich gerne noch tun würde, wenn ich nur noch wenige Monate zu leben hätte. Zwar ist es recht unwahrscheinlich, dass ich im Sommer in die geistige Welt hinübergehe, dennoch beschäftigte mich diese Frage plötzlich.

Also überlegte ich mir, was ich noch für offene Zyklen habe. Mit welchen Menschen bin ich aus meiner Sicht noch nicht im Reinen, mit wem fühle ich, dass ich noch etwas zu klären habe? Wem würde ich gerne noch etwas Bestimmtes mitteilen? Gibt es offene Wünsche, die ich mir gerne noch erfüllen würde – seien es

Erlebnisse oder die Anschaffung von etwas? Was fühle ich, würde mir kurz vor meinem Übergang fehlen und was müsste ich noch erledigen?

Die Frage ist also: Wäre ich kurz davor, dieses Erdenleben und diesen Körper zu verlassen, wäre ich frei, fertig und bereit? Könnte ich entspannt, dankbar und mit einem glückseligen Lächeln im Gesicht gehen oder gäbe es offene Themen, die mich gebunden halten würden und wegen denen ich gerne zurückkehren würde?

Mit diesen Fragen im Sinn spazierte ich in meinen Wanderschuhen über die Erde und es kristallisierte sich relativ klar schnell heraus, was ich gerne noch tun würde, wenn ich in wenigen Monaten in die geistige Welt hinübergehen würde.

Da ich mir diese Frage früher in meinem Leben schon gelegentlich gestellt hatte und mir schon sehr viele Wünsche erfüllt und offene Zyklen beendet habe, blieb in der Tat nicht viel übrig, von dem ich fühlte, dass es mich noch binden würde. Genau genommen und auch nach wiederholtem, reiflichem Überlegen sind das momentan nur zwei Dinge: Ich würde mein Testament aktualisieren, weil sich durch den Abschied einer langjährigen Freundin von mir eine Änderung ergeben hat und zweitens würde ich gerne noch meine Geschichte aufschreiben.

Nun bin ich nicht wie Achilles, der, so man dem Film Troja Glauben schenken möchte, auch angesichts seines Untergangs in die Weltgeschichte eingehen und in Erinnerung bleiben wollte. Das wunderschöne Titellied des Films „Remember Me" beschreibt im Text, dass man sich dadurch unsterblich macht, wenn man in der Erinnerung der Menschen bleibt. Und da später Geschichten über Achilles und seinen Sieg über Troja erzählt wurden, wurde er tatsächlich unsterblich.

Ambitionen dieser Art habe ich nicht und doch fühle ich, dass meine Geschichte erzählt werden möchte, und selbst wenn ich sie nur für meinen Geliebten aufschreibe, für dich, oder für Gott. Oder für mich selbst.

Wie erzähle ich nun eine Geschichte ohne Anfang und ohne Ende? Eine zyklische Geschichte, eine multidimensionale Geschichte.

Ich kann nur irgendwo hineinspringen und anfangen und mich dann wie in einer Spirale oder in einem Labyrinth treiben lassen.

Aus diesem Grund beginne ich diese Erzählung hier in der Türkei, denn hier habe ich jetzt zwei Wochen Zeit, und ich bin unter anderem aus einem speziellen Grund ausgerechnet an diesen Ort gereist, nämlich um einen Zyklus abzuschließen, der vor 33 Jahren begonnen hat.

Darum finde ich es selbst spannend, mir zuzuhören, während ich im Laufe meines Aufenthaltes dieses Buch schreibe, denn es wird kein Reisebericht, dazu ist es rein äußerlich viel zu langweilig, was ich hier erlebe. Meine Rückkehr hierher nach 33 Jahren ist nur der Auslöser, der Anknüpfpunkt, in den ich einsteige, um meine Geschichte aus mir herauszuschreiben.

Schon kommen Zweifel und ich denke: So ein Unsinn, Anja, was machst du eigentlich? Du bringst das ja doch nicht zu Ende und außerdem kriegst du das, was du erzählen möchtest, sowieso nie so rüber, wie du es meinst. Das erfasst kein Mensch und sie werden dich fertigmachen, wenn auch nur durch schlechte Bewertungen auf Amazon und nicht durch reales Steinigen oder zumindest Eier- und Tomatenwerfen.

Also gut, es ist egal. Ich stelle mir jetzt einfach vor, ich erzähle alles nur mir selbst, meinem Geliebten und Gott.

Meinem Geliebten …, damit sind wir im Thema, was meine Rückkehr nach 33 Jahren in die Türkei betrifft. Natürlich weiß ich nicht, was innerhalb der nächsten zwei Wochen geschehen wird – doch um einen äußeren Geliebten geht es nicht – das ist sicher. Es geht viel tiefer, es geht nach innen, es geht um die allumfassende LIEBE.

Vor dieser Reise habe ich eine Absicht gesetzt. Die Absicht für diese Reise lautet, dass ich an meinem Umkehrpunkt ankommen werde und von diesem Zeitpunkt an meine Reise nach innen geht.

Seit Tausenden von Jahren atme ich mich aus. Seit Tausenden von Jahren, seit meiner ersten Inkarnation auf der Erde, seitdem ich mich für die Reise durch das Vergessen und die Reinkarnationen entschieden habe, atme ich mich aus. Ich verausgabe mich. Durch das Vergessen, durch die Trennung von Gott. Ich wurde geboren in diverse Körper, wusste nicht mehr, wer ich war, machte meine Erfahrungen, litt unter allem Möglichen, was das Menschsein im verdunkelten Bewusstsein so mit sich bringt und was ich mit vermutlich einigen Milliarden Menschen auf der Erde gemeinsam habe und starb früher oder später – in den früheren Jahrhunderten eher früher als später. Wir wurden selten alt. Meistens starben wir an Unterernährung, durch Folter, Krieg, Selbstmord, Mord, gebrochenem Herzen oder Krankheit und gingen zurück in die geistige Welt, in der Regel, ohne uns auch nur ansatzweise erinnert zu haben, wer wir wirklich sind.

Wir häuften durch unser Unbewusstsein Karma an. Karma ist das Gesetz von Ursache und Wirkung und hat nichts mit Schuld zu tun, schon gar nicht mit Schuld und Sühne und Gottbestrafung oder ähnlichem Unsinn. Das Karma als kosmisches Gesetz besagt, dass das, was ich aussende, zu mir zurückkehrt. Außerdem habe ich als Seele das innere Verlangen, alle Erfahrungen aus allen Perspektiven zu machen, damit ich eines Tages ganz rund werde und vollkommen bin. Ich kann auf den äußeren Ebenen nicht vollkommen sein, so lange mir noch eine Erfahrung fehlt oder zumindest die Akzeptanz von allen Erfahrungen und von allem, was ist. Solange ich urteile und mich abgetrennt fühle, bin ich nicht rund. So betrachtet könnte man diese Reise auch als ein nach innen spiralisieren bezeichnen, denn tief im Innersten bin ich vollkommen, bin ich rund, bin ich eins mit allem, was ist. Doch da ich mich für das Ausatmen entschieden habe, für die Reise durch die Bewusstseinsebenen in die niederen Welten hinein, erfahre ich mich auch in der Polarität, im Vergessen, in der Trennung und in der scheinbaren Unvollkommenheit.

Ich fühle, ich nähere mich dem Rundsein. Darum bin ich hier, darum habe ich diese Absicht gesetzt. Wenn du diese Zeilen liest und denkst: So ein Unsinn, die Anja ist so weit vom Rundsein entfernt wie die Sonne von der Andromeda-Galaxie oder noch weiter – nun, dann sind das DEINE Gedanken. Und wenn du dich in dieser Weise abgetrennt von mir halten möchtest, indem du meinst, darüber urteilen zu können, wo ich in meinem Bewusstsein und auf meiner Reise als Seele bin, dann ist es vermutlich besser, du legst das Buch wieder zur Seite oder wirfst es weg.

Wenn du hingegen auch auf deiner Lebensreise bist und deine Selbsterkenntnis vergrößern möchtest, indem du dich möglicherweise in dem einen oder anderen, was ich hier erzähle sowie in den Schwingungen zwischen den Zeilen wiederfinden möchtest, dann bleib bei mir und komm mit. Begleite mich, ich habe so viel Schönes zu erzählen. Es wird spannend, interessant, vielleicht manchmal auch etwas scheinbar tragisch oder traurig, und hoffentlich wird es humorvoll und inspirierend. Möglicherweise auch lehrreich, denn das eine oder andere kennst du vielleicht noch nicht.

Was ist also vor 33 Jahren hier in der Türkei, genau genommen in Side passiert, von dem ich glaube, dass ich hierher zurückgekommen bin, um einen Zyklus abschließen zu können? Ich war 20 Jahre alt und hatte gerade das Abitur gemacht. Meine Mutter lud mich als Belohnung zu einer Reise mit ihr zusammen ein und so flogen wir für eine Woche hierher. Es war die einzige Reise in meinem Leben, die ich mit meiner Mutter alleine gemacht habe. Es war sehr heiß, auch das Meer war so warm, wie ich seitdem kein Meer mehr erlebt habe. Es war allerdings auch im August. An sehr vieles erinnere mich gar nicht, nur an das Wesentliche, und das war Mustafa, der an der Rezeption gearbeitet hat. Ich weiß noch, dass er mich unbedingt treffen wollte. Meine Mutter fand ihn sympathisch und stand dem nicht im Weg, also gingen er und ich nach einigen Tagen zusammen aus. Irgendwie kamen wir zusammen und verliebten uns ineinander. Die Woche war schnell vorbei und ich weiß noch, dass ich geknickt war, wieder nach Deutschland fahren zu müssen, und auch er war traurig. Darum hielten wir engen Kontakt und telefonierten häufig miteinander, als ich wieder zurück in Berlin war. Wir haben uns wirklich gerngehabt, also fuhr ich nach kurzer Zeit, ich glaube, nach zwei Wochen, wieder zurück nach Side und zog zu ihm in sein Mini-Zimmer in einer WG hinter dem Hotel. Ich hatte nicht viel Geld, es reichte gerade für diesen Flug und etwas Aufenthalt. Mustafa und ich waren recht happy miteinander, wir verstanden uns gut und hatten eine gute Zeit zusammen. In seiner spärlichen Freizeit haben wir Ausflüge unternommen. Wir besuchten die Kalkterrassen von Pamukkale und ein Konzert der türkischen Sängerin Sezen Aksu in einem Amphitheater. Nach etwa vier Wochen drehten meine Eltern mir den Geldhahn zu. Sie wollten mein sich anbahnendes Lotterleben mit einem Türken nicht unterstützen und zwangen mich indirekt, zurück nach Deutschland zu kommen. Da Mustafa nicht viel Geld hatte und nur diesen Job im Hotel, hatten wir keine Idee, wie wir unsere Beziehung managen sollten. Ich war offenbar nicht verliebt, nicht kreativ und nicht mutig genug, um mich meinen Eltern zu widersetzen und so verabschiedeten Mustafa und ich uns nach fünf Wochen wieder voneinander. Ich sehe ihn noch vor mir, wie er am Flughafen trüb schaute, er mochte mich wirklich, er war echt traurig, dass ich ging. Ich war auch traurig und ich wollte nicht, dass es vorbei war. Als ich zurück in Berlin war, hielten wir den Kontakt und ich lud ihn ein, zu mir nach Deutschland zu kommen. Doch es hat nicht sollen sein und wir verloren uns nach etwa einem Jahr aus den Augen.

Diese besagten Augen, meine jedenfalls, fielen mir dann fast aus dem Kopf, als Mustafa mir nach 22 Jahren, das muss im Frühjahr 2012 gewesen sein, per Facebook eine Freundschaftsanfrage schickte.

Ich lebte zu jener Zeit bereits am Bodensee, hatte also meine bis dahin großen Umzüge von Berlin nach Landshut, von Landshut nach Mönchengladbach und von Mönchengladbach an den Bodensee hinter mir, als plötzlich diese Nachricht per Email eintrudelte. Damals bekam ich Facebook-Benachrichtigungen noch per Email, das war ganz in der Anfangszeit.

Auf alle Fälle war ich völlig aus dem Häuschen und glaubte wirklich, dass die Kreise des Schicksals uns nun nach 22 Jahren zusammenfügen wollten, damit wir da anknüpfen, wo wir damals in der Türkei aufhören mussten, und dass wir nun endlich ein glückliches Paar werden würden.

Aus guten Gründen, die mir jedoch erst viel später bewusst wurden, war ich Single geblieben. Nur zwischen 1997 und 1999 gab es noch einmal einen Mann, mit dem ich eine Art Beziehung hatte, doch das war eine karmische Geschichte und hatte aus meiner Sicht wenig mit Liebe zu tun. Mit anderen Worten, nach der kurzen Episode mit Mustafa in der Türkei gab es keinen Mann mehr, mit dem es sich beidseitig gut angefühlt hatte. Das heißt nicht, dass es meine bewusste Entscheidung war, partnerlos zu leben – keineswegs, eher im Gegenteil – ich war immer auf der Suche nach dem richtigen Mann für mich und erst heute erfasse ich, warum dieser Drang, meinen Mann zu finden, aus meinem Innersten so immens war. Die Tiefe dessen wird sich im Laufe dieses Buches enthüllen. Die LIEBE in allen Facetten war und ist eins meiner großen Lebensthemen und der Erfahrungsbereich, dank dem ich am tiefsten leiden durfte und dank dem ich am intensivsten wachse und reife.

Vor diesem Hintergrund des unerlösten Single-Daseins war ich extrem sensibel und ein einziges Häufchen Hoffnung. Hoffnung auf DIE LIEBE. Die Vorstellung, dass Mustafa mich einfach nur gerne wiedersehen würde – einfach nur so, ohne Erwartungen, ohne Versprechen, ohne Heirat – das kam mir gar nicht in den Sinn. Für mich war sein Auftauchen nach so vielen Jahren der Anfang der Heimkehr in die ultimative Beziehung. Das Wunder des Schicksals und das Schließen eines offenen Zyklus schien für mich perfekt zu sein, zumal Mustafa auch noch zufälligerweise in Zürich lebte, also nur 100 Kilometer von mir entfernt!

Dass er mit einer Schweizerin verheiratet war und eine Tochter im Teenageralter hatte, das sagte er mir im Chat noch nicht und ich fragte auch nicht danach. Ich musste ja mein inneres Illusionsgebäude optimal ausschmücken, um richtig ins Messer laufen zu können. Nur durch das Verleugnen aller Realitäten konnte ich mein Glasschloss der aufgebauten Illusionen richtig spüren, wie es in mir zerbricht. Davon mal ganz abgesehen: Natürlich kommt es vor, dass Menschen sich scheiden lassen und mit einer anderen Liebe eine Partnerschaft eingehen – das passiert ja pausenlos. Doch unsere Seelen waren nun einmal für dieses Leben gar nicht als Paar füreinander bestimmt, unsere Wiederbegegnung war einzig und allein für eine bestimmte, ganz wichtige Erfahrung vorgesehen, aber nicht, um ein Paar zu werden. Wäre das Paar-Thema überhaupt im Feld gewesen, dann wäre ich der ganzen Wiederbegegnung von der Energie und Frequenz her ganz anders begegnet, nämlich wesentlich entspannter, gelassener, einfach easy going und nicht mit so einem Riesenglasschloß in mir.

Zur physischen Begegnung zwischen uns kam es nach zwei Wochen Facebook-Kontakt auf meinen Anstoß hin. Ich finde das im Nachhinein wichtig, dass ich diejenige war, die das Treffen anfragte, nicht er. Meine Seele wollte es offenbar möglichst schnell hinter sich bringen – die schmerzhafte Lektion der Enttäuschung. Also trafen wir uns in Schaffhausen, das ist ziemlich in unserer Mitte, auf einem Parkplatz.

Als wir zeitgleich am Treffpunkt ankamen und uns nach so langer Zeit wiedersahen, war es eine große Freude auf beiden Seiten. Beide sehr verändert, ich ziemlich übergewichtig, er mit kleinem Bäuchlein und mittlerweile grauhaarig, nur seine Zahnlücke war immer noch dieselbe, fielen wir uns in die Arme und hielten uns minutenlang. Seine Knie vibrierten. Der energetische Austausch war mega intensiv.

Genau DARUM ging es auch bei diesem Wiedersehen – um diesen Energie-Austausch. Was es letztlich mit Mustafa machte, weiß ich nicht, doch für mich war es ein Meilenstein auf meiner Reise zurück nach Hause in die LIEBE. Wie ich das meine, wirst du an dieser Stelle noch nicht vollumfänglich verstehen, das wird sich im weiteren Verlauf dieses Buches aufräufeln.

Nach unserer langen Umarmung und dem intensiven Austausch der Gefühle fingen wir an, miteinander zu reden. Da erfuhr ich, dass Mustafa nach unserem Auseinandergehen in der Türkei eine Schweizerin kennengelernt hat, zu ihr in die Schweiz gezogen ist, sie geheiratet hat und mit ihr eine Tochter hat. Alleine DAS zu erfahren, zerbrach in mir alles. Ich fühlte das Glasschloß in mir kracken und brechen und ich konnte nicht länger mit Mustafa dort stehen und reden, so enttäuscht war ich. Klar, ich hatte eine Riesenerwartung und so kam es zu einer Riesenenttäuschung. Davon mal ganz abgesehen, weiß kein Mensch, ob er und ich überhaupt als Paar zusammengepasst hätte, das konnten wir ja nie herausfinden. Doch da ja alles in Gottes Plan richtig ist, wie es ist, hätten wir sicher nicht zusammen gepasst – wir sollten in diesem Leben schlicht und ergreifend nicht als Lebensgefährten zusammen kommen, sonst hätte es ja geklappt! Und dennoch waren die Begegnungen für mich super wichtig, denn Mustafa ist in meinem Leben der einzige Mann, den ich in die Kategorie „Seelenpartner[1]" einordnen kann, auch wenn wir keine richtige Partnerschaft miteinander gelebt haben. Doch vom Gefühl her war und ist er unter all den zahlreichen Maskulinen, die mir im Laufe meines Lebens begegnet sind, der einzige Mann, mit dem ich ein beidseitiges Gefühl von Nähe und Sympathie auf

1 Mit „Seelenpartner" meine ich ganz persönlich die einzige verkörperte Seele, die im Zeitrahmen von mehreren Jahrzehnten immer wieder aufgetaucht ist und mit der ich eine innerlich beständige, freundschaftliche Verbindung fühle – im Unterschied zu „karmischen Partnern", mit denen die Begegnungen und inneren Verbindungen sich eher kurz und abgeschlossen (von Stunden bis einigen Jahren) anfühlen. Die „Zwillingsflamme" oder auch der „(innere) Geliebte" ist etwas ganz anderes und darüber spreche ich ausführlicher in den Kapiteln „Einweihungen" und „Zwillingsflammen".

Augenhöhe empfunden habe. Ich kann mir gut vorstellen, dass wir in früheren Leben als Seelenpartner zusammen waren und dass wir daher so eine Grundliebe, eine Grundanziehung miteinander teilten. Von der Riesen-Göttlichen-LIEBE, die ich ja auch erfahren durfte und darauf komme ich später ausführlich zurück, kann hier dennoch keine Rede sein. Und alle anderen Mann-Frau-Geschichten in meinem Leben waren, wenn ich sie mal in Schubladen einreihen möchte, am ehesten karmische Verbindungen in verschiedenen Varianten und dienten dem Auflösen von energetischen Bindungen und zum Brechen verkrusteter Glaubens- und Gedankenstrukturen.

Jetzt ist hier im Hotel gerade innerhalb der letzten halben Stunde fünfmal der Strom ausgegangen und wieder angegangen. Klick – Klack – Klick – Klack. Ich bin kurz davor, in die Rezeption zu gehen und zu fragen, ob das hier so üblich ist … ich krieg ja nen Vogel. Das ist ja schlimmer als in Indien, da hab ich das im Jahr 2019 auch erlebt mit den ständigen Stromausfällen – aber nicht im Minutentakt!

Nach der Wiederbegegnung mit Mustafa nach 22 Jahren war ich vier Wochen krank – ich war richtig depressiv. Ich weiß noch, dass ich zwei Freundinnen bei mir zu Besuch hatte, die mir das Händchen halten mussten – die ersten zwei Wochen war meine Freundin Claudi bei mir, die sich die Klinke mit Verena gab, die dann nochmal für zwei Wochen an meiner Seite saß. Langsam ging es wieder aufwärts mit mir, was ich sehr dem Beistand und Mitgefühl dieser Freundinnen zu verdanken hatte. Echt schmerzhaft, ein Herzeleid wegen zerplatzter Illusionen zu erfahren, und doch gab es nach dem tiefen Tal der Seele einen Aufwind, der mich in neue Erfahrungen hineinlaufen ließ. In der Nachbetrachtung fällt mir auf, dass ich nach dieser Erfahrung aufgrund einer enttäuschten Illusion nie mehr so tief gelitten habe – anders durchaus, aber nicht mehr mit der Tiefe einer echten Depression.

Das Leid, das durch die Wiederbegegnung mit Mustafa ausgelöst war, hat in mir Strukturen aufgebrochen, so dass mehr

Licht hinein konnte. Danach konnte ich mich der nächsten Erfahrungsebene mit dem Männlichen öffnen. Weit entfernt von LIEBE in Partnerangelegenheiten und weit entfernt von dem Erfahren von etwas GLÜCKLICHEM in dieser Hinsicht. Heute weiß ich, warum das so war und dass alles aus purer LIEBE genau so richtig ist, wie es ist. Die Gründe dafür haben mit meinem Seelenplan zu tun, in dem es um die Heimkehr in die Liebe geht, in die wahre, göttliche Liebe. Vielleicht trägst auch du diese Sehnsucht, diese feine Erinnerung an die göttliche Liebe in dir – ich kann dir versichern, sie existiert, sie ist absolut real. Ich werde im weiteren Verlauf dieses Buches immer wieder um die Liebe kreisen und ihr auch noch ein eigenes Kapitel widmen.

Heute bin ich nach Side in der Türkei zurückgekehrt, um den für mich vielleicht wichtigsten offenen Zyklus ein- für allemal zu schließen, damit meine ich den offenen Zyklus der Suche nach Liebe in einer Partnerschaft mit einem Mann. Es geht hier um die Zurücknahme aller Projektionen und um das Ende des Programms, die Liebe an allen möglichen falschen Orten zu suchen bzw. wie Abraham Hicks es auf Englisch sagen: „Looking for Love in all the wrong places".

Die Erkenntnis, dass ich die Liebe nicht in einer Partnerschaft finden würde, hatte ich zwar bereits im Jahr 2019, allerdings hatte diese Erkenntnis zu jenem Zeitpunkt noch nicht all meine niederen Körper durchströmt. So genau kann ich das im Moment auch nicht erklären, aber ich glaube, eine Erkenntnis beginnt im Geistigen, in der Seele und das bedeutet nicht unmittelbar und ausschließlich, dass das alle niederen Körper gleichermaßen schon genauso fühlen und denken. Da können noch alte Muster, Traumata oder sonstige Themen hängen, die im Laufe der Zeit noch einmal gespürt, in Liebe gepackt und losgelassen werden müssen.

Meine Erkenntnis, dass ich mit der Suche nach einem Partner fertig bin, kam relativ spät, immerhin war ich im Jahr 2019 schon 49 Jahre alt. Dafür war sie aber absolut und unumstößlich real. Bis dahin hatte ich auf meine Weise und in meinem Tempo alles durchlebt, was es NICHT IST, also was mich NICHT in die scheinbar gewünschte Partnerschaft geführt hat. Ich wusste, es braucht eine radikale Veränderung und diese Veränderung bestand für mich zunächst einmal darin, dass ich an dem Punkt der Befreiung von dieser Suche angekommen war. Das war keine Befreiung aus Trotz oder Beleidigt sein mit Gott oder so, nein, es war ein ehrlicher Abschluss einer Erfahrungsebene, denn ich konnte erhobenen Hauptes klar vor mir und Gott sagen: „Sollte es noch in diesem Leben einen Mann für mich geben, der für mich bestimmt ist und der richtig zu mir passt und ich zu ihm, dann bin ich bereit, ihm zu begegnen – und wenn nicht, dann bleibe ich partnerlos und lebe mein Leben erfüllt, so wie es im Einklang mit dem göttlichen Willen und mir als Seele vorgesehen ist. Von diesem Zeitpunkt an gebe ich mich nicht mehr mit Krümeln zufrieden, laufe keinem Mann mehr hinterher und suche auch nicht mehr. Ab jetzt gibt es keine Kompromisse mehr, auch keine Affären mehr – nur noch die wahre Liebe." In Wirklichkeit hatte ich mir nie etwas anderes gewünscht, das Problem war nur, dass ich für das Empfangen dieser hohen Liebe noch nicht bereit war und erst noch allen möglichen karmischen Kram erfahren und auflösen musste, um mich selbst zu erkennen und mich der wahren Liebe öffnen und hingeben zu können. Meine Seele hat halbe Sachen schlicht verhindert. Falsche, unharmonische Partnerschaften oder das Gründen einer Familie hätte mich in neue Bindungen und Verpflichtungen geführt, anstatt Bindungen und falsche Programme zu lösen. Genau genommen hätten mich falsche Partnerschaften und Familienmuster Zeit und Energie gekostet, die ich für dieses Leben mit anderen Inhalten verbringen sollte – nämlich für das Erfahren und Erkennen meiner selbst und für das Finden und Erfüllen meiner Lebensaufgabe, die mit der Venus und der Weitergabe ihrer Botschaften der Liebe und spirituellen Lehren zu tun hat.

Während meiner Mustafa-Depression im Jahr 2012 trennte ich die Facebook-Freundschaft mit ihm wieder, es war zu schmerzhaft, mit ihm in Kontakt zu bleiben. Es war zu jener Zeit für mich nur hoffnungslos aufgrund der Trennungsillusion, doch das war mir nicht vollumfänglich bewusst, ich stand da nicht drüber. Ich musste es durchleiden und integrieren und das ging zu jener Zeit nur über die Trennung im Außen und den erneuten Kontaktabbruch. Ich weiß noch, dass ich das Gefühl hatte, dass das für Mustafa auf andere Weise auch schmerzhaft oder erschütternd war, wie ich reagierte. Das tat mir auch leid für ihn, aber ich musste mich einfach um mich kümmern und meine Reaktion und mein Rückzug waren einfach authentisch. Eine Partnerschaft kam nicht infrage und die sollte auch nicht sein, also musste ich die Perlen aus dieser sauren Auster aufsaugen und das ging nur in der erneuten Trennung und durch das Öffnen meinerseits für die nächste Ebene von Erfahrungen mit Männern, die nach einigen Monaten des Verarbeitens auch tatsächlich folgte, nachdem ich mich überredet von meiner Freundin Claudi auf einer Dating-Seite angemeldet hatte und langsam damit anfing, leichtere Kontakte zu akzeptieren und losere Erfahrungen zu machen. Nicht schmerzfrei, nicht ohne Hoffnungen, nicht ohne Dramen, doch nach und nach wurde es leichter. Irgendwann erkannte ich, dass ich mir diese Erfahrungen kreiert habe, um energetische Bindungen zu lösen, die ich in dieses Leben mitgebracht hatte – es geht um Freiheit und um das Finden wahrer Liebe – und wahre Liebe ist FREI.

Damit ist das Wesentliche rund um Mustafa und meine Zeit in Side, die jetzt hier und heute gerade in die abschließende Phase nach 33 Jahren nach meiner Wiederkehr an diesen Ort beginnt und die der Anlass dafür war, warum ich überhaupt mit dem Schreiben dieses Buches begann, erzählt.

Die letzten zehn Minuten kein Stromausfall mehr – vielleicht hat sich das Stromnetz des Hauses jetzt an meine Energie gewöhnt und bleibt stabil … wollen wir es mal hoffen.

Vielleicht verstehst du an dieser Stelle noch nicht, was ich mit zyklischer Existenz meine und was meine Türkei-Geschichte und dieses Buch damit und mit der Heimkehr in die LIEBE zu tun hat, worauf das alles hinausläuft und was du damit zu tun haben könntest. Das macht nichts. Es gibt keinen Anfang und kein Ende und ich will auch nicht auf etwas Bestimmtes hinaus. Vielleicht ist ein Grund für das Erzählen meiner Geschichte, dass ich auf diese Weise mein inneres Gefäß leere und dir einen Kelch gefüllt mit meinem Seelennektar anbiete.

Kapitel 2 – Der Ring des Schicksals

Worte sind Symbole.
Nichts, was wahr ist, braucht erklärt zu werden.

Das ist jetzt spannend. Ich fühle, das erste Kapitel ist fertig und ich schreibe die Worte „Kapitel 2". Prompt fällt mir der Ausdruck „Der Ring des Schicksals schließt sich" ein. Dazu gibt es eine Geschichte, die entpackt werden will und an die ich noch, bevor ich die Worte „Kapitel 2" schrieb, nicht dachte.

Also weiß ich jetzt, was ich als Nächstes erzählen möchte, nämlich die Geschichte über den Ring des Schicksals, der sich schließt.

Es war in Mönchengladbach im Jahr 2001, als ich bei der Firma Bernold als Assistentin des Verkaufsleiters arbeitete. Damals sang eines Tages auf einmal der Text „Der Ring des Schicksals schließt sich … der Ri-hi-ing des Schi-hi-ck-sahaals schließt sich …" in mir in einer Mantraform. Immer sich wiederholend. Diese Worte fielen mir einfach in meinen Kopf hinein, und das war ausgelöst dadurch, dass mein Opa mütterlicherseits in Mönchengladbach gelebt hatte, ich als Kind oft in dieser Stadt war und mich das Schicksal einige Jahrzehnte später ohne Zusammenhang mit meiner irdischen Familie in diese Stadt zurückgeführt hatte.

Und doch war es mein Lebensweg, ein Teil meiner Reise, warum auch immer, es gab da wohl irgendeine Energie aus der Seite meiner Familie, und dann landete ich genau dort, um Erfahrungen zu machen, den Schicksalsring zu schließen, einen Zyklus abzuschließen und im Jahr 2004 diese Stadt vermutlich endgültig hinter mir zu lassen.

Die Geschichte rund um Mönchengladbach, die Firma Bernold und den magischen Verkaufsleiter ist eine Geschichte, die irgendwann irgendwo in Atlantis ihren Anfang nahm. Ja, warum soll ich nicht gleich Nägel mit Köpfen machen, denn das ist von den Erinnerungen her für mich tatsächlich so.

Was ich in Mönchengladbach im Feld dieser Firma und an der Seite dieses Mannes erfahren habe, hat mich an die dunkelste Zeit der tiefsten Seele, die ich jemals erfahren habe, erinnert. Es erinnert mich an die Zeit, als die schwarzen Magier in Atlantis den erleuchteten Menschen ihre Seelen extrahiert haben. Mit dem Ausscheiden aus dieser Firma nach 13 Monaten Betriebszugehörigkeit war ich innerlich in einer Erfahrung der ultimativen Panik angelangt, in einem Bewusstseinszustand, in dem ich absolute Angst um meine Seele hatte. Ich fühlte mich so weit entfernt vom Licht, wie es wohl nur kurz vor der Zerstörung geht. Mein Innerstes war in einem Dauersuchmodus nach einem sicheren Ort im Universum und fand keinen. Ich fühlte mich nackt in der Unendlichkeit des Weltalls oder wie ein Eisbär, der sein Fell verloren hatte. Ich hatte das Gefühl, wenn ich jetzt nicht innerlich gerettet werde, geht meine Seele verloren. Ich fühlte mich vollkommen ausgesaugt. Vielleicht war es eine Illusion, doch dann war sie perfekt. Vielleicht war es aber auch wirklich eine wahre Erinnerung an eine Zeit, in der so etwas geschehen ist – und wo ich ein Teil dessen war – in welcher Verkleidung oder Rolle, das weiß ich nicht.

Ich weiß nur, dass ich nur noch beten konnte, das war das einzige, was mir blieb und was mich vermutlich rettete und aus der inneren Lage letztlich herausführte. Ich hatte nie zuvor gebetet, schon gar nicht das Vaterunser, doch zu dieser Zeit war ich froh, dass mir dieses Gebet einfiel. Ich dachte es immer und immer wieder. Äußerlich hatte ich gerade einen Nervenzusammenbruch erlebt, der Firma endgültig den Rücken gekehrt und war nach der ersten Notbehandlung in einer Klinik in meiner Wohnung angekommen. Dort kehrten die Symptome des Nervenzusammenbruchs wieder zurück und ich wartete auf meine Freundin Claudi und auf die Notärztin. Ich hatte eine Kiefersperre und mein ganzer Körper stand unter Hochspannung. Kiefersperre heißt, dass mein Nacken sich in eine Seite gedreht hatte und da feststeckte und dass ich meine Kiefer nicht mehr auseinanderbekam. Ich hatte keine Kontrolle über mich, jedenfalls hing sie nur an einem Faden, darum war ja der Segen so ultimativ, dass mir das Vaterunser einfiel und dass meine Freundin Claudi kam und dann irgendwann auch die total genervte Notärztin, die mir zum Glück am Schluss die richtige Spritze gab, welche zur Entspannung meiner Muskeln und zur Beruhigung meiner Nerven führte.

Ich weiß noch, dass Claudi an meinem Bett saß und Händchen hielt, bis ich langsam ein wenig zur Ruhe kam und irgendwann eingeschlafen war, nachdem der Tiefpunkt innerlich und äußerlich überstanden war. Ich glaube, es war auch an jenem Tag, als ich am Nachmittag meine Eltern, die schon am Bodensee lebten, anrief und meine Mutter es am Telefon checkte, dass ich am Ende war, ohne dass ich es aussprach. Sie sagte zu meinem Vater: „Die hat nen Nervenzusammenbruch“, und dann sind die beiden prompt in ihr Auto gesprungen und die 600 Kilometer zu mir hoch nach Mönchengladbach gefahren, haben mich am nächsten Tag eingepackt und ich war wieder das kleine Kind, das mit 32 Jahren im Kofferraum von Papas großem Chrysler Voyager mit einer gepackten Tasche wie ein Schluck Wasser hing und froh war, dass es jetzt in Sicherheit war.

Ich erzähle das absolut und überhaupt nicht, um hier auf eine Tränendrüse zu drücken oder mich mit einem Seelendrama wichtig zu machen, die Geschichte ist viel größer und zyklisch, wie alles, was ich hier zu beschreiben versuche.

Denn meine Erfahrungen mit dem Chef in dieser Firma, dessen Spitznamen in der Firma bezeichnenderweise übrigens und ganz ehrlich „Fürst der Finsternis“ und „der Hexer“ waren, entsprachen der Kehrseite der Medaille, die als „Diskus von Phaistos" bekannt ist.

Auf den Diskus von Phaistos gehe ich in einem späteren Kapitel noch genauer ein, doch an dieser Stelle ein paar Fakten, falls du ihn nicht kennst:

Der Diskus von Phaistos ist eine beidseitig bestempelte Tonscheibe, die im Jahr 1908 bei Ausgrabungen im minoischen Palast Phaistos im Süden Kretas gefunden wurde und der im Archäologischen Museum von Heraklion ausgestellt ist.

Er hat einen Durchmesser von 15 cm und eine dicke von 3 cm. Unter den sogenannten Fachleuten gilt er als unentzifferbar, weil er einzigartig ist. Es gibt kein zweites Fundstück weltweit, das dieselben Symbole trägt und keine Vergleiche mit anderen Sprachen, wie zum Beispiel der Stein von Rosetta, der denselben Text auf Altgriechisch, demotisch und in Hieroglyphen trägt und der darum das Entziffern der Hieroglyphen ermöglichte.

Ich bin keine archäologische Fachfrau, ich bin eine andere Art Fachfrau in Sachen Diskus von Phaistos, weil ich ihn kenne und verstehe – auf meine Weise.

Und auf meine Weise wusste ich von dem Moment an, als ich ihn das erste Mal sah – und er MICH – dass er nicht in einer irdischen Sprache lesbar oder entzifferbar ist, weil er mehrdimensional ist. Ich gehe noch am ehesten mit den Aussagen von Dr. Raymond Keller und Dirk Seufert konform, die ihn als eine mehrdimensionale Bibliothek erkannt haben (Dirk) oder als einen Seherstein (Ray).

Der Diskus von Phaistos ist – so sage ich es – ein Relikt aus Atlantis mit Erinnerungscodes. Er ist ein universeller Informationsträger und multidimensional. Jeder liest seine eigene Geschichte darin, jeder erfährt ihn anders und alle haben recht. Doch spricht er natürlich nicht zu jedem jederzeit. Manche haben den Diskus vor langer Zeit im Museum gesehen und nicht auf ihn reagiert, werden einige Jahrzehnte später entweder durch mich oder auf andere Weise erneut auf ihn aufmerksam und Bum – es passiert auf einmal etwas in ihnen. Andere reagieren überhaupt nicht auf ihn, vermutlich, weil sie nichts mit der Geschichte von Atlantis zu tun haben oder weil sie in diesem Leben andere Erinnerungscodes erleben oder auch gar keine, weil sie sich gar nicht für das Erinnern und Erwachen bei Mutter-Vater-Gott angemeldet haben.

Auf alle Fälle hat der Diskus zwei Seiten und beide Seiten sind unterschiedlich. Die meisten Symbole sind zwar gleich, doch die Anordnung ist verschieden. Im Zentrum der einen Seite zum Beispiel, die ich als Tag-Seite oder Licht-Seite bezeichne und die ich als erstes erlebt habe, und zwar VOR meiner Dunkelerfahrung beim Fürsten der Finsternis, ist eine achtblättrige Blüte mit einem Samenkorn zu sehen. Im Zentrum der anderen Seite, die ich als Anti-Tag-Seite oder als Dunkel-Seite bezeichne, ist im Zentrum ein abgerundetes Dreieck mit einer Welle zu sehen.

Ich habe nie versucht, die einzelnen Symbole zu deuten oder den ganzen Diskus in Sprache zu übersetzen. Ich weiß, dass das total crazy klingt, doch für mich ist es so, dass ich der Diskus BIN. Die Energie des Diskus ist so tief mit mir als Seele verschmolzen und ich habe sowohl die eine Seite als auch die andere Seite persönlich und tief in mir real über einen Zeitraum von mehreren Jahren erfahren. Seitdem ist der Diskus praktisch in mir und ich strahle seine Energie selbst aus – doch natürlich nur für die, die damit in Resonanz sind – so wie auch der Diskus im Museum nicht auf jeden Besucher eine Wirkung oder Ausstrahlung hat.

Nachdem ich die Dunkelseite in der Firma Bernold erfahren habe – und das hing nicht nur mit dem Chef zusammen, sondern mit der ganzen Firmenstruktur, allen Mitarbeiten – ich habe dort auch so etwas erlebt, was man heute als Mobbing bezeichnet – wusste ich, dass ich diese tiefe Finsternis nur erfahren und überleben konnte, weil ich vorher die Lichtseite erlebt hatte. Ich musste sozusagen erstmal ganz hoch hinaus schießen und vollkommen mit dem Licht, meiner Seelenessenz und der göttlichen Liebe identifiziert sein, um anschließend in die Tiefe hinabtauchen zu können und aus ihr wieder aufzusteigen und mich im Laufe meines weiteren Lebens in der Mitte einzupendeln. Ich will nicht zu sehr vorgreifen, doch ich werde all das im weiteren Verlauf dieses Buches erzählen und auch, dass das Integrieren der Erfahrungen des Diskus von Phaistos letztlich 22 Jahre gedauert hat – 22 Jahre in linearer Zeit gemessen – und das weiß ich darum, weil ich im Jahr 2022 meine nächste Einweihung erlebt habe. In den Jahren direkt nach der Diskus-Erfahrung war ich der Ansicht, dass das Erfahren dieses Bewusstseins für dieses Leben genügt und dass ich nicht mehr gebrauchen und integrieren kann. Ich war damit einverstanden, den Rest meines Lebens mit der Integration und dem Ausbalancieren des Erlebten zu verbringen – und, und das ist das Wesentliche, mit dem hoffentlich irgendwann Wieder-Erinnern und bewusstem Anheben meiner Energie, um das Phaistos-Bewusstsein wieder zu erfahren und zu stabilisieren. Das Phaistos-Bewusstsein ist Einheitsbewusstsein, absolutes Eins-Sein mit dem Schöpfer und mit allem, was ist, absolute Glückseligkeit, totale Schöpferkraft und Gottverbundenheit. Auch die Christus-Energie ist hier enthalten, auch darauf komme ich später zurück, wenn ich meine Lichterfahrung mit dem Diskus genauer erzähle.

Offenbar sah meine geistige Führung es so, dass ich nach 22 Jahren integriert genug war, um die nächsten Codes empfangen und entpacken und den nächsten Zyklus Einheitsbewusstsein eine Stufe tiefer erfahren zu können. Da bin ich momentan dabei, auch damit bin ich beschäftigt, auch darum bin ich in der Türkei. Ich bin nicht nur hier, um den Mustafa-Partner-Liebe-Thema-Zyklus abzuschließen, wobei ich ja selber noch nicht mal genau weiß, was das genau bedeutet, denn ich bin ja noch mittendrin im Erfahren. Ich habe das Gefühl, ich lebe hier mehrere Leben in einem zu Ende und schließe offene Zyklen ab, um wieder in meinem Bewusstsein als erwachte Seele anzukommen, stabil verankert im erinnerten, wachen SEIN IN LIEBE, als erwachte Göttlich-Weibliche, Divine-Feminine – und das mit einem stabilen Nervensystem, mit Ruhe und Gleichmut, in Selbstliebe und Achtsamkeit. Das klingt wie ein Riesenanspruch und das ist es auch. Es ist meiner Erfahrung nach ein Haufen Arbeit, zu erwachen und im erleuchteten Bewusstseinszustand stabil zu bleiben.

Anders ausgedrückt: Es geht um das Ankommen in der Null-Punkt-Zone, im jetzigen Moment.

Ich glaube nicht, dass einmal erwacht immer erwacht bedeutet, es bedeutet, trotzdem noch einen Alltag zu haben, immer wieder sich auf Gott im Innern auszurichten, immer wieder neuen Herausforderungen zu begegnen, immer wieder innere Arbeit zu machen und wenn es nur das Erinnern ist oder das Runterspringen vom Gedankenzug, um immer wieder im JETZT anzukommen. Der Gedankenzug fährt sowieso pausenlos und nimmt einen ständig wieder mit. Ich glaube, dass der Weg der spirituellen Meisterschaft kein einfacher Weg ist und wenn du das anders siehst und erlebst, herzlichen Glückwunsch. Doch in einem sind wir uns bestimmt einig: Jeder ist ein Individuum, und auch wenn es göttliche Gesetze und Ähnlichkeiten oder spezielle Symptome auf dem Erwachensweg gibt, so ist er doch individuell.

Ich erzähle meine Geschichte nicht, um jemanden von etwas zu überzeugen. Vielleicht erzähle ich sie, weil ich es jetzt endlich KANN. Ich kann schreiben und tippen, ich kann mich selbst lektorieren und korrigieren, ich kann mein eigenes Buch setzen und veröffentlichen. Wenn ich es also KANN, warum soll ich es nicht auch TUN? Wäre ich Künstlerin oder Musikerin, dann würde ich ebenso zum Ausdruck bringen wollen, was aus mir herausmöchte und mit jedem Entleeren meines Gefäßes könnte Gott etwas nachgießen, das ich in meinem alchemistischen Kessel schmoren lasse und erneut in die Außenwelt bringen kann.

Ich werde mich sicher auch immer mal widersprechen, mich ergänzen, oder korrigieren. Das wird hier kein perfekter Text von einer perfekten Frau geschrieben. Es ist das Imperfekte im Perfekten, das zum Ausdruck kommt. Worte können nie perfekt etwas widergeben, sie können nur Energien transportieren. Was wahr ist, kann nicht in Worten beschrieben werden. Was wahr ist, braucht keine Erklärung.

Darum ist der Diskus von Phaistos auch wahr. Er ist nicht entzifferbar. Ein Glück! Echt – ein Glück, dass er unentzifferbar ist, und ich bin sicher, das ist er mit Absicht.

Wäre er entzifferbar, gäbe es schlaue Wissenschaftler, die behaupten würden, so und so sei die Bedeutung seiner Sprache. Nee, da lacht der Diskus drüber! Der sagt: An mir beißt ihr euch die Zähne aus! Entweder ihr erfasst mich intuitiv, mit eurem Herzen und mit eurer Seele, oder ich bin für euch nur ein interessantes Ding aus Ton, das in einer Glaskiste in einem Museum ausgestellt ist.

Kapitel 3 – Das Imperfekte im Perfekten

Wenn du denkst, dass du erleuchtet bist,
hast du deinen Verstand verloren.
Mach dir nichts draus! Du musst deinen Verstand verlieren,
um erleuchtet zu sein.

– Omnec Onec

Das Imperfekte im Perfekten – so erlebte ich mich in meiner Hochphase in der Erfahrung der Diskus von Phaistos Tag-Seite im Jahr 2000. Ich kleidete mich am liebsten in einer Weise, um mein Inneres über meine Sachen zum Ausdruck zu bringen. Ich ging extra shoppen und kaufte nur Kleidungsstücke, die zwei Aspekte meines Seins ausdrückten: Etwas Disharmonisches im Harmonischen und etwas Androgynes.

Diese Phase dauerte einige Monate an und da meine materielle Erdung inklusive finanzieller Erdung immer dünner wurde, beschränkten sich meine Shopping-Erfahrungen auf einige spezielle Teile.

Zum Beispiel hatte ich ein Shirt, in dem war die eine Schulter anders als die andere geschnitten. Ich hatte ein rotes Kleid, an das ich schwarze Träger nähen ließ, damit es zweifarbig war. Dann hatte ich eine androgyne Hose, das war eine weiße Shorts, die vorne eine Art Lappen hatte, so dass die Hose von vorne wie ein Minirock wirkte und von hinten wie eine Hose. Ich achtete auch pingelig auf meine Unterwäsche, die musste ebenso immer perfekt imperfekt sein. Ich habe all diese Sachen nicht mehr, aber ich erinnere mich daran, dass ich mich immer morgens nach Gefühl in einer bestimmten Farbe oder Farbkombi kleidete und dann Erfahrungen an jenem Tag machte, die damit in Harmonie waren. So hatte ich zum Beispiel einmal einen weiß-blauen Tag, da trug ich ein blaues Kleid mit weißen Schuhen und lief mit einer weißen Tasche herum. Als ich in diesem Aufzug in einer Eisdiele war, um ein Eis zu naschen, kamen dort dann auf einmal nur Menschen rein, die ebenfalls in weiß-blau gekleidet waren. Genauso hatte ich es mit einem schwarz-roten Tag und mit anderen Farbtagen ebenfalls.

In dieser Extremzeit besprach ich Cassetten. Ich wusste, dass ich durch eine Phase der Erleuchtung ging und dass ich etwas Besonderes erlebte, darum wollte ich es festhalten und nahm die Cassetten auf. Außerdem war ich zu jener Zeit zwar glückselig und im All-Eins-Sein, doch äußerlich immer mehr allein, denn für mein damaliges Umfeld war ich definitiv eine reine Überforderung. Darum amüsierte ich mich mit mir selbst, indem ich meine Cassetten besprach und hinterher wieder anhörte.

Da ich jetzt in diesem Moment nicht in dieser extremen Energie bin, kann ich nicht alle Erlebnisse widergeben geschweige denn diese Energie optimal über meine Worte transportieren, ich kann immer nur von Ausschnitten erzählen, wenn sie mir gerade einfallen. Sie werden im Ganzen betrachtet wiederum Sinn machen, denn sie gehören insgesamt in die Erzählung der zyklischen Existenz.

Was ich im Jahr 2000 ausgelöst durch den Diskus, durch die Tag-Seite des Diskus wohlbemerkt, erfahren habe, war eine Wiedererinnerung eines magischen Bewusstseinszustandes aus den hohen Zeiten von Atlantis. Ich fühlte das Erschaffen von Erfahrungen auf spielerische Weise, allerdings hatte ich darüber keine Kontrolle und konnte das darum auch nicht erden, integrieren oder in mir ausbalancieren. Dafür brauchte ich die Jahre bis Jahrzehnte anschließend. Ich lud sozusagen eine Riesenportion an Erinnerungscodes in mein System hinein, die sich im Laufe der Zeit nach und nach entpackten und in mir an ihren Platz fanden.

Im Nachhinein fällt mir auf, dass ich mit alldem – nach meinem Fall aus dem Erleuchtungszustand, wenn du so willst – nicht in einer bewusst damit arbeitenden Weise umgehen konnte. Es war noch nicht genügend Ruhe und Präsenz in mir, um mit mir alleine so etwas wie INNERE ARBEIT machen zu können. Auch gab es keinen Therapeuten, Coach oder Erfahrungskollegen, dem oder der ich mich hätte anvertrauen können und der mir da hätte durchhelfen können, um das Erfahrene entspannter und vielleicht auch schneller zu integrieren. Das sollte in meinem persönlichen Fall auch offenbar nicht so sein – ich musste da alleine durch und weil ich von der LIEBE geführt bin und immer mindestens eine wundervolle Freundin in meinem Leben hatte, ging das auch. Insofern stimmt das nicht, dass ich da alleine durch musste, ich meine damit „ohne professionelle Hilfe".

Die LIEBE, also die göttliche Gegenwart oder meine Überseele, eine absolut wundervolle, liebevolle Intelligenz, steuert alle Erfahrungen. Sie führt mich durch mein ganzes Leben und dich durch dein ganzes Leben. Sie ist perfekt. Alles, was wir erleben, ist perfekt orchestriert von einer höheren Intelligenz.

Ich bin zu der Erkenntnis gelangt, dass alles, was ist, absolut perfekt ist. Was imperfekt scheint, ist nur meine Ansicht, meine Perspektive, weil ich in der Regel oder meistens nicht das ganze Bild sehe. Darum ist es so ultimativ wichtig, sich der göttlichen Führung hinzugeben und immer und immer wieder in die Stille und in die Null-Punkt-Zone zu gehen, weil nur hier alles zusammenfällt und der Punkt der zyklischen und linearen Existenz in einem zusammenfließt. Nur in diesem Punkt kann ich den Überblick erahnen oder erfassen. Das ist mit dem Verstand überhaupt nicht zu begreifen. Auch diese Worte sind imperfekt. Doch wenn sie mich und dich daran erinnern, dass wir wirklich und wahrhaftig wesentlich mehr sind als unser Denken, Fühlen, sinnliches Erfassen und als unser Körper, dann haben sie ihren Zweck, so es denn einen gibt, erfüllt.

Der Diskus von Phaistos ist auch etwas Imperfektes im Perfekten. Er ist durchaus schief und krumm, er ist sichtlich per Hand gemacht. Aber um Perfektion im Handwerklichen ging es dem Erschaffer nicht. Dem Erschaffer ging es darum, seine Energie in den Ton zu prägen, seine mehrdimensionale Energie. Der Erschaffer des Diskus wusste nämlich, dass Atlantis und das erleuchtete Bewusstsein fallen würden und dass er sich selbst vergessen würde auf seiner zukünftigen Reise durch die Zeitalter und durch die Inkarnationen. Er wusste, dass er wie Hänsel und Gretel im Wald etwas brauchen würde, um sich eines Tages in der Zukunft zu erinnern, wer er wirklich ist. Er wusste, dass der Diskus und die Essenz seiner eigenen Existenz eines Tages in der Zukunft wieder zusammenfinden würden, weil sie in Wahrheit EINS sind und dass er sich dann wieder nach und nach an alles erinnern würde. Er wusste, dass er, wenn er sich selbst im Diskus wiederfinden würde, auf dem Schnellzug nach Hause war.

Kapitel 4 – Der dunkle Kristall

Halte sie, denn sie ist ein Teil von dir.

– Erleuchteter Meister zu Jen im Film „Der dunkle Kristall“

Der dunkle Kristall ist ein Film von 1982, der von Frank Oz und dem Muppet-Hersteller-Team erschaffen wurde. Es ist einer meiner Lieblingsfilme, denn er ist so schön gemacht mit den Figuren, in denen echte Menschen stecken. Vor allem liebe ich die Geschichte, denn sie erinnert mich an meine eigene. Ich bin sicher, dass der Drehbuchautor von DER DUNKLE KRISTALL Eingebungen hatte, denn die Geschichte, die dieser Film erzählt, ist aus meiner Sicht zumindest symbolisch wahr. Es ist die Geschichte von Atlantis, vom Auseinanderbrechen der hohen Wesen, die aus dem Einheitsbewusstsein herausgefallen und von dem Zeitpunkt an in zwei Teile zerbarsten waren – so wie der dunkle Kristall. Sie verursachten es, dass ein Splitter aus dem Kristall herausgebrochen wurde und von diesem Zeitpunkt an gab es auf der Welt zwei verschiedene Charaktere, zwei Wesenheiten, getrennt voneinander und in Wahrheit doch eins. Es waren die kalten, grausamen Skekse, deren Lieblingsbeschäftigungen das üppige Schlemmen, das Beherrschen, die Zerstörung und das Aussaugen des Lebenselixiers von anderen Wesen war, bevorzugt von den Gelflingen. Und dann waren es die sanftmütigen Urus, die sich den alten mystischen Methoden der Weisheit verschrieben hatten mit ihren Gesängen und Lehren. Die Skekse repräsentierten den verzerrten, gestörten männlichen Aspekt des Seins und die Urus den weiblichen Aspekt des Seins, der in sich die Weisheit aufrechterhielt und ganz ruhig, friedlich und sanft für sich als Hüter des Wissens allein dahinlebte. Die beiden Wesenheiten begegneten sich niemals, sie waren die Essenzen des zerbarstenen Wesens der Einheit. Doch beherrscht wurde die Erde von den fiesen Skeksen, die nichts anderes im Sinn hatten, als auch nach der sich anbahnenden großen Konjunktion der drei großen Sonnen die Weltherrschaft zu behalten. Das einzige, wovor die Skekse Angst hatten, war, dass sich die Prophezeiung erfüllen könnte und der Kristall durch die Hand eines Gelflings wieder geheilt werden könnte. Aus diesem Grund hatten die Skekse auch alle Gelflinge töten lassen, sie wollten um jeden Preis verhindern, dass sie ihre Machtstellung verlieren.

Doch wie es natürlich so sein muss in einer Geschichte, in der am Ende das Licht und die Liebe die Sieger sind, weil es ja in Wahrheit gar nicht anders geht, so hatte natürlich ein Gelfling überlebt, genauer gesagt, zwei Gelflinge, ein Junge und ein Mädchen, deren Schicksal es war, einander zu finden und gemeinsam den Weg des Kristallsplitters zu gehen und den großen Kristall im dunklen Schloss der Skekse zu heilen.

Ich bin immer wieder so berührt, wenn in der Endszene das Gelfling-Mädchen Kira durch den Schlag eines um sein Leben kämpfenden Skekses ums Leben kommt und der mutige Jen trotzdem noch den letzten Schritt unternimmt und den Kristallsplitter in den großen Kristall hineinsteckt – und das obwohl er das einzige geliebte Wesen, seine zweite Hälfte, gerade verloren zu haben scheint. Doch Jen weiß, dass der Kristall geheilt werden muss, damit die Welt wieder frei ist von der bösen Herrschaft der tyrannischen Skekse. Was noch alles in den letzten Momenten geschehen würde, das wusste auch Jen nicht – und das ist einfach nur so schön!

Der große Kristall ist geheilt und die drei Sonnen verbinden sich zu einem Strahl – die große Konjunktion geht in Resonanz mit dem Kristall, der nun wieder ein lichter Kristall ist. Gleichzeitig verschmelzen die Urus, die sich im Kreis um ihre Zwillingsseelen, die Skekse aufgestellt hatten, mit ihren Gegenübern. Sie verschmelzen miteinander und werden wieder zu den leuchtenden, großen, erhabenen, wunderschönen Lichtwesen, die sie einst waren. Sie sind wieder eins. Und als Segen und aus Dankbarkeit erwecken die großen Seelen Kira wieder zurück ins Leben und sagen am Schluss: Halte sie fest, denn sie ist ein Teil von dir. Im Lichte des Kristalls erschafft nun eure Welt.

Und dann steigen die geheilten Lichtwesen alle gemeinsam auf.

Hach – ich habe sogar Tränen in den Augen, wenn ich diese Erinnerungen an den Film aufschreibe. So tief verbunden fühle ich mich mit ihm, denn darin ist aus meiner Sicht alles enthalten, was wir Menschen auf der Erde gerade durchmachen. Und er erinnert mich an mein zerbarstenes Sein, denn auch ich erinnerte mich im Jahr 2000 zurück an mein Sein als großes, lichtvolles, androgynes Wesen, das vollkommen eins war. Ich kann mich daran erinnern, dass ich mich energetisch etwa drei Meter groß und in mir vollkommen gefühlt habe. Ich war tief bei mir und in mir angekommen, es war eine große Liebeserfahrung meiner eigenen Einheit.

Doch das hielt nicht an, ich fiel wieder raus aus diesem Bewusstseinszustand. Das Wesentliche war, dass ich mich erinnert habe und von diesem Zeitpunkt an wusste ich, dass das die Wahrheit war und dass ich nichts anderes mehr in diesem Leben und auch in keinem zukünftigen Leben mehr anstreben würde, als in diesen vollkommenen Seinszustand zurückzukehren und in ihm zu verweilen.

Es war wie eine Art Vorgeschmack und gleichzeitig war es ein Rück-Erinnern.

Begonnen hatte dieser Bewusstseinsaufstieg mit dem Diskus von Phaistos. Und vor dem Diskus von Phaistos war ich meiner Lehrerin von der Venus, Omnec Onec begegnet, insofern hatte der Aufstieg eher durch die Begegnung mit ihr begonnen. Ja, wo ist der Anfang?

Diese zwei Auslöser verursachten jedenfalls meine ersten Erwachenserfahrungen in diesem Leben. Sie hängen miteinander zusammen, doch auch heute habe ich noch nicht den vollständigen Überblick. Ich weiß nur, dass ich im Jahr 2022, also 22 Jahre nach dem ersten Erinnern an mein vollkommenes Sein als androgynes Lichtwesen, ein Erinnern meines Erinnerns erfahren habe und dass ich damit an derselben zyklischen Stelle der Reise durch meine Existenz angekommen war.

Kapitel 5 – Atlantis

Zur Zeit von Atlantis wurde diese heilige Nach-Hause-Landkarte, auf der die ewige Erinnerung an unsere Göttlichkeit verankert ist, verfälscht, was bei den Kindern Gottes zu erheblicher Verwirrung führte. Das ist es, wovon wir nun alle erwachen und was wir gerade jetzt in dieser Zeit des Großen Aufstiegs von Mutter Erde wieder in die Ordnung bringen.

Es ist so wichtig, dass die Erinnerungen an Atlantis aus dem Unterbewusstsein geholt werden, weil es uns daran erinnert, dass wir wirklich multidimensionale Avatar-Wesen sind und dass wir mit der angeborenen Fähigkeit gesegnet sind, in jede Zeitperiode zurückzureisen, einschließlich Atlantis und Lemuria. Wir sind in der Lage, dies zu tun, um die Zeitlinien neu zu schreiben und wiederherzustellen, in denen extrem tiefe, traumatische Ereignisse stattfanden.

Jen McCarty im Buch Twin Flames and the Event

Es gibt sehr viel Literatur über Atlantis. Für die Wissenschaft gehört Atlantis nach wie vor ins Reich der Sagen und wenn überhaupt jemand danach sucht, dann physisch.

Das Physische ist egal. Was wesentlich ist, ist die Energie, die Erfahrungen, die die Seelen auf der Erde zu jener Zeit gemacht haben und die sich im Äther der Chroniken eingeprägt haben. Es ist kein Zufall, dass sich viele inkarnierte Seelen zu dem Atlantis-Thema hingezogen fühlen und sich damit beschäftigen.

Die tiefsten Übereinstimmungen meiner eigenen Erfahrungen und meines intuitiven Wissens fand ich beim Lesen des Buches

„Twin Flames and the Event" von Jen McCarty. Die zu Beginn dieses Kapitels eingefügten Zitate geben einen Eindruck der Tiefe der Informationen, welche Jen durch ihr geistiges Team übermittelt worden sind und dank derer sie Zusammenhänge in einfachen Worten beschreibt, mit denen ich innerlich sehr in Resonanz bin und wo ich beim Lesen ständig fühlte: Ja, genau so kenne ich das, daran erinnere ich mich als Seele.

Ich habe mich nie aus Verstandesinteresse mit Atlantis beschäftigt, weil ich weiß, dass sich die Erzählungen aus menschlichen Quellen meistens voneinander unterscheiden. Dass ich auf das Buch von Jen McCarty aufmerksam wurde, zeigt auch mir wieder, dass die Informationen, die wichtig sind, irgendwie zur richtigen Zeit ihren Weg zu einem finden – so wie vielleicht auch du dieses Buch gerade zur für dich richtigen Zeit in deinen Händen hältst. Auch habe ich mich nie für andere Venus-Quellen interessiert, nachdem ich Omnec Onec persönlich in meinem Leben hatte und ihre spirituellen Lehren mich erfüllt haben. Erst im Jahr 2021, als ich den Venus-Historiker Dr. Raymond Keller kennenlernte, gab es für mich eine Wissenserweiterung gefolgt von einer nächsten Einweihung. Auf Ray komme ich in einem späteren Kapitel zurück, wenn ich mehr über die Botschafter der Venus erzähle.

Nach meinen ersten beiden Einweihungen durch Omnec Onec und den Diskus von Phaistos war ich ausgelastet mit der Integration des Wissens, das ich empfangen hatte, während ich gleichzeitig versuchte, mein Erdenleben möglichst stabil auf die Reihe zu kriegen – es war in mir kein Platz für weitere Venus- oder Atlantis-Informationen oder sonstiges spirituelles Wissen aus anderen Quellen.

Von daher weiß ich aus angelesenem Wissen nichts über Atlantis. Ich weiß nur, was ich erfahren habe, und als ich durch den Diskus von Phaistos auf einmal eine Atlantis-Resonanz spürte, also innerlich wusste, dass der Diskus etwas mit Atlantis zu tun hat, da war ich selbst überrascht. Es war intuitives Wissen.

Die Beschreibungen von Jen McCarty in ihrem Buch „Twin Flames and the Event“ füllen Erinnerungslücken in mir aus und ich bin sehr froh, dass ich dank ihrer klaren Schilderungen und Meditationen Schlüssel für die Heilung der Trennungswunden gefunden habe.

Ich erzähle hier über Atlantis, was ich zu wissen meine und woran ich mich seelisch erinnere:

Vor langer Zeit kam ich mit meinen Seelengeschwistern auf die Erde. Wir waren vollkommen bewusste Lichtwesen der höheren Dimensionen. Wir waren noch nicht physisch. Warum kamen wir eigentlich? Vielleicht auf eine Art Einladung oder aus Neugierde. Vielleicht auch, um die Erde mit Lebensformen zu besiedeln. Es war nicht an erster Stelle unsere Absicht, uns physisch zu verkörpern oder lange zu bleiben. Doch die Energie der Erde wurde von der Frequenz her so physisch, so drittdimensional, dass sich unsere Frequenz nach und nach anpasste. Durch die Verlangsamung der Frequenz traten wir in die Dualität ein. Wir zogen niederfrequente Erfahrungsbereiche an und so entstanden das Positive und das Negative. Aus der Negativität entstand Spaltung und aus der Spaltung Zwietracht, Uneinigkeit und Streit. Daraus folgte die ultimative Trennung vom hohen Gottesbewusstsein und wir wurden physisch. Dazwischen ist noch die Polarisierung der Kräfte in männlich und weiblich. Im Physischen verkörperten wir uns in männlichen und in weiblichen Körpern. Wir gingen Beziehungen mit anderen ein und durch den Fall der Schwingung und durch den Eintritt in die Unbewusstheit begannen wir, Karma zu erschaffen. Wir unterlagen dem Gesetz von Ursache und Wirkung und dann hingen wir in den Reinkarnationszyklen fest.

Irgendwie und an irgendeiner Stelle kommt hier auch noch die genetische Manipulation mit rein oder sie lief parallel. Damit meine ich das Einmischen einer anderen Rasse in die Ereignisse der Erde, um sich Menschen untertan zu machen und um deren Erinnerungsvermögen an ihre wahre, hohe Seelennatur auszulöschen. Aus der Seele kann es nicht gelöscht werden, aber wenn die Seele sich in physischen Körpern inkarniert, deren Gehirne getrennte Gehirnhälften haben und deren DNS auf das Minimum heruntergeschraubt wurde, dann weiß die verkörperte Seele nicht mehr, wer sie ist und woher sie kommt. Stattdessen identifiziert sie sich mit dem Physischen und mit dem Bewusstsein der Trennung. Es geht für sie nur noch ums Überleben, um das Stillen der Grundbedürfnisse und somit ist sie das perfekte Opfer für Kräfte, die die Lebensessenz gerne aussaugen, um sie sich einzuverleiben und ihre eigene Scheinexistenz aufrecht zu erhalten. So wie die Skekse in DER DUNKLE KRISTALL das Lebenselixier der anderen Wesen aussaugen und sich einverleiben, um ihre eigene Existenz zu erfrischen, sich zu stärken und ihre Lebenszeit im Physischen zu verlängern.

Ein fieses Spiel gewissermaßen – und doch ist es wahr. Und doch ist es nicht LEIDER wahr, denn alles ist im großen, göttlichen Plan genauso gestattet für die Erfahrungen und Entwicklungen der Seelen.

Eigentlich ist das auch alles, was ich im Moment über Atlantis weiß.

Für mich ist das Wesentliche, dass durch meine Begegnung mit dem Diskus von Phaistos diese Erinnerungen in mir auflebten und ich erkannte, dass ich jetzt die Heimreise antreten würde.

Nur wer sind die Gelflinge? Wer heilt den gebrochenen Kristall?

Kapitel 6 – Der Diskus von Phaistos

Symbole sind Worte.
Nichts, was wahr ist, braucht erklärt zu werden.

Jetzt wird es schwierig. Doch es ist Zeit, dass ich die Geschichte des Diskus von Phaistos erzähle, so wie ich sie erfahren habe. Ob und wann sich mir eines Tages vollständig enthüllt, wann und wie und warum er genau hergestellt wurde, das weiß ich nicht. Ich bin sicher, dass es durch die Betrachtung einer Zeitlinie, durch das Lesen in der Chronik, möglich ist, all das in Bildern lebhaft in die Gegenwart zu holen. Noch habe ich diese Fähigkeit nicht, noch brauche ich nicht mehr zu wissen.

Ich habe vollstes Vertrauen darin, dass sich mir immer genau das Wissen offenbart als Erkenntnis, das ich wirklich brauche und das ich auch verarbeiten kann. Es muss ja letztlich möglichst auch in den Kopf hineinpassen, damit Gehirn und Sprache das Erkannte verarbeiten und auch weitergeben können. Sonst macht das keinen Sinn, wenn es nur für einen selbst ist, so großes Wissen zu empfangen.

Insofern kann und werde ich nur die Geschichte erzählen, wie ich zum Diskus gefunden habe oder wie er mich gefunden hat.

Selbst das klingt schon wieder crazy, ich weiß. Doch immer fällt es mir genauso ein, denn es war eine Begegnung zwischen Zukunft und Vergangenheit und das macht es so zyklisch und nicht-linear und so fast unmöglich, davon linear Wort für Wort zu berichten.

Vieles aus jener Zeit weiß ich auch wirklich nicht mehr, mein Gehirn war so was von überfordert und phasenweise total außer Kraft gesetzt.

Zu den Fakten. Ich gebe mein Bestes. Auch hier muss ich praktisch an irgendeine Stelle reinspringen, es ist als sei es eine Schallplatte mit einem ganzen Stück drauf und ich setze die Nadel irgendwo rauf.

Also setze ich die Nadel meiner Diskus-Geschichte an die Stelle, als ich bei der Firma Telelogic in der Nähe von München zu arbeiten anfing. Es war im Frühjahr des Jahres 2000, als sich meine Energie, wiederum ausgelöst durch die bereits vorhandene Präsenz der Venusierin Omnec Onec in meinem Leben, anfing massiv zu erhöhen. Gleichzeitig war damit noch eine Liebesgeschichte verbunden, eine karmische natürlich. Doch ich will nicht abschweifen, sonst öffne ich zu viele Kreise – doch diese Geschichte mit dem Musiker, in den ich in Landshut damals mehrere Jahre lang verliebt war, die spielt im Gesamtbild durchaus eine Rolle, wenn es um das Thema Liebe und Herz und Partnerschaften geht. Doch darauf komme ich später zurück, jetzt geht es erstmal nur um den Diskus.

Um meine Energie zu ordnen und zu strukturieren und auch, weil ich Geld brauchte, suchte ich einen Job. Einen einfachen Bürojob. Offenbar geführt von oben fand ich den auch prompt – ich hatte klar ausgesendet, dass ich einen Job möchte, durch den ich einen Stundensatz von 25 Euro bekomme, der mit keiner festen Anstellung verbunden ist und der mir eine einfache Tätigkeit gibt. Ein Blick damals in das Internet, das ich tatsächlich schon kurzfristig in meiner Wohnung hatte, wenn auch noch megalangsam und nur temporär, doch es war genau dort die richtige Stellenanzeige enthalten, die mir ins Auge stach. Ich rief an, machte einen Vorstellungstermin aus, fuhr am nächsten Tag hin und bekam den Job. Klar!

Kurz danach fing ich an und der Job war perfekt. Eine Kollegin, die dort als Assistentin den Laden schmiss und sehr nett war, ein nettes Team, eine einfache Sortiertätigkeit. Ich sollte einfach nur Papier von Hängeordnern in Stehordner umziehen und die neuen Stehordner entsprechend hübsch beschriften. Der Job war befristet auf einige Wochen, weil die Firmenleitung der Ansicht war, dass etwa vier Wochen für diese Umsortierarbeiten genügen würde, was ja auch gut und realistisch geschätzt war.

Nun gefiel es mir dort wirklich sehr gut, ich habe mich wohlgefühlt und hatte auch viel Spaß mit mir und den Kollegen, denn meine Energie erhöhte sich täglich und ich wurde immer freudvoller und entspannter. Man hatte auch mit mir so seinen Spaß, glaube ich. Gleichzeitig arbeitete ich aber auch gut und zuverlässig, ich war ja noch nicht euphorisch oder sonst wie irgendwie übertrieben drauf.

Nachdem der Sortierjob erledigt war, also nach den geplanten vier Wochen etwa, bot man mir sogar eine Festanstellung an, so gut fanden sie mich. Zu der Zeit stand aus meiner Sicht dem nichts im Wege, denn noch hatte ich nichts Besseres zu tun, was sich ja bald ändern würde, aber zu jener Zeit sagte ich zu und unterschrieb den Vertrag.

Bald danach kam es zum Umzug der Firma in neue, größere Räume in derselben Gegend. Ich erfüllte noch einen guten Dienst, denn so ein Firmenumzug ist viel Arbeit und ich war sehr fleißig integriert und half beim Packen und dass der Ablauf weiterhin gut funktionierte. In den neuen Räumen dann passierte es und die Blicke des Diskus von Phaistos und mir trafen sich erstmalig bewusst.

Auf dem Flur stand ein Kopierer, den ich täglich bediente. Und an der Wand einige Meter versetzt hatte jemand das Firmenplakat aufgehängt, das den Diskus von Phaistos mit Schriftzug und Logo zeigte. Das war mir vorher nicht aufgefallen, denn die Firma, in der ich arbeitete, hieß ja Telelogic, doch davor hieß sie S & P Media und von dieser vorherigen Firma gab es noch älteres Werbematerial, das eben den Diskus von Phaistos trug. Das waren Postkarten, Broschüren und auch diese großen Poster. All das hatte ich in den alten Räumen nicht bemerkt, weil es dort in Schränken verstaut war. Doch als Dekorationselement und vielleicht auch zu Ehren des Firmengründers hatte jemand das Diskus von Phaistos Poster in den neuen Räumen auf dem Flur in der Nähe des Kopierers aufgehängt.

Und jetzt fängt es schon an zu verschwimmen, denn ich weiß nicht, wie viele Tage ich dort ahnungslos und gut gelaunt meine Kopierarbeiten gemacht hatte, bis es dann zum Kontakt zwischen dem Poster und mir kam.

Auf einmal war der Moment da und mein drittes Auge ging in Resonanz mit dem Zentrum des Diskus von Phaistos auf dem Poster. Ich schaute plötzlich hin und aus der Blüte des Diskus, die in der Mitte der Tagseite eingestempelt ist, strömte ein Lichtstrahl und öffnete mein drittes Auge in der Mitte meiner Stirn. Andersherum war mein drittes Auge bereits durch die monatelange Energieanhebung sowieso schon geöffnet und ging in Resonanz mit dem Zentrum des Diskus von Phaistos. Es war der Moment des Erkennens und ich wusste nur eins sofort: Ich muss nach Kreta!

Es war mir total klar, dass der Diskus von Phaistos mich gerufen hatte. Ich hatte nur noch dieses eine Ziel vor Augen, den Diskus im Original auf Kreta zu sehen. Ich glaube, die Information seines Aufenthaltsortes stand auf dem Poster drauf, daher wusste ich, wo er war und wohin ich zu gehen hatte.

Nun wusste ich das zwar in diesem Augenblick, doch ich war noch nicht durchgeknallt genug, um einfach alles stehen und liegen zu lassen und in ein Flugzeug zu steigen. Ich wusste, dass da noch linear gesehen eine Zeit zwischen diesem Moment und der realen Begegnung mit dem echten Diskus in Heraklion sein würde. Von meinem Bewusstseinszustand her war ich so drauf, dass alles egal im Sinne von perfekt geführt und in Ordnung war. Ich wusste weder, wann ich reisen würde noch mit welchen Mitteln, denn Geld hatte ich trotz des Jobs kaum noch wegen meines Lebensstils und meines lockeren Händchens, wenn es ums Geldausgeben ging. Doch ich hatte null Zweifel, ich war von meinem Bewusstsein her bereits so hoch, dass ich nur wusste, nur fühlte, nur sah, nur spürte, nur liebte – alles ohne Angst, vollkommen frei von Zweifeln und Sorgen. Ich war völlig im Gottvertrauen und ließ die Dinge total auf mich zukommen und von selbst geschehen.

Es dauerte nicht lange, wie lange, weiß ich natürlich nicht mehr, vielleicht eine Woche, vielleicht noch vier Wochen, jedenfalls kam der Tag, an dem ich meine eigene Entlassung provozierte. Das habe ich so gestaltet, weil ich mehr auf Energien und Gesten reagierte als auf Worte. Meine Wahrnehmung war bereits so ausgedehnt und erhöht, und so vernahm ich eine Geste meines direkten Vorgesetzten für mich als Kündigung, obwohl er das so nicht direkt gemeint hat und gesagt hat.

Die Geschichte hierzu war so: Ich wollte einen freien Tag haben, einen Freitag. Dann kamen plötzlich Arbeiten rein und meine zwei direkten Chefs meinten zu mir, ich könne den Tag doch nicht frei haben, weil wir arbeiten müssen. Das hab ich aber nicht eingesehen, weil ich fand, ich hatte genug in den letzten Wochen gearbeitet und ich hätte mir den freien Tag verdient. Auf einer gewissen Ebene war das pure Selbstliebe und Selbstrespekt, aber es war auch innere Rebellion gegen das Firmensystem der Ausbeutung, das immer irgendwelche Gründe findet, um Menschen weiter auszusaugen anstatt ihnen den Raum zu geben und die Freizeit, die sie brauchen und auch, wenn sie sie von sich aus wünschen. Meinen freien Tag hatte ich ja schon länger vorher angekündigt und daher sah ich es überhaupt nicht ein, nur wegen irgendeines plötzlich wichtigen Auftrags auf meinen verdienten freien Tag zu verzichten.

Am Donnerstag vor dem freien Tag, dem Freitag, kam dann einer der zwei Chefs nochmal zu mir, denn ich hatte schon gesagt, dass ich am nächsten Tag definitiv nicht in die Firma kommen würde und holte sich von mir nochmal die Bestätigung ab. Und dann machte er so eine Geste; er sagte zu mir: Ich dachte, wir arbeiten hier zusammen! Und ich sagte: Ja, tun wir auch. So meinte ich das auch, denn für mich war es absolut wichtig, dass ich für ein gutes Zusammenarbeiten respektiert werde und meine Wünsche nach verdientem Urlaub ernst genommen werden. Und dann klatschte er einmal in seine Hände, während er sich von mir abwandte und sagte: „Nein, das tun wir nicht."

Und ganz ehrlich – ich in meiner ausgedehnten, sensiblen Wahrnehmung empfand das als Kündigung! Ich fühlte mich gekündigt. Ich hatte das Gefühl, dass er von diesem Zeitpunkt an zusehen würde, wie er mich loswird, auch wenn er nicht die Machtposition hatte, mich real in diesem Moment zu kündigen, er war ja nicht der oberste Chef. Davon abgesehen, kamen der Mann und ich sowieso nicht so super miteinander klar, es ging zwar so halbwegs, aber so richtig auf einer Wellenlänge waren wir eh nie. Und diese Geste war dann für mich die Besiegelung und ich fühlte mich gekündigt.

Na ja, und wie das so ist in so einem Bewusstseinszustand mit dem Ziel vor Augen, nach Kreta zum Diskus von Phaistos fahren zu wollen, ich fühlte mich total glücklich und frei! Ich dachte nur: Yes – ich bin gekündigt, juchu! Ich bin frei!

Am Montag versuchten die richtigen Chefs und meine Kollegen, alle, bis auf den mit der Geste, mich zurück in die Firma zu überreden. Sie bemühten sich wirklich, selbst der höchste Chef persönlich rief mich an und meinte, der direkte Vorgesetzte konnte mich doch gar nicht kündigen und ich soll doch einfach wieder ins Büro kommen. Aber ich war ja frei und happy und wollte nicht mehr ins Büro kommen.

Also kündigten sie mich dann wirklich und die Sache war erledigt. Ich hatte dort ja alles gefunden, was ich gebraucht hatte! ER hatte mich gefunden. ER hatte mich in diese Firma geholt, damit ich IHN finde. Mehr gab es dort nicht für mich!

Vor meinem letzten Arbeitstag hatte ich mir noch einen Haufen der Diskus-Postkarten eingesteckt und einige der Broschüren, ich wusste, die würden ja nicht mehr gebraucht werden, weil der Firmenname sich ja geändert hatte. Einige dieser Broschüren und Postkarten habe ich heute noch.

Reiste ich also nun direkt nach Kreta?

Nein, es war noch nicht reif, immer noch nicht. Nach meinem Ende in der Firma Telelogic mogelte ich mich noch irgendwie aus irgendeinem Grund bei meiner damaligen Freundin Martina in deren Geschäft rein. Sie hatte ein Vom Fass Geschäft in Erding und auch hier verschwimmen wieder meine Erinnerungen – ich weiß nicht mehr genau, warum ich Martina auf meine durchgeknallte, überzeugende Art dazu bringen wollte, mich zu beschäftigen, aber sie tat es! Ich hatte in der Zeit sowieso eine ziemliche Weinphase und trank täglich viel Wein und das wurde auch immer krasser, ich trank zum Teil dann auch während des Tages bei ihr im und vor dem Geschäft Wein, was natürlich immer negativer auffiel. Ich war ja immer gut drauf, aber ich war in den Augen der anderen einfach seltsam. Ich nehme an, ein Psychiater würde mir den Stempel „manisch" aufs Auge gedrückt haben. Ich habe auch noch versucht, Martina zu überreden, mir Geld für meine Reise nach Kreta zu geben, damit ich ihr gute Olivenöl-Lieferanten direkt vor Ort suche und ihr helfe, direkt zu importieren und nicht mehr über die Franchise-Firmenführung. Ich fand mich super schlau und genial mit all meinen erweiterten Wahrnehmungsfähigkeiten und übersprudelnder Intuition und geistigen Fähigkeiten.

Ich hatte wirklich eine Art Genie-Pille zu jener Zeit intus – ich war super heftig locker, extrem schnell im Erfassen und im Denken und dabei gleichzeitig total glücklich und tiefenentspannt. Ich war heiter, total frei und vollkommen im Fluss des Lebens.

Diese Energie erhob mich letztlich auch aus meiner karmischen Bindung an den Musiker, dem ich damals vier Jahre lang wie ein Hündchen hinterhergelaufen war, so nach dem Motto: „Looking for Love in all the wrong places" („An allen falschen Orten nach Liebe suchen"). Doch ich musste mich sozusagen energetisch so hochdrehen, damit ich letztlich diese Bindung loslassen konnte.

Martina wollte mich dann auch durchaus loswerden und gab mir das Geld für meine Reise nach Kreta. Ich weiß nicht mehr, wie viel genau es war, es war genau so viel, wie ich für den Flug und bei einigermaßen Haushalten für eine Woche Aufenthalt brauchen würde. Natürlich konnte ich nicht ahnen, dass das Geld schon nach vier Tagen aufgebraucht sein würde, doch auch das war mir ja egal, ich war ja im Gottvertrauen und vollkommen geführt.

Der Tag meiner Reise nach Kreta kam immer näher. Da ich zu jener Zeit einen schwarzen, süßen Kater in meiner Wohnung hatte, bat ich Martina noch als letzten Liebesakt für unsere schwindende Freundschaft, den Kater Odin, den ich übrigens nach Omnecs Onkel Odin benannt hatte, während meiner Abwesenheit zu versorgen, was sie auch tat.

Es war im September 2000, als ich zum ersten Mal nach Kreta flog, um den Diskus von Phaistos im Original zu sehen. Und es war keine normale Reise, sondern eine Odyssee. Die Götter Griechenlands waren wieder lebendig. Ich war Artemis und ein Mann, den ich an mich wickeln wollte, war Apollo. Eine schöne Schweizerin war die Aphrodite und das Orakel von Delphi gleichzeitig. Ich sah noch so einige andere Götter in Gestalt der Menschen, die für mich wie lustige Spielkameraden auf dem Spiel meines Lebens waren.

Der aufgestiegene Meister Hilarion, der seinen ätherischen Tempel oberhalb von Kreta hat, wurde mein bester Freund.

Doch eins nach dem anderen, soweit mir das aus der Erinnerung möglich ist. Die göttliche Führung ist so was von perfekt und genau darum ist es auch so wundervoll, wenn ich diese Erinnerungen jetzt aufschreibe, denn sie erinnern mich daran, dass wirklich alles perfekt geführt, orchestriert und geplant ist von einer höheren Intelligenz, die nichts als Liebe ist.

Zum Beispiel erinnere ich mich an den Bus auf dem Flughafen, der die Passagiere zum Flugzeug brachte. Er war ziemlich voll. Und da war ein Mann, mit dem ich locker ins Gespräch kam. Er fragte mich, wohin ich wolle. Ich sagte, ich habe kein konkretes Ziel. Er sagte, der Süden sei besser zum Urlaub machen als der Norden.

Gesagt, geführt. Also hatte ich entschieden, dass ich in den Süden Kretas wollte.

Der Flug war ruhig und heiter. In Heraklion angekommen, nahm ich mein leichtes Gepäck entgegen, ich reiste damals wirklich sehr leicht mit nur wenigen Kleidungsstücken, es gab noch keine technischen Geräte, die ich mit mir rumschleppen musste und auch Bücher oder anderes schweres Zeug hatte ich nicht dabei. Da traf ich den Mann wieder, er stellte sich mir als Klaus vor und sagte, er sei Taxifahrer in München und dass er hier einen Mietwagen in Empfang nehmen würde, weil er oft nach Kreta reise und sich gut auskenne und ob er mich mitnehmen solle in den Süden.

Das fand ich super und ich sagte sofort zu! Also hatte ich schon meinen Transport gesichert – alles geführt und ungeplant, jedenfalls nicht von mir geplant. Auch eine Übernachtung hatte ich natürlich noch nicht, ich wusste ja, dass sich alles ergeben würde, ich wollte mich einfach treiben lassen und mich amüsieren.

Auf dem Weg in den Süden hielten wir an einem Laden an und ich versorgte mich mit Rezina und Sprite, das wurde für meinen Kretaaufenthalt und für den Nachklang einige Monate lang in Deutschland noch mein Nationalgetränk. Klaus und ich quatschten dann während der Autofahrt von Heraklion in den Süden Kretas, noch wusste ich ja gar nicht, wohin wir fahren, und ich erzählte ihm, dass ich für den Diskus von Phaistos gekommen sei, um ihn im Museum zu besuchen. Da sagte Klaus mir, er kenne einen Mann, den Fritz, der hätte ein Buch über den Diskus geschrieben und der wohne ganz in der Nähe von dem

Ort, an den wir gerade fahren und wo er mir ein Zimmer besorgen könne, wenn ich wollte.

Ich war ganz aus dem Häuschen! Echt? Ein Mann, der ein Buch über den Diskus geschrieben hat? Das ist ja der Hammer! Ich wusste, ich bin auf dem richtigen Weg!

Als Klaus und ich in Pitsidia ankamen, das ist das kleine Örtchen im Süden nicht weit weg vom Meer, organisierte er mir schnell ein Zimmer, ich warf meinen Rucksack dort hinein und mich direkt ins Getümmel der Menschen, die auf dem Zentralplatz von Pitsidia draußen an den vielen Tischen saßen und aßen und tranken. Es war herrlich warm und es waren viele Menschen dort. Ich fühlte mich großartig! Ich war so was von angekommen! So präsent, so zu Hause, ich fühlte mich wirklich fantastisch!

Irgendwo saß ich dann und aß und trank etwas, als Klaus zu mir kam und sagte: Du, Anja, der Fritz, von dem ich dir im Auto erzählt habe und der ein Buch über den Diskus geschrieben hat, der ist heute hier!" Ich war total happy und sagte: „Wow, echt, würdest du uns bitte einander vorstellen?" Ich war in so einer königlichen Stimmung und alles, was ich sagte und tat, hatte etwas Erhabenes und sehr Höfliches. Also begleitete Klaus mich zu Fritz, der mit einem befreundeten Paar an einem Tisch saß und Wein trank. Ich setzte mich zu der kleinen Gruppe und bald fragte ich Fritz geradeheraus: „Fritz, was bedeutet der Diskus von Phaistos?" Und Fritz sagte: „Der Diskus enthält die universelle Information." Ich strahlte aus allen Poren, schaute Fritz tief in die Augen und sagte nur: „Ich WEISS!"

Und dann tranken wir und irgendwann fiel ich bewusstlos in das Bett, an das ich mich so was von überhaupt nicht mehr erinnern kann.

Während meiner Zeit auf Kreta führte ich ein Tagebuch. Ich führte es, damit ich nachvollziehen konnte, welchen Tag wir hatten. Ich war so multidimensional drauf, dass ich in einer Zeitlosigkeit eingebunden war und überhaupt kein Zeitgefühl in linearer Art mehr hatte. Am Tagebuch konnte ich mich zumindest langhangeln. Ich notierte alles, was ich erlebte, in Stichworten, ich dachte mir, wenn ich es eines Tages später, wenn mein Bewusstsein wieder gesunken sein würde, was ich ja schon vorausahnte, lesen würde, dann würde ich es wieder abrufen können, was ich alles erfahren und erlebt hatte.

So wie der Diskus! Auch der Diskus enthält Worte, Symbole, und der, der ihn gemacht hat, wusste, dass er ihn später beim Wiederfinden wieder würde abrufen und erfassen können.

Die nächsten Tage waren allesamt heiter, lustig und extrem intensiv. Ich schlief jeden Tag in einem anderen Zimmer, war pausenlos wie ein Schmetterling unterwegs, sprach mit vielen Menschen und trank Wein, Wein und Wein. Ich glaube, es war schon am nächsten Tag nach meiner Ankunft in Pitsidia, als ich schon wieder aus dem Häuschen war, nämlich, als ich irgendwie erfuhr, dass der Ort Phaistos, also der Ort, an dem der Diskus im Original im Jahr 1907 gefunden wurde, nur 6 Kilometer entfernt war!

Ich war vollkommen überwältigt von der Genialität der göttlichen Führung! Denn ICH, mein kleines Anja-Ich, wusste das nicht! Ich hatte die Reise nicht geplant! Ich hatte nur von Klaus gehört, dass der Süden besser für Urlaub sei als der Norden und darum war ich bereit, mit ihm mit in den Süden zu fahren. Doch wenn du dir einmal eine Kretakarte anschaust, dann siehst du, dass die Insel eine West-Ost-Ausdehnung von 300 Kilometern hat und dass es da eine Menge Süden gibt, wo man Urlaub machen kann! Dass mich also meine geistige Führung genau, also punktgenau da hingeschickt hat, wo Phaistos liegt, war ein Wunder.

Somit hatte ich ein neues Ziel! Abgesehen vom Museum in Heraklion, wo der Original-Diskus ausgestellt war und ist, wollte ich nun unbedingt nach Phaistos. Und obwohl es nur 6 Kilometer sind zwischen Pitsidia und Phaistos und der andere Ort, an dem ich einige Nächte verbrachte, heißt Kalamaki am Meer, war es doch eine kleine Odyssee für mich, den Weg nach Phaistos zu finden. Letztlich war es dann am Tag vor meiner Abreise erst, glaube ich, oder vielleicht auch irgendwann in der Mitte meiner Zeit auf Kreta, als mich mein neuer Freund Konstantin mit dem Auto nach Phaistos fuhr und mich dort auch begleitete als eine Art „männlicher Begleiter“ – also im Sinne eines höfischen Gefährten. Konstantin hatte ich ebenfalls in Pitsidia während eines Abends kennengelernt. Er war sehr niveauvoll und sprach gut Deutsch. Er lebte auf Rhodos und war zu Besuch auf Kreta. Er erkannte meine Spiritualität und sah sich darum innerlich gewissermaßen auch beauftragt oder zumindest inspiriert, mich nach Phaistos zu fahren und dort zu begleiten. Es war auch für ihn eine kleine Pilgerreise, mit mir Zeit zu verbringen, denn ich war einfach speziell drauf – ich war in einem erweiterten Bewusstseinszustand und das fühlte Konstantin.

Und jetzt nähern wir uns dem Höhepunkt meiner ersten Kreta-Reise, denn, um es vorwegzunehmen und vielleicht ahnst du es auch bereits: Bis ins Museum zum echten Diskus habe ich es während meiner ersten Reise nicht geschafft! Es gibt dafür auch einen guten Grund und den erzähle ich dir, wenn ich mit meiner Phaistos-Geschichte durch bin.

In Phaistos kam ich an. Ich war noch nie so angekommen in meinem Leben wie in Phaistos. Ich war zu Hause. Als ich über den Zentralplatz schritt, ja, schritt, denn ich fühlte mich wie die Königin, da fühlte ich, als würde ich durch mein eigenes Wohnzimmer laufen. Himmel und Erde waren in mir vereint. Ich wusste, Phaistos ist die Hochburg der Königinnen. Als ich Jahre später die Bestätigung meiner intuitiven Wahrnehmung in Henry Millers „Der Koloss von Maroussi“ las, wusste ich wieder einmal, wie sich innere Wahrheit anfühlt.

> *"Und ich hatte das starke, intuitive Gefühl, dass Phaistos die Frauenburg der Dynastie Minos gewesen war. Der Historiker wird lächeln, er weiß es besser. Doch in diesem Augenblick und von da ab und für immer wird Phaistos für*

mich trotz aller Beweise, trotz aller Logik die Residenz der Königinnen."[2]

Konstantin, mein treuer Begleiter, dachte auf dem Zentralplatz laut vor sich hin: „Wie König Minos diesen herrlichen Ort wohl gefunden hat?“ Und plötzlich fiel in meinen vollkommen leeren Kopf ein Wort hinein: HEUREKA! Ich sprach es aus und fragte Konstantin, ob er wisse, was es bedeute. Er sagte, es würde auf Griechisch wie EVRIKA ausgesprochen werden und es bedeutet: „Ich habe es gefunden!“ Da sagte ich zu Konstantin: „Evrika klingt wie Erika. Erika ist ein Frauenname. Nicht Minos hat diesen Ort gefunden, sondern seine Frau!“ War völlig logisch so für mich!

In Phaistos gibt es ein Café mit Geschäft. Man kann dort etwas essen, guten Kaffee trinken und viele schöne Souvenirs erstehen, natürlich auch den Diskus von Phaistos in allen Variationen. Als Konstantin und ich dort eine Pause machten und ich mir ein Sandwich bestellte, während er grüne Weintrauben naschte, fragte er mich: „Du bist so eine spirituelle Person. Warum isst du so etwas Schweres und nicht das leichte Obst?“ Und ich sagte zu ihm: „Weil ich das zum Erden brauche. Das Obst ist jetzt zu leicht für mich.“

Danach ging ich noch ein wenig alleine herumflanieren und fühlte, es ist genug. Es ist hoch genug. Konstantin ging alleine hinter das Café und noch etwas höher auf den Hügel, nachdem ich zu ihm sagte: „Geh du nur. Ich kann nicht mehr höher gehen. Ich habe hier meinen Höhepunkt erreicht.“

Ich wusste, dass ich das mehrsinnig meinte. Ich wusste, von nun an kann es nur noch wieder runter gehen, doch zu diesem Zeitpunkt hatte ich vom Bewusstsein und von der Energie her meinen Höhepunkt erreicht, mehr ging nicht.

2 Henry Miller, Der Koloss von Maroussi, RoRoRo 1999, S. 124 ff

Und genau darum konnte ich auch den Original-Diskus im Museum während meiner ersten Kreta-Reise nicht besuchen. Ich wusste später, dass es mir den letzten Rest meines Verstandes herausgepustet hätte, wenn ich in dieser vollkommenen Ausdehnung dem Original begegnet wäre. Ich musste und wollte mich wieder erden, denn dieser Körper ist dafür da, damit ich alle Erinnerungen und das vollkommen Lichtbewusstsein bei Verstand in ihn integriere und es ausstrahle und weitertrage. Wäre ich körperlich, psychisch oder mental in einem Zustand angekommen, der irreparabel gewesen wäre, dann könnte ich meinen Seelenplan nicht erfüllen.

Vor diesem Hintergrund macht es totalen Sinn, dass ich erst zwei Jahre später, nämlich genau nach meiner Anti-Tag-Erfahrung beim Fürsten der Finsternis wieder geerdet genug war, um während meiner zweiten Reise nach Kreta, und dann auch noch als Kind am Rockzipfel meiner Eltern, die mir diese Reise als kleine Erholung und Trostpflaster nach meiner höllischen Zeit an der Seite des Hexers auf meinen Wunsch hin spendiert hatten, den Diskus von Phaistos im Original besuchte.

Ich erinnere mich noch gut an dieses erste Mal im Museum beim Diskus. Es war als Familienausflug mit einem Leihwagen aus dem Süden Kretas geplant, wo meine Eltern und ich ein Ferienapartment hatten. Für mich waren meine Eltern schon immer stressig, wenn es um dichte Gegenden ging, denn dort findet man ja (O-Ton Eltern) nie einen Parkplatz und im Zweifel dreht man einfach wieder um und fährt nach Hause. Genauso ein Szenario hatten wir während unseres Besuches in Heraklion, die die Hauptstadt von Kreta ist und wo nun einmal Autos rumfahren und viel Verkehr ist und wo man eben gucken muss, dass man sein Auto abstellen kann, wenn man schon keine Parkplatzengel aktiviert. Und genau diesem üblichen Szenario sah ich mich dann gegenüber, als mein Vater kurz davor war, mit dem Auto und mir hinten drin einfach wieder zurück in den Süden zu fahren, ohne dass ich in mein Museum gegangen wäre. Da wallte mir das Blut hoch und ich drückte deutliche Widerstände aus, obwohl ich energetisch noch immer geschwächt war von den Ereignissen zwei Jahre zuvor. Ich wusste übrigens intuitiv, dass die Grundintegration meiner ersten beiden Einweihungen zwischen drei und fünf Jahre dauern würde, damit meine ich, bis ich wieder arbeits- und halbwegs gesellschaftsfähig sein würde. So war es dann auch ziemlich genau, denn Mitte 2004 zog ich aus Mönchengladbach an den Bodensee und fing eine neue Stelle an, in der ich im Laufe der darauf folgenden Jahre langsam wieder soweit genesen konnte, dass ich halbwegs in meinem Körper ankam – wenn auch verbunden mit etwa 20 Kilo Übergewicht. Doch das nur als Einschub, um zu verdeutlichen, dass es durchaus ein Kraftakt war, mich meinem Vater zu widersetzen, der am liebsten keinen Parkplatz in der Nähe des Diskus von Phaistos finden wollte.

Ich saß auf der Rücksitzbank als braves Kind, meine Eltern saßen vorne und mein Vater fuhr – und ich sagte klar und deutlich von hinten: „Ich verlasse diese Insel nicht, so lange ich nicht in diesem Museum gewesen bin!“ Das hörte mein Vater nicht nur mit den Ohren, sondern er wusste, dass ich das ernst meinte, und auf einmal fand sich ein Parkplatz. Meine Eltern gingen nicht mit ins Museum, das interessierte sie nicht. Das war etwas minimal Blödes für mich, weil es wieder zeigte, dass meine Eltern eine bestimmte Rolle in meinem Leben hatten, aber das sich interessieren für meine Erfahrungen und Interessen gehörte nicht dazu.

So ging ich alleine ins Museum. Ich fühlte den Diskus schon im Eingang. Ich war relativ geerdet und super gut drauf wegen der Stunden zuvor mit meinen Eltern im Auto war ich auch nicht, aber die Energie des Diskus war für mich glasklar zu spüren – trotz meiner energetischen Verdichtungen. Ich fühlte seine Präsenz durch Schwingen meiner Chakren und durch das schwingende, kreisende Bewegen meines Körpers, der Kundalini vermutlich, diese Lebensenergie fühle ich immer als Schwingen. Es ist dieses Öffnen des Systems, die Lebensenergie, die strömt, die fühle ich immer in der Nähe des Diskus und richtig erklären kann ich mir das heute noch nicht, dass ich so extrem auf den reagiere.

Als ich ihn leibhaftig das erste Mal vor Augen hatte, also als ich im Museum vor seiner Glasvitrine stand, war die Reaktion meines Körper-Geist-Seele-Systems am stärksten und ich glaube, spätestens da realisierte ich auch, dass ich dem zwei Jahre zuvor in meiner damaligen totalen Öffnung nicht gewachsen gewesen wäre, ich glaube wirklich, dass meine geistige Führung mich davor bewahrt hat, mich der Nähe des Originals auszusetzen.

Doch nun, zwei Jahre später, ging das und ich konnte die Energie zwar immer noch stark spüren, aber meine Sicherungen glühten deswegen nicht durch. Ich konnte es wahrnehmen und genießen und ich hielt mich da so lange auf, wie ich wollte – meine Eltern würden schon auf mich warten, das war klar.

In den Jahren danach fuhr ich immer mal wieder nach Kreta und immer besuchte ich Phaistos und den Diskus im Museum. Immer fühle ich dort diese Energie, doch mit jedem Mal im Laufe der letzten Jahrzehnte wurde es angepasster, mein Energiesystem hat sich langsam an die Schwingung gewöhnt und ist sie am Integrieren, so wie ich auch die Informationen von Omnec Onec und Dr. Raymond Keller, meine beiden Venus-Lehrer und Freunde, integriere.

Es fühlt sich alles nach Heimat an, nach Seele, nach meinem Seelenplan, um mich zu erinnern, wer ich wirklich bin und dieses Wissen mit jeder Zelle meines Seins zu verkörpern. Es geht auch um die Reaktivierung des Chakra-Systems, um die Öffnung der verschlossenen DNS-Stränge, es geht um die Liebe, die wahre, göttliche, hohe Liebe, es geht um das Ticket nach Hause, um das Beenden der Zyklen und das Beginnen neuer Erfahrungsebenen, die gewissermaßen nicht neu sind, sondern die Wiederkehr des Bekannten, des Wahren, des scheinbar Vergangenen, denn in Wahrheit ist in der Seelenebene nichts passiert, in den höheren Dimensionen ist immer Jetzt.

Bevor ich im nächsten Kapitel mehr über die Frau von der Venus, Omnec Onec, erzähle, möchte ich hier noch eine Besonderheit einfügen, die ich bisher nur einmal in dieser Leibhaftigkeit erlebt habe, nämlich die Begegnung mit dem Christus-Bewusstsein.

Ich kann das kaum in Worte fassen, was da passiert ist, aber ich gebe mein Bestes.

Ich erinnere mich an meine Wohnung in Landshut während der Hochphase meiner zweiten Einweihung rund um meine erste Reise nach Kreta, als ich zum Diskus von Phaistos wollte – und, wie ich vorher erzählte, nur in Phaistos ankam und beim Diskus erst zwei Jahre später.

In meiner Wohnung in Landshut gab es eine Auslegeware, die ich während meiner Zeit, als ich dort wohnte, ruinierte. Ich wusste intuitiv, dass ich dort bald ausziehen würde und ich wusste auch, dass die Auslegeware sowieso hinüber sein würde und dass ich auf die keine Rücksicht zu nehmen brauchte. Rückblickend mit meiner üblichen Vernunft weiß ich auch nicht, was mich da geritten hatte – vielleicht hatte der Teppichboden eh schon irgendwelche Schäden, bevor ich eingezogen war und somit fühlte ich ein grünes Licht, dem durch mein chaotisches Verhalten den Rest geben zu dürfen.

Mit anderen Worten, ich verursachte Brandflecken, weil ich noch rauchte, ich schüttete mal das eine oder andere Glas Wein aus, ich trank ja ziemlich viel zu jener Zeit, bevorzugt Rotwein – wo schon eine Andeutung zum Christus-Erleben enthalten ist – und ich ließ meine brennende Kerze ihr Wachs runterkleckern. Außerdem hatte ich einen getöpferten Kelch, wo ich den herhatte, weiß ich nicht mehr, der war jedenfalls blau-grün und echt schön, ein richtiger Ritualkelch, aus dem trank ich immer meinen Wein, wenn ich zu Hause war.

Ich hatte einen schönen Kerzenleuchter mit einer roten Kerze. Ich erinnere mich daran, dass ich diese Kerze immer brennen ließ, auch, wenn ich die Wohnung verließ. Für mich war das reines Gottvertrauen, ich wusste einfach, dass Christus bei mir zu Hause ist – das ständige Brennen der Kerze war für mich eine Art Ritual. Ja, was da genau alles in mir vorging, kann ich kaum noch nachvollziehen, doch ich erinnere mich besonders an eine Erfahrung des Gefühls, dass der Heilige Geist über mein Scheitelzentrum in mich einfuhr. Ich fühlte ihn wie eine Taube und da hatte ich auch das Erkennen darüber, warum so oft die weiße Taube als Symbol über Heiligendarstellungen abgebildet ist. Ich fühlte, so fühlt sich das wirklich an! Es war eine energetische weiße Taube, die über mein Kronenchakra in mein Herz fuhr und seitdem dort ist. Ich erlebte etwas ähnliches nie wieder, es war nur zu jener Zeit dieses eine Mal.

Als ich auf Kreta war, so erinnere ich mich, hatte ich eine Phase der Seelenbefreiung – da lief ich wie ein Duracell-Häschen über den Friedhof von Pitsidia. Ich fühlte mich wie ein Leuchtfeuer, mein Herz brannte und ich hatte eine enorme Energie in meinem Körper, pure Lebensenergie strömte durch mich, als ich über diesen Friedhof lief und alle Gräber mit meinem Licht des Bewusstseins berührte, also mit meiner Energie, manche Grabsteine auch physisch, und die unwissenden Seelen, die dort noch gefangen waren wegen falscher Unterrichtung und falscher Glaubenssätze, befreite.

Für mich war es ein Akt der Liebe für Jesus Christus, denn von Omnec und ihrer Christus-Geschichte wusste ich, dass Christus in einer bestimmten Frequenz gehalten wurde – ob das heute noch so ist, ich bin nicht sicher – kann sein, dass das nicht mehr so ist, aber damals fühlte ich innerlich diesen Auftrag, zumindest meinen kleinen Beitrag zu leisten, damit einige Seelen die Wahrheit und das Licht finden und nicht länger an Christus kleben und in irgendeinem künstlichen Himmel festsitzen.

Omnec hat es so erzählt, dass die etablierten Kirchen dafür errichtet wurden, um Jesus Christus in einem Bereich der Kausalebene festzuhalten und ihn so davon abzuhalten, sich weiterentwickeln zu können, wenn ganz viele Seelen auf der Erde einem falschen Glauben folgen und ihre Leben im Namen von Jesus Christus verbringen und alles in seinem Namen tun, dass sie alles ihm aufbürden, was in Wahrheit ihr eigenes Ding ist. Doch irgendwie war es wohl so, zumindest wurde Omnec diese Information so übermittelt und so gab sie sie dann auch weiter, dass Christus nicht frei sein würde, so lange diese kirchlichen Strukturen existieren und viele Menschen an dem Irrglauben festhalten, dass Christus für ihre Sünden gestorben sei und dass es eine Hölle gibt und wirklich glauben, dass sie die Kirche als Mittler zu Gott brauchen, das ist einfach nicht wahr und Jesus hat es den Menschen vorgelebt und erklärt, dass man durch ihn, also durch das Herz, durch die Liebe zu Gott findet und dass das allen Menschen offensteht, weil alle Menschen Kinder Gottes sind und nicht nur einer. Der eine war nur das Vorbild, der Vorreiter, das Symbol, er hat es vorgelebt und seit Tausenden von Jahren werden seine Worte und Lehren missbraucht und fehlinterpretiert.

Omnec erzählt in ihrer Autobiographie Teil 2 „Engel weinen nicht“ von ihren Erfahrungen als Kind in den 50er und 60er Jahren, wo es noch sehr viel religiösen Fanatismus und auch Rassenkult gab und meinte so nett kindlich, dass sie dieses „Geschäft mit dem Blute Christi nie ganz verstanden hätte“ und dass das alles keinen Sinn für sie ergeben hat, was sie als Kind auf der Erde so mitbekommen hat und woran so viele Erwachsene durch das etablierte Kontrollsystem leider glauben und es seit Tausenden von Jahren an ihre Nachfahren weitergeben.

Wie auch immer – jedenfalls leistete ich meinen bescheidenen Beitrag insofern, als dass ich zumindest einen paar festgeklemmten Seelen auf einem kretischen Friedhof ins Licht half und das zur Freude der Christus-Gegenwart in meinem Herzen, die zu jener Zeit einfach super präsent war.

Ausgelöst durch Omnec und durch den Diskus von Phaistos waren mein Herz und mein Drittes Auge weit für die göttliche Liebe und für die Erinnerung an mein wahres Selbst als Lichtwesen geöffnet. Zweiundzwanzig Jahre später erfuhr ich ein

Upgrade in Sachen Liebe. Diese dritte Einweihung war eine Herzöffnung in einer anderen Dimension. Sie öffnete mein Bewusstsein für die Liebe auf Augenhöhe und Hand in Hand mit meinem göttlichen Geliebten und gleichzeitig erneut und vertieft in die Gottgegenwart. Stichworte wie Hieros Gamos, Unio Mystica und Heilige Trinität[3] geben vielleicht einen Eindruck.

3 Der Hieros Gamos ist die Vermählung von Gegensätzen, von innen und außen, dem inneren Göttlich-Männlichen und Göttlich-Weiblichen, dem Verstand und Herz. Unio Mystica ist die mystische Vereinigung mit dem Göttlichen. Hieros Gamos und Unio Mystica sind miteinander verwoben. Sie werden nicht unbedingt in einer aufeinanderfolgenden Reihenfolge erlebt, sind nicht immer dauerhaft und müssen als Praxis kultiviert werden. Mit Heiliger Trinität ist klassisch die Heilige Dreieinigkeit gemeint – also Gott-Vater, Gott-Sohn und der Heilige Geist. Ich persönlich meine mit Trinität auch den Dreiklang – Gott – Göttlich-Männlicher – Göttlich-Weiblicher Aspekt der Seele.

Abbildung: Beide Seiten des Diskus

Bild 1: Der Diskus von Phaistos

Beide Seiten des Diskus von Phaistos. Der Original-Diskus ist ausgestellt im Archäologischen Museum in Heraklion, Kreta

Kapitel 7 – Omnec Onec von der Venus

Imagination is the Key to Creation.
Die Vorstellungskraft ist der Schlüssel zur Schöpfung.

Omnec Onec

Was kam zuerst – die Henne oder das Ei? Die Omnec oder die Anja? In diesem Leben offenbar sie und doch, so wie es die Natur des Zyklischen ist, offenbaren sich nach und nach Verbindungen und Zusammenhänge, so dass die Antwort, in welcher Verbindung sie und ich in Wirklichkeit zueinander stehen, nicht mehr ganz so einfach ist.

Besonders, seitdem immer mehr Menschen auf Omnecs Buch[4] schauten, dann mich anschauten und dann wieder aufs Buch und dann mich fragten: Sind SIE das?, fing ich mich an zu fragen, was da los ist. Denn Omnec und ich haben rein äußerlich wirklich fast gar nichts gemeinsam! Sie ist superblond, ich braunhaarig. Sie ist sehr schlank, ich eher normal bis auch phasenweise etwas drüber. Omnec hat grüne Augen, ich braune.

Diese Seltsamkeiten passierten schon in der mittleren Zeit unseres gemeinsamen Wirkens ab und zu, also damit meine ich den Zeitraum um 2010 herum. Noch auffälliger wurde es im Jahr 2022, als auch Robert Potter, Venus-Kontaktler, langjähriger Fan von Omnec und Organisator der Mount Shasta Sommerkonferenzen und Dr. Raymond Keller, Historiker der Venusier und bis

4 Ich meine hier die Ausgabe „Die venusische Trilogie“ mit einem großen Foto von Omnec auf dem Cover.

dato Autor von sieben Büchern über die Venus, besonders in Gesprächen, Interviews und auch öffentlich immer wieder Omnec zu mir sagten oder über mich sprachen und nicht Anja, sondern Omnec sagten.

Das war natürlich für mich immer amüsant und wenn es die Menschen mitbekommen haben, auch für sie. Doch es ist einfach ein kleines Phänomen, was sich am einfachsten damit erklären lässt, dass Omnecs und meine Energien sehr ähnlich sind und immer ähnlicher werden.

Im Jahr 2022, als Dr. Raymond Keller, der auch als Cosmic Ray bekannt ist und den ich einfach Ray nenne, bei mir in Deutschland war, SAH er sogar bei mindestens einer Gelegenheit, dass sich Omnecs Energiefeld wie eine Art Mantel immer mehr über mich legen und mit meinem verschmelzen würde.

Vor diesem Hintergrund ist es durchaus möglich, dass Omnec und ich mindestens Seelenschwestern sind, dass wir zu einer Seelenfamilie gehören. Was es sonst noch für Gründe für unser enges, lebenslanges Zusammenwirken gibt, das wird sich noch offenbaren. Am einfachsten ist es, wenn ich mich an die Tatsachen halte, denn die lassen sich leicht erzählen. Was seelisch und geistig noch alles dahinterstecken mag und was darin für dich relevant ist, das steht zwischen den Zeilen.

Ich schreibe dieses Buch, wie anfangs angedeutet, sowohl für mich selbst, um Zyklen abzuschließen, als auch für dich und die Erde als mein Geschenk, als mein Erbe oder eines meiner Erbstücke, denn ich habe noch so viel mehr zu geben und zu teilen. Es ist sogar so, dass ich schon viel geschrieben habe, ich habe nur noch nichts Eigenes bisher veröffentlicht. Während meiner Zeit in der Dunkelphase in der Firma Bernold habe ich ebenfalls täglich geschrieben, doch das habe ich nie überarbeitet geschweige denn veröffentlicht. Einmal war ich auch alleine für zwei Wochen auf Kreta und habe täglich geschrieben, auch daraus ist ein Buch geworden, das in der Schublade liegt. Es ist auch nicht alles dafür gedacht, es mit anderen zu teilen. Manchmal ist Schreiben auch einfach eine Art Psychohygiene und hilft beim Verarbeiten von Erlebtem.

Bisher war es meine Hauptaufgabe, anderen zu dienen und zu assistieren und DEREN Werke und DEREN Wirken zu fördern.

Doch – und hier sind wir wieder bei der zyklischen Natur angelangt – ich fühle, dass es nun um eine Art Umkehr geht und dass ich auch meine eigenen Informationen und Inhalte gebären soll. Das heißt nicht, dass ich aufhören werde, Omnec und Ray und andere, die ich liebe und wertvoll finde, in ihrem Wirken zu unterstützen. Doch irgendetwas in mir sagt, dass es nun auch um das Ausdrücken meiner eigenen Erfahrungen und Erkenntnisse geht – und selbst wenn es nur eine Art Mutprobe für mich selbst ist, mich mehr nach außen zu zeigen. Was ich teile, ist nicht nur angesammeltes Wissen aus jahrzehntelangen Recherchen, dem Lesen vieler Bücher, dem Schauen zahlreicher Videos, dem Lauschen von Vorträgen und dem Lernen in Seminaren und Ausbildungen. Das ist nicht das Wesentliche. Sonst könnte ich hier einfach eine wissenschaftliche Abhandlung schreiben, LINEAR eben und Fakten zusammenfügen und vielleicht noch meinen eigenen Senf dazugeben oder Schlüsse ziehen, was auch immer, so ähnlich, wie man eine Doktorarbeit schreibt.

In meinem Leben geht es tiefer – es geht nicht um angesammeltes Wissen. Ich habe wundervolle spirituelle Erfahrungen gemacht, Erleuchtungserlebnisse gehabt und einiges an Wissen in Weisheit umwandeln können. Ich bin wie ein kleiner alchemistischer Kessel, der kontinuierlich weiterbrodelt und immer wieder weitere Informationen in Gold verwandelt.

Die einzigen Menschen, die mich mein Leben lang kennen und mit denen ich noch verbunden bin, sind meine Eltern. Was ihnen wohl an meiner bisherigen Entwicklung aufgefallen ist? Das ist schwierig zu sagen und das könnten sie mir auch schwer sagen, weil für sie bin ich einfach die Anja, ihr einziges Kind. Doch eins ist sicher: Sie sind stolz auf mich und froh, dass ich so bin, wie ich bin, auch wenn sie mich nicht vollumfänglich erfassen und verstehen. Wäre ich unbewusst geblieben und im Trennungsbewusstsein verharrt, dann wären wir vermutlich an einer Stelle in unseren Leben getrennte Wege gegangen und hätten nicht so viel Liebe und Nähe miteinander. Diese Verbindung zwischen mir und meinen Eltern ist in der Weise, wie sie ist, nur möglich, weil Omnec Onec mir den Segen der bedingungslosen Liebe und Akzeptanz brachte. Durch Omnecs Präsenz in meinem Leben und durch ihre Lehren und Liebe wurde ich auf eine andere Seinsebene erhoben, und nur von dieser Tiefe oder Höhe ausgehend, wie auch immer du das sehen magst, bin ich seitdem in der Lage, meine Eltern bedingungslos so anzunehmen, wie sie sind, also ohne Groll in die Vergangenheit, ohne etwas nachzutragen, ohne etwas von ihnen zu erwarten, ohne enttäuscht zu sein oder ähnliches, was meistens Konflikte zwischen Menschen verursacht oder Trennung aufrechterhält. Durch Omnec und die Liebe, die sie mir übermittelte, konnte ich meinen Eltern alles vergeben, was sie mir scheinbar angetan haben oder was sie unterlassen haben – einfach aus eigener Unbewusstheit heraus.

Aus meiner Sicht waren und sind meine Eltern perfekt für mich und meine Entwicklung gewesen, doch ohne eine erweiterte Herzensperspektive hätte ich das so nie sehen können. Ich wäre im Bewusstsein des scheinbaren Ungeliebtseins und des Hier-Falsch-Seins geblieben, glaube ich. Und das hätte meinen Eltern nun wirklich das Herz gebrochen, denn für sie war es in ihren Lebensentwürfen nicht vorgesehen, sich selbst auf die spirituelle Suche nach Gott und göttlicher Liebe zu machen – das war mein Job sozusagen. Insofern war es an mir, meine Eltern in MEIN Herz, in mein ausgedehntes, liebendes Herz einzuschließen und sie zu nehmen, wie sie sind. Ihnen wäre das mit mir andersherum nicht gelungen, weil sie bis heute in ihrem hohen Alter – beide sind über 80, jetzt, da ich diese Zeilen tippe – sich nicht für das Erwachen entschieden haben. Und mit Erwachen meine ich an dieser Stelle das Öffnen ihrer selbst für die Gott-Gegenwart in sich selbst, für die Wahrheit, für die göttliche Liebe.

Und das ist vollkommen in Ordnung so und vielleicht sehe ich das auch völlig falsch. Meine Eltern haben auf alle Fälle ihre Aufgaben mit Bravour gelöst und den Seelenvertrag mit mir erfüllt. Sie gaben mir meinen Körper und mein Zuhause – physisch. Sie haben mich immer mit allem versorgt, was ich brauchte – physisch, materiell und das Nötigste emotional und mental. Das war der Deal zwischen uns. Sie gaben mir ein stabiles Elternpaar – sie sind seit über sechzig Jahren miteinander verheiratet und verbrachten keine Minute ohne einander, besonders nicht mehr, seitdem mein Vater nicht mehr rausfährt, so nannten sie seine Arbeit. Mein Vater war Fernfahrer für eine Möbelspedition und ist während meiner Kindheit und Jugendzeit jeden Montag rausgefahren und kam dann meistens am Freitag wieder nach Hause. Aber ich will ja jetzt gar nicht alles über meine Eltern und meine Kindheit erzählen – es soll bis hierhin genügen – es geht ja vor allem darum, dass Omnec und das Bringen der Liebe auf mehreren Ebenen einen einschlagenden Effekt brachte – und die Verbindung zwischen mir und meinen Eltern war eine davon.

Bild 2: Omnec Onec

Dieses Foto entstand im Jahr 1994 und wurde besonders zu Beginn von Omnecs Öffentlichkeitsarbeit häufig für Poster und Anzeigen verwendet. Wir nennen es "The Classical".

Die Geschichte meines Zusammenfindens mit Omnec habe ich schon einige Male erzählt, sowohl in meinem und Omnecs Buch „Einfach Weisheit und Liebe – Venusische Spiritualität" als auch in einigen Interviews und Videos.

Aber vielleicht weißt du gar nicht, wer Omnec überhaupt ist! Falls das der Fall ist, dann möchte ich dir hier einen kurzen Einblick geben: Omnec Onec ist, so weit bekannt, die weltweit einzige Person, die als Kind mit ihrem eigenen, manifestierten Körper auf die Erde gebracht wurde. Sie ist also eine echte Außerirdische und aus meiner Sicht die einzige Person, die wahrhaftig von sich sagen kann, dass sie von der Venus kam.

Wenn du das noch nie gehört hast, doch bisher mein Buch bis an diese Stelle gelesen hast, dann wirst du das vermutlich verkraften. Ich schätze, sonst würdest du mir sowieso nicht zuhören wollen, denn alles, was ich hier mitteile, ist auf einem hohen spirituellen Niveau und schließt geistiges Wissen in sich ein, zu dem viele Menschen auf der Erde noch keinen bewussten Zugang haben – doch genau das soll und darf und wird sich ja ändern und genau darum sind Menschen wie Omnec und ich hier und erzählen unsere Stories. Wir erzählen unsere Geschichten und geben unser Wissen weiter, um Herzen zu erreichen, um das Bewusstsein auszudehnen und um Perspektiven anzubieten, die weit über das übliche Gelernte und Programmierte hinausgehen. Außerdem geht es um das Finden von Seelenverwandten, denn wenn wir uns zeigen und unsere Geschichten erzählen und veröffentlichen, finden wir uns leichter wieder.

Wir sind alle miteinander verbunden und darum erzählen wir unsere Geschichten nicht nur für andere, sondern auch für uns selbst. Genau das ist der Grund, warum ich das hier alles aufschreibe, damit es aus mir raus ist, weil ich weiß, dass ich damit Platz für Neues mache und weil ich weiß, dass ich durch das Herausschreiben und Überarbeiten mich selbst reflektiere und wiederum mehr von all dem verinnerliche und verarbeite, als ich es tun würde, wenn ich es alles weiterhin oder für immer in mir bewahren würde. Und wer weiß – vielleicht bist genau du derjenige oder diejenige, die aufgrund dieses Buches mit mir in Kontakt tritt und wir erinnern uns aneinander.

Auch Omnec hat ihre Lebensgeschichte erzählt und ist in die Öffentlichkeit gegangen, weil damit ihre Mission und ihr Seelenauftrag verbunden war und auch für sich selbst, um ihre Reinkarnationszyklen abzuschließen. Es war ihr bestimmt, es war ihre Aufgabe, ihr Wissen mit den Menschen zu teilen und gleichzeitig durch den Rückstrom und die wiederhergestellten Verbindungen mit Seelenverwandten deren Bewusstsein zum Erwachen anzuregen. Und dieser Rückfluss an Energien und der Liebe der Menschen vervollkommnet Omnecs Existenz, so dass sie eines Tages als Seele in die höheren Dimensionen aufsteigen wird. Aus meiner Sicht ist sie schon aufgestiegen, sie ist nur noch körperlich anwesend und ich weiß nicht, ob sie irgendwann ihren Körper mitnehmen oder ihn zurücklassen wird wie eine Haut, die sie nicht mehr braucht. Vermutlich eher Letzteres, doch das werden wir ja noch sehen, wenn der Tag der Transformation kommt.

Das Wissen um die Existenz der Seele, die schöpferische Quelle, die wir auch als Gott oder Mutter-Vater-Gott bezeichnen können, das Wissen um Reinkarnationen, um die wahre Geschichte der Erde und ihrer Besiedelungen, das Wissen um höhere Dimensionen, lineare und zyklische Zeit und das Wissen um außerirdisches Leben gehören hier dazu.

Ich schätze, Menschen, die alles, was ich eben aufgezählt habe, noch immer in Science-Fiction oder Fantasie einreihen, lesen diese Worte sowieso nicht. Doch in Wahrheit schreibe ich meine Geschichte auch für sie auf, denn auch wenn sie sie nicht bewusst lesen, so lade ich diese Energie als Frequenzen ins morphogenetische Feld der Erde hoch und von dort aus verbinden sie sich mit gleichen Kräften, und all das zusammen bildet einen Informationspool, der in Träumen, während außerkörperlicher Erfahrungen oder durch scheinbar zufällige Begegnungen oder

Auffälligkeiten letztlich doch wesentlich mehr verkörperte Seelen erreicht, als wir überblicken können.

Andersherum trifft es ebenso zu, das heißt, das auch ich von diesem Feld Erinnerungen abrufe und mich inspiriert fühle, um jetzt hier an meinem Laptop in der Türkei zu sitzen und all das, was in mir ist, freizusetzen und nach außen abzugeben.

Vermutlich ist es sogar so – oder sicher ist es sogar so – dass meine Seele, also mein wahres Ich, mein Höheres Selbst, es so geplant hat, dass ich zu dieser Zeit hier sitze, genau UM bestimmte innere Verbindungen herzustellen und dieses Buch zu schreiben.

Wenn ich mir das so überlege und so recht anschaue, dann muss ich es sogar vollenden und veröffentlichen, weil es einen guten Grund dafür geben muss, den ich noch nicht vollumfänglich überblicken kann. Ob es nur der Grund ist, den ich zu Beginn dieses Buches als Aufhänger genommen habe, das weiß mein bewusster Verstand noch nicht.

Du erinnerst dich? Ich habe angefangen zu schreiben, weil ich mir während meines Spazierganges am Tag vor der Abreise hierher überlegt habe, was für offene Zyklen ich in meinem Leben noch habe und was ich machen würde, wenn ich wüsste, dass ich in einigen Monaten diesen Körper verlasse. Ich vermute mal, dass ich wirklich noch nicht „sterben" werde, aber wissen kann ich das tatsächlich nicht. Vielleicht geht es auch um eine totale Transformation, die ich mir ja auch wirklich wünsche. Ich wünsche, dass sich von nun an mein Leben nach innen kehrt, dass ich mein Seelenbewusstsein stabilisiere und wirklich und zu mehr als ständigen 50% in der Gottverbindung BIN. Das klingt bescheiden und so meine ich es auch, denn ich kann mir nicht vornehmen oder versprechen, dass ich pausenlos im perfekten Erleuchtungszustand verweile. Ich glaube wirklich – sowohl aus eigener Erfahrung als auch aus den Erfahrungen anderer – dass Erleuchtung nicht bedeutet, von einem plötzlichen Moment an dauerhaft in einem heiligen Zustand à la Buddha unter dem Bodhi-Baum zu verweilen.

Viele Menschen verbinden mit Erleuchtung eine bestimmte Vorstellung. Ich weiß nur eins: Nur ein Erleuchteter erkennt einen Erleuchteten. Wenn du also zum Beispiel diese Worte liest, aber noch nie eine Erleuchtungserfahrung gemacht hast, dann kann es gut sein, dass du das hier alles spannend, interessant oder auch amüsant findest – oder auch im Gegenteil total abgehoben, unsinnig und überflüssig. Doch etwas „Erleuchtetes" wirst du darin vielleicht nicht wahrnehmen. Aber stell dir mal vor, da ist doch etwas „Erleuchtetes" enthalten und irgendein Funke springt, ohne dass du es bewusst merkst, zu dir herüber und zündet ein Feuerchen an, das sich im Laufe der nächsten Zeit, Monate oder Jahre in dir ausbreitet. Und auf einmal irgendwann in der sogenannten Zukunft erfährst du etwas und plötzlich weißt du, was Erleuchtung ist. Dir geht auf einmal eine Lampe an, oder dein Herz öffnet sich oder irgendeine Kombination von Symptomen, oder du erlebst Zufälligkeiten und Auffälligkeiten, Synchronizitäten, ein Wunder, Gott ist da sehr kreativ, da sind dem Erlebnisradius keine Grenzen gesetzt.

Und dann denkst du vielleicht zurück an dieses Buch, vielleicht hast du es noch irgendwo vergraben in einem Regal, oder du suchst es plötzlich und stellst fest, dass du es schon lange verschenkt oder weggeschmissen hast und denkst: Mensch, ich möchte da jetzt echt nochmal reingucken – die Anja hat doch genau das so erzählt, wie ich es jetzt erlebe!

Ja, und weißt du was? Deine eigene Seele steuert das, genau das alles. Dein erleuchtetes Ich in der scheinbaren Zukunft ist auch in deinem jetzigen Ich, das diese Zeilen liest, präsent und hat dich dazu veranlasst, dieses Buch zu lesen.

Ja, Gott ist genial! Gott ist definitiv das Perfekte im Perfekten. Nur in den niederen Dimensionen drückt ES sich durch das Imperfekte im Perfekten aus, weil wir hier in der Dualität sind und über den Kontrast und das scheinbar Imperfekte unsere Erfahrungen machen.

Du meine Güte – ich habe noch immer nicht erzählt, wie ich Omnec nun kennengelernt habe, aber jetzt nun wirklich!

Ich halte es mal einigermaßen linear, weil sonst ziehe ich wieder lauter Kreise und Zirkel und öffne viele Türen, die ich irgendwo wieder schließen muss, damit du den Faden nicht verlierst.

Omnec Onec lebte in den USA, als ihre Autobiographie „From Venus I Came" im Jahr 1991 erstmalig veröffentlicht wurde. Damit begann ihr öffentliches Wirken und eines Tages sprach sie auf einer UFO-Konferenz. Ein Deutscher war dort anwesend, erkannte ihre Authentizität und lud sie nach Deutschland ein. Bald reiste Omnec nach Deutschland und nicht lange danach erschien ihr Buch unter dem Titel „Ich kam von der Venus". Damit begann Omnecs öffentliche Zeit im deutschsprachigen Raum und sie kehrte von nun an nur noch privat in die USA zurück – ansonsten fokussierte sich ihr ganzes Wirken auf Deutschland, die Schweiz und Österreich.

Die Gründe hierfür werde ich in einem späteren Kapitel über die Venus-Deutschland-Verbindung versuchen zu ergründen.

Doch eins ist sicher – ich selbst bin in Deutschland geboren und es war mir und Omnec bestimmt, uns zu begegnen, damit ich ihre Schülerin, ihre Assistentin und letztlich – und vor dieser Tür stehe ich jetzt offenbar gerade – eine Art spirituelle Nachfolgerin werde.

Es war ungefähr im Jahr 1993 oder 1994, als ich „zufällig" den Fernseher einschaltete und sie dort in einer Talkshow sah. Sie fiel mir auf der Stelle auf, weil sie so schön war, so ruhig und so wundervolle Worte sprach wie zum Beispiel „Imagination is the Key to Creation", also „Die Vorstellungskraft ist der Schlüssel zur Schöpfung." Nie zuvor hatte ich im Fernsehen eine Person gesehen und gehört, die so einen Eindruck auf mich machte. Omnec wirkte auf mich sofort wahrhaftig und mich faszinierte auch ihr Name sowie der Titel des Buches „Ich kam von der Venus".

Ein Samenkorn war gesetzt.

Einige Jahre später Anfang 1996 – meine geistige Führung hatte all das perfekt eingefädelt – zog ich aus meiner Heimatstadt Berlin nach Landshut in Bayern um. Mein altes Umfeld in Berlin war aufgrund meiner immer extremer werdenden Interessen an Esoterik und Astrologie zerbröckelt und ich hatte keine Freunde mehr. Meine Eltern wussten auch nichts mit mir anzufangen und waren auf alle Fälle ganz schön traurig und verzweifelt darüber, dass ich einfach keinen Mann fand, dass ich einfach keinen normalen beruflichen Weg gehen wollte und sowieso einfach anders war, als sie es sich damals noch von ihrer einzigen Tochter gewünscht hatten. Aber sie haben auch den inneren Auftrag gehabt, mich frei zu lassen und mich nicht übermäßig zu kontrollieren oder zu manipulieren. Das war schwierig für sie, aber sie hatten einander und wussten einfach von innen heraus, dass sie gegen meinen Lebensweg nicht ankämpfen konnten, sie wussten einfach intuitiv, dass sie mich machen und gehen lassen mussten und dass sie trotzdem meine Eltern waren und ein Auge auf mich haben müssten, vor allem in materieller und finanzieller Hinsicht und um ein stabiles, irdisches Elternpaar für mich zu sein, denn das Spirituelle, Emotionale, Mentale und Intellektuelle waren nicht ihre Aufgabenfelder. Das ist absolut wertfrei. Nichts ist hier besser oder schlechter als das andere.

Durch ein Astrologie-Seminar in der Lüneburger Heide hatte ich Martina aus Landshut kennengelernt und durch sie bin ich in Landshut in ein neues Umfeld geraten, in den Freundeskreis um Martina herum: die „Mädels“. Für sie war ich exotisch und interessant. Ich war die jüngste unter ihnen, war Hardcore-Esoterisch und aus Berlin, was für viele einen besonderen Reiz ausstrahlte. Eine Zeitlang hatten sie mich in ihren Kreis aufgenommen, doch nach dem Beginn meiner Zeit mit Omnec und den darauf folgenden Bewusstseinsausdehnungen, die für den normalen Mitbürger wie ein reines „Sie hat den Verstand verloren“ wirkte, bröckelte auch dieser Kreis wieder auseinander und fügte sich nie wieder zusammen. Seit meinem Weggang aus Landshut Ende 2000 habe ich mit keiner von ihnen je wieder Kontakt gehabt.

Doch als alles noch frisch und spannend war, lieh mir Martina Geld, damit ich mir meinen damaligen Herzenswunsch erfüllen konnte: Eine esoterische Buchhandlung zu eröffnen. Am 1. Februar 1997 eröffnete ich den Lichtblick, die erste esoterische Buchhandlung im tiefkatholischen Landshut, in der Stadt mit dem höchsten Backsteinkirchturm der Welt, was für sich spricht.

So etwas konnte auch nur eine Zugereiste veranstalten und das war natürlich auch gut so. Irgendjemand muss ja überall mal damit anfangen, frischen Wind in die zugemauerten Köpfe zu bringen. Nun war es mir nicht bestimmt, dieses Geschäft dort in eine Art materiellen Erfolg und Bestand zu führen – es war letztlich dafür bestimmt, einen Anstoß in die verkrustete Energie der Menschen und des Feldes dort zu geben. Außerdem gab es noch einen karmischen Grund, der mit einem Mann zusammenhing, den ich in meinem Geschäft wiedertraf und mit dem ich einen offenen Zyklus hatte, den ich dort abschloss.

Doch der weitreichendste und einschlägigste Grund für das Eröffnen des Lichtblicks in Landshut war der, dass ich dort Omnec Onec kennenlernte.

Da kommt die von der Venus auf die Erde, landet in Tibet, um sich an ihren Körper zu gewöhnen, wird in die USA gebracht, wo sie einige Jahrzehnte unerkannt unter den Menschen lebt, schreibt ihre Autobiographie, wird nach Deutschland gebracht, wo sie mit einem Musikproduzenten und Manager eine Kooperation eingeht und mit dem sie dann irgendwann im Jahr 1997 oder 1998 mit dessen großen Mercedes von Oldenburg nach Landshut in meinen Laden reinschwebt.

Das ist mal eine Reise, oder?

Wie kam es dazu?, fragst du vielleicht. Das war so, dass ich für die Erstausstattung des Lichtblicks einen Riesenhaufen Bücher einkaufte, was mir echt Spaß machte. Erst zu diesem Zeitpunkt fiel mir Omnec Onecs Buch „Ich kam von der Venus“ wieder ein, welches sie einige Jahre zuvor in dieser Fernsehsendung vorgestellt hatte. Ich bestellte dieses Buch für mich privat und begann, es in der Eröffnungsphase meines Geschäftes zu lesen. Ich war so gefesselt und bewegt von dieser Geschichte wie niemals in meinem Leben zuvor durch das Lesen eines anderen Buches. Ich fühlte die Liebe, die Wahrheit und ich fühlte so etwas wie „Zuhause". Ich wusste einfach auf einmal, dass ich die Freiheit habe zu glauben, was mir gefällt und selbst wenn es nur Fantasie ist, so sagte ich mir, dann entscheide ich mich dafür, an diese Fantasie zu glauben. So machtvoll hatten Omnecs Worte „Imagination is the Key to Creation" auf mich gewirkt! Denn alleine dieser Schlüsselsatz gab mir die Selbstermächtigung, mir meine Welt so zu erschaffen, wie ich sie mir vorstellen möchte.

Und als ich Omnecs Schilderungen der Astralebene der Venus las mit all den wundervollen Häusern und Tempeln und Meistern und der fantastischen Technologie, als ich erstmalig von der Besiedelung unseres Sonnensystems erfuhr und von den Gesetzen der Höchsten Gottheit und davon, dass auch die Venusier einst ein physisches Volk waren und dass sie als Gesellschaft in eine höhere Schwingungsfrequenz angehoben wurden und wie es dazu gekommen war, dass sie diesen Segen von der Höchsten Gottheit bekamen, als ich all das zum ersten Mal las, da wusste ich einfach: JA! Das ist wahr. Ich entscheide mich dafür, dass das wahr ist, weil es sich gut und richtig in mir anfühlt.

Gleich im Anschluss bestellte ich mir das zweite damals erhältliche Buch von Omnec mit dem Titel „Handbuch venusischer Spiritualität" und mein Eindruck vertiefte sich und zwar so sehr, dass ich fühlte: Ich muss diese Frau sehen!

Als dieser Entschluss feststand, und ich dachte mir, ich würde überall hinfahren, um einen Vortrag mit ihr zu hören, da kontaktierte ich den damaligen Verlag, welcher mich freundlich an Omnecs Musikproduzenten und damaligen Manager Wulf weiterleitete. Als ich Wulf anrief und erzählte, ich würde Omnec gerne einmal persönlich erleben und dass ich einen Laden in

Landshut hätte, da sagte er zu mir, dass sie gerade bei ihm sei und dass sie auch zu mir nach Landshut kommen können, wenn ich etwas für Omnec organisieren würde.

Ich konnte meinen Ohren kaum trauen. Natürlich war ich sofort Feuer und Flamme und sagte spontan zu! Ich freute mich übermenschlich und hopste nach dem Auflegen durch meinen Laden: Omnec Onec kommt nach Landshut – Omnec Onec kommt nach Landshut!

Der Termin war für bereits drei Wochen später angesetzt und Wulf schickte mir eine Art Vertrag und einen Haufen Poster. Natürlich hätte ich echt alles unterzeichnet, ich fühlte und wusste einfach, dass das alles richtig und mega super genial ist. Sofort plante ich wie verrückt drauf los, organisierte einen Raum für den Vortrag, Hotelzimmer für die beiden, verklebte Poster und machte einen Termin beim Regionalfernsehen aus. Ich erzählte wirklich absolut JEDEM, dass Omnec Onec, die Frau von der Venus, nach Landshut kommt und schaffte es, dass am Vortragsabend um die 80 Personen in dem Hotelsaal saßen und brav auf das Eintreffen der wie üblich viel zu spät kommenden Venusierin warteten.

Ja, das mit der irdischen Zeitrechnung war nie Omnecs Stärke und da sie und Wulf ja eine ziemlich lange Autofahrt von Oldenburg nach Landshut zu bewältigen hatten und die beiden sehr früh am Morgen hätten losfahren müssen, kamen sie letztlich fast zwei Stunden zu spät.

Und wie ich damals noch so war – unbewusst, unerlöst, voller Euphorie und auf dem Weg, selbst eine spirituelle Findende zu werden – war ich einfach ein nervöses Wrack. Ich war noch viel zu unentspannt und voller Ängste, so dass ich auch die wartenden Menschen nicht unterhalten oder beruhigen konnte oder irgendwie auch nur einen Ton zu ihnen sprechen konnte. Das ging alles überhaupt nicht – ich war einfach nur im Stress.

Jetzt bin ich gerade etwas verunsichert mit meiner eigenen Geschichtserzählung, denn von meiner Erinnerung her habe ich doch Omnec und Wulf beim ersten Mal vor meinem Laden gesehen und nicht in dem Hotel – aber es ist ja auch egal. Irgendwas ist hier durcheinander gekommen, doch das einzige, was die Rolle spielt, ist, dass ich Omnec beim ersten Mal wie einen heiligen Engel sah. Sie war ganz in Weiß gekleidet mit hohen weißen Stiefeln. Sie war ganz freundlich und ruhig und musste als Erstes auf die Toilette. Huch, eine Frau von der Venus will auf mein kleines Klo hinten im Laden?!

Ja, ich war wirklich schlimm am Anfang, so richtig auf ein Podest habe ich sie gestellt – sie war so etwas Besonders für mich und ich fühlte mich so unwürdig und auch extrem dankbar und demütig. Ich habe einfach Gefühle erfahren, die ich noch nicht kannte in diesem Leben und durch Omnecs Präsenz auch bald meine erste Bewusstseinsausdehnung und meine erste Herzöffnung erlebt – und davon erzähle ich dir in einem der nächsten Kapitel im Zusammenhang mit den spirituellen Einweihungen, die ich bisher erfahren habe.

In-Drop Nr. 1: Erste Erlebnisse mit Omnec

Als „**In-Drop**" – das ist eine spontan entstandene Wortkreation, mit der ich das „Eintropfen" einer Gedankenform in dieses Buch meine, füge ich hier meinen Artikel über meine Anfangszeit mit Omnec Onec so ein, wie ich ihn zu Beginn des Jahres 2000 locker flockig geschrieben habe und wie er damals in der Zeitung „Die andere Realität" abgedruckt wurde.

Obwohl sich im Vergleich zu dem, was ich jetzt 23 Jahre später in dieses Buch schreibe insbesondere im ersten Teil des Artikels einiges wiederholt, habe ich mich dafür entschieden, den Ursprungstext vollständig so zu belassen, weil ich finde, dass man am besten im Gesamteindruck immer noch gut meine Freude und anfängliche Euphorie zwischen den Zeilen spüren kann.

Eine kleine Empfehlung für dich: Wenn du jetzt keine Lust auf Wiederholungen hast, mach gerne eine geistige Verschnaufpause, lass deine Gedanken in dein Herz heruntertropfen, lies in Kapitel 8 weiter und komme später mit etwas Abstand noch einmal hierher.

Bild 3: Anja Schäfer und Omnec Onec

Omnec und ich 1997 in meiner ehemaligen esoterischen Buchhandlung „Lichtblick" in Landshut/Bayern.

Artikel aus dem Jahr 2000: „Meine Freundin kommt von der Venus“

Spirituelle Persönlichkeit

1. März 2000

Meine Freundin kommt von der Venus

Erlebnisse mit der Venusierin Omnec Onec

von Anja Schäfer

Auf dem Venus-Dance-Workshop im Sommer 1999
Anja Schäfer links; Omnec Onec rechts

Wer ist Omnec Onec?

Omnec Onec kam im Jahre 1955 mit einem Raumschiff von der Venus. Sie lebte bis dahin auf der Astralebene der Venus, die physische Ebene ist dort schon seit sehr langer Zeit nicht mehr bewohnt. Ein Mutterschiff brachte das UFO in Erdnähe, von wo aus sie zunächst in ein abgelegenes Kloster in Tibet gebracht wurde. Sie hatte sich auf der Venus den siebenjährigen Körper eines kleinen Mädchens manifestiert, an den sie sich erst einmal gewöhnen mußte. Omnec verbrachte etwa ein Jahr in Tibet, wo sie die englische Sprache lernte und sich mit den Funktionen des physischen Körpers vertraut machte. Als sie dann bereit war und gut genug für ihr Leben auf der Erde vorbereitet war, wurde sie wieder mit einem UFO in die USA gebracht. Zu jenem Zeitpunkt war das gleichaltrige Mädchen Sheila Gibson gerade mit einem Bus auf dem Weg zu ihrer Großmutter, bei der sie ein Jahr bleiben sollte. Dieser Bus geriet in ein Unglück, wobei Sheila ums Leben kam. Ihr Körper verbrannte. Omnec war dort und nahm dann den Platz von Sheila ein. Auf diese Weise kam sie in ihre amerikanische Familie.

Warum ist sie hier?

Die Erde befindet sich in einer tiefgreifenden Transformation. Die Schwingungs- und damit Bewußtseinserhöhung des gesamten Planeten ist ein laufender Prozeß, der damit begann, daß im Jahr 1993 die alten, zum Teil verborgenen, Tempelanlagen reaktiviert wurden. Das Bewußtsein der Menschen auf der Erde ist vergleichsweise niedrig und muß sich erweitern, damit die Erde sich nicht selbst zerstört, so wie dies andere Zivilisationen vor uns schon getan haben. Außerirdische Besucher haben schon seit langer Zeit Kontakt mit unseren Regierungen aufgenommen, aber es war keine Zusammenarbeit möglich, da die herrschenden Machthaber dieser Erde ihre Machtstellungen nicht verlieren möchten. Diese Macht wird in erster Linie durch Angstmache und Kontrolle über die Menschen aufrecht erhalten. Da all diese Versuche scheiterten, wurde ein Kind auf die Erde geschickt, damit es in unserer Gesellschaft aufwächst und all die Schwierigkeiten selber erlebt, die bei uns jeder Mensch erfährt und später dann von „unten“, das heißt in direktem Kontakt mit kleinen Gruppen von Menschen, spirituelles Wissen weitergibt.

Seit einigen Jahren nun reist Omnec vorrangig durch Deutschland, Österreich und die Schweiz, um ihre Zuhörer mit Wissen zu versorgen. Sie erzählt die verloren gegangene Geschichte unseres Planeten und zeigt die Gründe auf, warum wir heute da sind, wo wir sind, welche Entwicklung uns bevorsteht und was jeder Einzelne von uns tun kann, um diese Entwicklung zu unterstützen.

Bild 4: Zeitungsartikel „Meine Freundin kommt von der Venus“

Erlebnisse mit Omnec Onec Ende der Neunziger. Die andere Realität, März 2000. Dieses Bild zeigt einen Ausschnitt des Originalartikels.

Zum ersten Mal sah ich Omnec Onec in einer Talkshow im Fernsehen. Ich habe noch nie viel Fernsehen gesehen, schon gar nicht regelmäßig, von daher war es ein Wunder, dass ich ausgerechnet in dem Moment den Fernseher angeschaltet hatte, als sie dort saß. Ihre Stimme, ihr Aussehen, ihr Name und worüber sie sprach, das alles hatte meine volle Aufmerksamkeit erregt. Ich saß wie gebannt vor dem Fernsehschirm und war ganz besonders angetan von ihrer Äußerung „Imagination is the key to creation. (Die Vorstellungskraft ist der Schlüssel zur Schöpfung)“. Sie sprach in einer Weise, die in mir das Gefühl auslöste, dass sie Wahrheiten ausspricht. Ich „vergaß“ das ganze Erlebnis dann, aber irgendwo tief in mir war in diesem Moment ein Samenkorn gesetzt, das einige Jahre brauchte, um aufzugehen. Denn erst viele Jahre später besorgte ich mir ihr Buch über meine ehemalige Esoterische Buchhandlung in Landshut. Als ich das Buch dann las, war ich wieder auf dieselbe Weise tief in mir berührt wie bei unserer ersten „Begegnung“ über den Fernsehschirm. Ich fühlte Sehnsucht und Mitgefühl und dachte mir, wie wunderbar es wäre, wenn das alles wahr wäre, was Omnec in ihrem Buch über ihre Zeit auf der Astralebene der Venus schreibt. Würde es tatsächlich stimmen, dass dort Leben existiert, dass man dort mit seiner Gedankenkraft seinen Wünschen und Vorstellungen entsprechend manifestieren kann, dass man sich einfach selbst an andere Orte teleportieren kann und sich auch nach Belieben in andere Formen verwandeln kann? Und wo gibt es noch überall Leben, was gibt es noch alles zu entdecken, wovon ich noch keinen blassen Schimmer habe? Wow, dachte ich, und dann die ganzen Tempel des Lernens. Jahrelang war ich hier auf der Suche nach einem Studium, das mich das lehren würde, was mich interessiert. Ich gab es dann auf, weil ich erkannte, dass ich auf der Erde in unserem gesellschaftlichen System nicht die Dinge finden würde, die mich begeistern. Tief in mir fühlte ich, dass diese Autobiographie mehr als nur ein Roman ist. Schließlich hatte ich Omnec vorher bereits für ein paar Minuten im Fernsehen erlebt und wusste, dass sie ihre Geschichte erzählt, so wie ich erzähle, dass ich in Berlin geboren bin, keine Geschwister habe und meine Eltern heute in Spanien leben. Ganz „normal“ einfach.

Es dauerte ein weiteres Jahr, bis ich mir ihr zweites Buch „Handbuch venusischer Spiritualität“ bestellte. Zu diesem Zeitpunkt schien mir Omnec bereits eine Freundin zu sein, die ich gerne mal persönlich (wieder)sehen möchte. Also rief ich beim Omega-Verlag in Düsseldorf an und wurde weitervermittelt an Omnecs Organisator und Musikproduzenten Wulf Wemmje in Oldenburg, den ich auch prompt erreichte. Ich wollte eigentlich nur wissen, wann Omnec wieder in Deutschland sei, damit ich mal auf einen ihrer Vorträge fahren könne. So erfuhr ich von Wulf, dass sie nicht nur da sei, sondern dass sie auch noch einen Termin freihätten und direkt bei mir in Landshut einen Vortrag und ein Seminar abhalten könnten. Und zwar drei Wochen später bereits. Natürlich nahm ich das Angebot an, und als ich den Hörer aufgelegt hatte, machte ich erstmal wie ein Gummiball Luftsprünge durch meinen ganzen Laden und jubelte „Omnec kommt nach Landshut ¬ Omnec kommt nach Landshut ¬ Juchu!!!“. Dann rief ich alle meine Freunde und Bekannten an, weil keiner von denen mich je so freudig erlebt hatte, und ich wollte sie nicht nur informieren über dieses Wahnsinnsereignis, sondern ihnen auch zeigen, wie sehr ICH mich freuen kann. Ich war über zwei Stunden in diesem totalen High, dann kam ich langsam wieder runter und direkt rein in den Stress, denn ich hatte wirklich nicht viel Zeit, um dieses Wochenende mit Omnec anzukündigen und Werbung zu machen. Ich wirbelte also durch die Gegend, klebte Plakate, erstellte Flyer, gab Anzeigen auf, machte einen Termin im Regionalfernsehen aus und versandte Briefe an Kunden. Als die Stunde ihrer Ankunft näher rückte, war ich sehr aufgeregt. Inzwischen habe ich mich daran gewöhnt, dass Omnec oft auf den letzten Drücker erscheint, so war es auch an jenem Abend unserer ersten Begegnung. Sie „glaubt“ nicht an das menschengemachte Konzept der Zeit und kann sich damit nur schwer anfreunden. Wulf und sie kamen etwa 10 Minuten vor dem geplanten Live-Interview im Regionalfernsehen Landshut. Wie oft bei ersten Begegnungen wirkte Omnec auch auf mich etwas kühl und distanziert, inzwischen weiß ich, dass sie einer der warmherzigsten mitfühlendsten Menschen ist, die auf dieser Erde rumlaufen. Sie drückt ihre Liebe eben nicht einfach nur dadurch aus, dass sie ununterbrochen wie ein Honigkuchenpferd grinst, nein, sie verhält sich völlig natürlich. Wie viele andere Menschen war ich einfach auch von ihrer Präsenz überwältigt und musste mich langsam an alles gewöhnen. Immerhin kommt sie von der Venus, so einen Menschen trifft man schließlich nicht jeden Tag. Mein Herz hatte nie Zweifel an der Wahrheit ihrer Geschichte, der Verstand hat damit am Anfang natürlich so seine Probleme. Aber der gewöhnt sich auch dran, habe ich festgestellt. Mein Verstand hat nie irgendwelche „Beweise" von ihr verlangt, so wie ein typischer Wissenschaftler einmal in einer Fernsehshow in den USA ein Feuerzeug aus seiner Hosentasche zog und Omnec damit ankokeln wollte. Er war der Meinung, dass sie Hitze ja gut aushalten müsste, wo sie doch von der heißen Venus kommt. Er hat nicht begriffen, dass Omnec von der Astralebene der Venus kommt, das überstieg sein Vorstellungsvermögen einfach vollkommen.

Das Herz hat inzwischen in mir die Hosen an, das ist eins der vielen Dinge, die ich durch Omnec gelernt habe. Das erste, was Omnec nach ihrer Ankunft in Landshut wollte, war auf die Toilette zu gehen. Oh je, dachte ich, mein kleines Klo hinten im Laden, hoffentlich macht ihr das nichts aus und huch, sie muss ja auch auf die Toilette, na ja, logisch eigentlich, sie ist ja ein Mensch. Viele Monate später, als wir schon sehr miteinander vertraut waren und zusammen im Badezimmer waren, bemerkte ich „Wow, Du hast ja sogar einen Bauchnabel" woraufhin sie meinte „Ja klar, sonst würden sie mich ja in einen Zirkus stecken!". Mein Verstand verstand das natürlich nicht, wo sie den Bauchnabel her hat, wenn sie doch nicht auf der Erde geboren wurde. Ist ja genial, dachte ich, dass die da auf der Venus sich so richtige menschliche

Körper manifestieren können, die sich von unseren nur in Kleinigkeiten unterscheiden, die man aber nicht sehen kann. Omnec, Wulf und ich gingen dann zum Regionalsender, der nur fünf Minuten von meinem Laden entfernt sein Studio hatte, und die beiden mussten sofort vor die Kamera. Klar, in der letzten Minute, das ist oft so. Eine große Lektion, die man mit Omnec lernt, ist Ruhe und Gelassenheit auch in den unmöglichsten, stressigsten und nervenzerreißendsten Situationen zu bewahren. Omnec und Wulf hatten diese Ruhe, ich war hinter der Kamera und zitterte vor Aufregung. Blöd, denke ich mir heute, inzwischen bin ich sogar schon in der Lage, selber vor der Kamera zu sein, ohne dabei des Todes wegen innerer Überlastung zu sterben. Ich habe mich nie darum gerissen, in solche Situationen zu geraten, wo ich für die Öffentlichkeit sichtbar bin. Aber wer sich auf Omnec wirklich einlässt, stößt an seine tiefsten Ängste und Unsicherheiten, um sie zu überwinden. Denn sie hat diese Gabe, einen in diese Situationen zu bringen, und es sieht immer wie ein Zufall aus. Sie plant das nicht, das weiß ich. Planung ist Sache des Verstandes. Omnec ist überaus intelligent, aber ich nehme sie in keinster Weise als vom Verstand geleitet war, im Gegenteil, sie ist „astral-logisch“ (die Kombination Gefühle und Logik ist in sich schon unlogisch), irrational und folgt nichts anderem als ihrem Gefühl und ihrer Intuition. So hielt sie also ihren ersten Vortrag im mittelalterlichen, katholischen Landshut, zu dem etwa 50 Menschen kamen. Für den Workshop kamen dann etwa 12, die sich alle am Abend des Vortrages dazu entschlossen hatten. Auch das ist fast eine Regel, dass viele Menschen sich sehr kurzfristig entscheiden, am Seminar teilzunehmen. Auch die Wege, wie die Menschen zu Omnec finden, sind so unterschiedlich, wie die Menschen selbst. Eine Frau hat einen Flyer beim Spazierengehen im Herbstlaub gefunden, ein Ehepaar hatte unabhängig voneinander die einzigen zwei Radiodurchsagen gehört und sich gemeinsam angesprochen gefühlt, oft träumen Menschen von Omnec und gelegentlich sind es die Kinder, die Omnec auf einem Poster sehen und ihre Mutter oder Vater zum Vortrag zerren. Während des Workshops dann beruhigte ich mich langsam ein bisschen und Omnec und ich tauschten Blicke aus. Da fühlte ich sie mal richtig und wusste, dass ich sie einfach liebe. Einfach so. Als wir uns nach dem Wochenende verabschiedeten, hätte ich nicht vermutet; dass ich sie überhaupt noch einmal wiedersehen würde.

Ich dachte mir, dass Landshut für sie einfach eine Nummer zu klein ist und sie dort sicher nicht noch einmal hinkommen würde. Aber ich hatte mich getäuscht. Sie und Wulf kamen ein halbes Jahr später wieder. Am Sonntag dann vor Beginn des Workshops nahm ich allen Mut zusammen, überwand eine weitere Hürde und fragte Omnec, ob sie nicht noch eine Nacht länger bleiben und mich am Abend auf ein Konzert des Boogie-Woogie-Quartetts begleiten möchte. Das sind vier fantastische Pianisten an zwei Flügeln, die einen Riesenspaß verbreiten. Am Nachmittag sagte sie dann zu. Ich war wieder aus dem Häuschen und freute mich riesig auf den Abend. Wir fuhren dann mit einem Freund in einem Fiat Panda ohne Heizung durch Schneegestöber im Schneckentempo in das zwei Stunden entfernte Murnau. Ich war gestresst, weil ich wusste, dass wir frühestens noch die zweite Hälfte des Konzertes erreichen würden, weil wir wegen des späten Endes des Seminars viel zu spät dran waren. Wieder war ich die einzige, die nervös war. Wie ich vermutet hatte, kamen wir gerade zum Ende der ersten Hälfte dort an und gingen erstmal in die Toilettenräume. Auf dem Weg in die untere Etage war ein großes Terrassenfenster und dahinter eine große Pflanze, so eine Art Agave. Und auf dem Fenster klebten zwei orangene Punkte. Normalerweise hätte ich das nie bemerkt. Omnec sagte: „Look at this monster! (Schau dir dieses Monster an!)" und dann sah ich, was sie sah. Die beiden Punkte auf der Scheibe wurden zu zwei Augen und die Form der Pflanze wurde zu einem vielarmigen Ungeheuer. Es hat gar nicht so lange gedauert, bis meine Sinne geschult waren, ebenfalls solche Dinge wahrzunehmen. Neulich sah ich eine Nonne, die über den Schnee lief. Und ich lachte, weil ich einen Pinguin in der Antarktis darin sah.

Und wir hatten einen Riesenspaß. Omnec liebte die Musik der vier Pianisten genauso wie ich, wir sangen und sprangen auf unseren Stühlen in der letzten Sitzreihe herum, klatschten und lachten und hatten eine tolle Zeit. An dem Abend brachen dann die letzten Eisschollen auseinander, die nur von mir ausgingen, nie von ihr. Heute sind wir Freundinnen, wobei sie mich lieber als ihre „deutsche Tochter" bezeichnet, denn ich bin im selben Alter wie ihre einzige Tochter Tobi, die Omnec gerade zur Oma gemacht hat. Ich reise viel mit ihr durch die Gegend, übersetze gelegentlich für sie und sie wohnt ab und zu bei mir.

Mit Omnec erlebe ich immer kleine Wunder, an die ich mich inzwischen schon fast gewöhnt habe. Oft fangen Menschen in den Workshops und bei persönlichen Gesprächen zu weinen an, erleben ein Liebesgefühl, das sie noch nie erlebt haben, werden wieder wie Kinder und überwinden Ängste und Zweifel. Was auch sehr auffällig ist, ist die Tatsache, dass besonders „Außenseiter" der Gesellschaft wie Betrunkene, Obdachlose und wie auch immer „*ver-rückte*" Menschen sich von Omnec magisch angezogen fühlen. Ebenso Kinder. Sie alle wissen intuitiv, dass sie von Omnec geliebt und nicht abgelehnt werden und sind immer sehr glücklich, wenn Omnec ihnen Aufmerksamkeit und Verständnis schenkt.

Seit kurzem gibt es neben dem Workshop zum Thema „Die Transformation der Erde" auch einen „Venus Love Workshop", wo Omnec über das spricht, was sie in meinen Augen ist ¬ die Liebe, die bedingungslose Liebe. Sie sagt: „Das Wichtigste, was wir hier auf der Erde lernen müssen, ist das Kritisieren und Verurteilen zu ersetzen durch das Lieben und Akzeptieren." Omnec lehrt und lebt Liebe und Einheit, nicht Angst und Trennung.

Auf einer unserer Touren haben wir auf einer Tankstelle einen Wackeldackel gekauft. Wir haben uns immer gefreut, wenn wir im Auto vor uns einen gesehen haben. Omnec sagte „He is very positive.“ (Er ist sehr positiv eingestellt) und ahmte das Kopfwackeln des Wackeldackels nach, worüber ich mich wieder halbtot lachte. Das kommt oft vor, dass wir herzlich lachen. Durch sie lerne ich, immer und überall etwas zu finden, was ulkig ist und aus den kleinsten Dingen und schwierig erscheinenden Situationen etwas Tolles, Einzigartiges zu machen. Nichts kann mehr so schlimm sein, dass es tiefste Verzweiflung und Depressionen auslösen kann. Immer gibt es ein Licht, eine Freude, einen neuen Weg. Denn jeder Moment des Lebens enthält eine Erfahrung, die wertvoll ist. „There is always a reason behind it. And if we don‘t see it, we will find one! (Es gibt einen Grund für alles, was wir erleben. Und wenn wir ihn nicht gleich sehen, dann finden wir schon einen!)“.

Kapitel 8 – Momentum

What goes up, must come down
What goes round, must come round
What's been lost, must be found.

– The Alan Parsons Project[5] *(1978)*

Der Schwung des Ausatmens in die Außenwelt – der geht schon lange. In linearer Zeit gemessen, denn in höherdimensionaler Zeit ist nichts geschehen, da ist immer nur Jetzt. Ich denke, das wissen viele spätestens seit Eckhart Tolle, denn er spricht ja über nichts anderes als über das Jetzt und das kriegt er auch über Stunden hin.

> *„Der Strom des Denkens hat eine enorme Dynamik, die dich leicht mit sich ziehen kann. Jeder Gedanke gibt vor, dass er sehr wichtig ist.“*
>
> *„Um im Alltag präsent zu bleiben, hilft es, tief in dir selbst verwurzelt zu sein, sonst wird dich der Gedankenstrom, der einen unglaublichen Schwung hat, wie ein wilder Fluss mitreißen.“*[6]

---

5 What Goes Up by The Alan Parsons Project, Pyramid, 1978 RCA Records, a division of Sony Music Entertainment, Composer, Lyricist, Executive Producer: Eric Woolfson

6 „The stream of thinking has enormous momentum that can easily drag you along with it. Every thought pretends that it matters so much.“– „To stay present in everyday life, it helps to be deeply rooted within yourself; otherwise, the mind, which has incredible momentum, will drag you along like a wild river.“ - Eckhart Tolle

Ich habe die Absicht gesetzt, das Momentum des Ausatmens in die Außenwelt zum Stillstand zu bringen und nach innen umzukehren. Was ich damit meine, versuche ich im Folgenden zu beschreiben. In Wahrheit glaube ich, dass diese Umkehr bereits geschehen ist und ich in sie hineinlaufe.

Was jetzt noch läuft, ist das Momentum. Es sind noch Ausläufer des Denkens und Fühlens, die noch fertig gedacht und gefühlt werden wollen. Ich glaube, dass das Schreiben und jeder Atemzug, den ich mache, dabei hilft, dass sich mein Bewusstsein dem Umkehrpunkt annähert.

Mit dem Ausatmen in die Außenwelt meine ich das Verlieren des Bewusstseins im Denken. Das, was Eckhart Tolle als das Momentum bezeichnet, das das Denken oder der Gedankenstrom mit sich bringt. Das ist nicht nur aus dieser Inkarnation so, sondern es ist eine Anhäufung von Gedankenstrukturen und Glaubensmustern, die sich im Laufe vieler Inkarnationen angesammelt haben. Außerdem gibt es auch ein generelles Feld oder eine Matrix oder wie auch immer du dir das vorstellen kannst, das wie eine große dicke Wolke über der Erde liegt und an der alle inkarnierten Menschen dranhängen, an die wir sozusagen andocken in dem Moment, wenn wir aus dem Bauch unserer Mutter herauskommen oder schon viel früher. Statt Nabelschnur dann also Matrixschnur.

Matrixschnur bedeutet angedockt ans Ausatmen sein, angedockt an das Vergessen dessen, wer wir wirklich sind und angemeldet für das Teilhaben an einem Feld, das alles andere als die Erleuchtung des Individuums im Sinn hat und schon gar nicht sein Glück, wahre Liebe, Fülle, Selbstrealisation und all das Schöne, das für viele Menschen sich immer noch wie ein Märchen oder ein Garten Eden anhört und den es nur in der Fantasie zu geben scheint.

Stimmt aber nicht.

Die Umkehr des Momentums vollzieht sich als erstes durch die Erkenntnis, dass das, was im Menschendasein so abläuft, nicht das Gelbe vom Ei und schon gar nicht die ganze Wahrheit ist. Also die Suche nach mehr, die Suche nach Wahrheit, nach Liebe – damit beginnt die Reise zur Umkehr.

Als Nächstes folgt das Studieren und Erfahren der höheren Wirklichkeiten, das Erinnern. Das bedeutet, das bewusste Reisen auf der Straße der Erkenntnis mitsamt Momenten der Erleuchtung, die verschiedentlich aussehen können, die durch unterschiedliche Auslöser angeregt werden können und die unterschiedlich lange andauern können. Auch ist ihre Intensität vollkommen variabel.

Die geistige Welt muss wissen, muss von uns direkt den Auftrag bekommen, dass sie uns die entsprechenden Erfahrungen liefern kann und soll. Bitte und es wird dir aufgetan. Frage und es wird gegeben. Das sind geistige Gesetze. Das heißt, ein Mensch, der die Straße des Erwachens nicht betreten hat, dem kann auch kein Erleuchtungserlebnis gegeben werden, dann ist das in dieser bestimmten Inkarnation für ihn einfach nicht auf seinem selbst gewählten Plan – und das ist vollkommen in Ordnung. Man kann niemanden zum Aufwachen zwingen, das ist total unnötig, denn jede Seele hat ihren eigenen Plan und ihre eigene Art und Weise des Erfahrens von sich selbst – was auch die Abkehr von der Wahrheit und vom Göttlichen einschließt.

Wenn durch das Studieren und Erfahren von höheren Wirklichkeiten das geistige Wissen angewandt und ins Leben integriert wird, dann kommt unweigerlich irgendwann der Punkt des bewussten Setzens einer Absicht, denn man hat erkannt, dass die geistige Welt einem das liefert, was man bestellt und dass man selbst der Schöpfer seiner Wirklichkeit und der Erfahrungsebenen ist. Das bedeutet eine Menge Eigenverantwortung und man muss auch mit allem umgehen lernen, was mit dem Liefern des Gewünschten einhergeht oder dem vorausgehen muss, damit die Frequenz entsprechend angepasst ist.

Wenn ich mir zum Beispiel die Erfüllung der höchsten, göttlichen Liebe auf allen Ebenen des Seins wünsche und die Absicht setze, diese erfahren zu wollen inklusive der körperlich-sinnlichen Ebene, die vollkommene Erfüllung mit meinem wahren Geliebten, dann muss ich mich darauf vorbereiten und zunächst diese hohe Liebe in mir selbst finden, stabilisieren und zum Ausdruck bringen – diese hohe, göttliche Liebe wirklich und wahrhaftig SEIN und mir selbst diese Liebe so geben, wie ich mir wünsche, dass mein Geliebter sie mir gegenüber zum Ausdruck bringt. Nur wenn ich mich selbst absolut liebe, bin ich in der Resonanz, absolut geliebt zu werden – eben weil mein Erfahren der Liebe, mein Sein in der Liebe, nicht davon abhängt, was ein anderer Mensch tut oder unterlässt. Das schließt die absolute Hinwendung zum Göttlichen ein und setzt diese sogar als Priorität voraus, denn das Göttliche IST die wahre, bedingungslose, unendliche Liebe. Nur, wenn ich DIESE Liebe BIN und von der Frequenz her in dieser LIEBE angekommen und stabil bin, dann wird sich alles, was ICH BIN, von selbst in mein Feld hineinbegeben und eins mit mir sein.

Auf den hohen Bewusstseinsebenen ist es natürlich bereits eins und war es auch immer, doch diese Liebe auch in die physischen Welten zu integrieren und zu sein, also vollkommen gottverwirklicht zu sein, das ist noch einmal etwas anderes.

Doch wenn ich nochmal den Anspruch etwas runterschraube und etwas scheinbar Einfacheres zu verwirklichen beabsichtige, also zum Beispiel das Umkehren eines anderen Momentums, dann ist die Regel dennoch dieselbe: Erstmal bewusst machen, was ich zu beenden wünsche, zum Beispiel eine Ehe, die sich totgelaufen hat und die ich nicht länger weiterzuleben wünsche. Dann kann ich erst einmal innerlich diese Entscheidung treffen und sogar, bevor ich es meinem Mann mitteile, innerlich mit meinem geistigen Team in Kommunikation treten und sagen: „Ich wünsche die harmonische Beendigung dieser Partnerschaft. Ich bitte um die richtigen Impulse zur richtigen Zeit, damit sich diese Absicht in höchstmöglichem Einklang mit allen Beteiligten sowie in bedingungsloser Liebe und Dankbarkeit verwirklicht."

Und wenn ich dann ganz klar und ruhig mit dieser inneren Entscheidung bin und mich von meinem geistigen Team geführt und bestärkt fühle darin, dass das jetzt wirklich der richtige Weg ist, dann kann ich das auf die höchste Weise meinem Mann mitteilen.

Natürlich ist es dennoch möglich, dass er das anders sieht, doch vielleicht stimmt er damit sogar überein und ist froh, dass ich es ausgesprochen habe. Letztlich ist das egal, selbst wenn er bzw. sein Ego ein Riesentheater veranstalten würde und versuchen würde, mir alle Steine der Welt in den Weg zu legen, um diese Trennung zu verhindern und mich an sich gebunden zu halten, dann habe ich doch die Kraft meiner Seele und der Liebe Gottes hinter und in mir und kann meinen Weg ganz ruhig und entspannt weitergehen.

Natürlich ist das leichter gesagt als getan, aber genau das ist der Weg – sich bewusst werden, was ich will, es zum Ausdruck bringen und in die Erfahrung hineingehen, ihr entgegen gehen und sie dann wiederum verinnerlichen. So geht das weiter und weiter.

Doch so lange ich natürlich im Momentum des Ausatmens verweile und mir in keiner Weise bewusst bin, dass ich der Schöpfer meines Lebens bin, dann bleibe ich gewissermaßen ein Opfer der Umstände anstatt eine Meisterin meines Schicksals zu sein.

Der Ball, der nach oben geworfen wird, kommt wieder herunter. Das ist das Gesetz der Gravitation. Und es gibt einen Umkehrpunkt, einen Moment des Innehaltens. Beim Atmen ist es dasselbe, zwischen jedem Aus- und Einatmen gibt es einen Moment der Stille.

In dieser Stille IST die Schöpfung.

Darum muss ich diese Stille bewusst aufsuchen, um mir der Schöpferkraft meines Seins bewusst zu sein und sie bewusst anzuwenden. So lange ich auf dem Gedankenstrom fließe und mit diesem identifiziert bin, reagiere ich nur und agiere aus Gewohnheit, aus Programmierungen, basierend auf das bereits Vorhandene und aus Unbewusstheit.

Und darum ist das so wichtig, was Eckhart Tolle in unsere Welt gebracht hat – nämlich die locker und freundlich rübergebrachte stetige Erinnerung an die Bedeutung der Stille und nicht nur ihrer Bedeutung, sondern auch ihrer Schönheit.

Denn in der Stille findet die Schöpfung statt, in der Stille ist absolute Liebe, absolute Freiheit, absoluter Frieden. In der Stille kann das Ego nicht überleben.

Um aus dem ewigen Gedanken- und Gefühlsstrom alter Reaktionsmuster und übernommener Programmierungen auszusteigen, ist das Praktizieren der Stille der Weg. Selbst ein einziger Atemzug ohne Gedanken ist eine Perle.

Ich weiß das beziehungsweise behaupte das so, weil ich mich selbst gut kenne und weiß, wie unglaublich schwer mir das fällt, in die Stille zu gehen und in ihr zu verweilen, der Stille Priorität einzuräumen und sie täglich aufzusuchen beziehungsweise mich in sie hineinzubegeben – alleine diese Absicht zu setzen hat so gesehen mehr als ein halbes Jahrhundert für mich in diesem Leben gedauert.

Natürlich habe ich schon oft Erfahrungen mit Stille gemacht, doch bisher war es immer wesentlich leichter für mich, im Rahmen von bestimmten Seminaren in die Stille zu gehen als sie alleine aufzusuchen.

Ich erinnere mich zum Beispiel an die Praxis der japanischen Tuschmalerei, die ich einige Jahre lang im Felsentor in der Schweiz geübt habe. Ich bin dort durch das Malen, die Zen-Meditationspraxis und das Schweigen während der vier Tage immer wundervoll in die Ruhe gekommen und habe erste Erfahrungen mit der Stille gemacht.

Doch zurück im Alltag war das schnell wieder weg und ich habe es nicht alleine geschafft, jedenfalls nicht dauerhaft und nicht effizient. Ich habe es nicht mal auf die Reihe gekriegt, zu Hause das Malen zu üben, obwohl ich mir absolut alles an Material angeschafft und sogar einen kleinen Holztisch nur fürs Malen gekauft hatte. Doch das Feld, das energetische Feld, das ich noch mit mir herumtrug und das auch meinen üblichen Lebensalltag ausgemacht hatte, war immer wieder dominant und so fand ich nie die Stille wieder.

Viel später, im Jahr 2021, machte ich die Heiler-Ausbildung bei Boris Lukacs in der Schweiz und dort ist das Praktizieren der Stille ein wesentliches Element. In jener Energie der Gruppe und durch die große Kraft des Erzengels Raphael, der mit Boris Hand in Hand wirkt, war das Eintauchen in die Stille wieder möglich – und sogar besser und intensiver denn je, denn es war auch noch mit der direkten Ansprache an Gott verbunden, mit Gebeten, kraftvollen ICH BIN Affirmationen. Während dieser Zeit war es mir erstmalig möglich, das echte Beten und Meditieren tiefer in meinen Lebensalltag zu integrieren.

Womit wir wieder in der zyklischen Existenz wären, denn es ist wirklich aus meiner Erfahrung her so, dass keine Bemühungen je verloren gehen. Sie wirken nach, sie hinterlassen ihre Spuren und zur rechten Zeit in nicht-linearer Zeitrechnung gemessen gibt es eine Erinnerung und Fortsetzung und Vertiefung.

Die göttliche Realisation hat keine Eile. Sie ist die personifizierte Geduld, weil sie ja immer im Jetzt ist. Gott wartet auf uns – immer und ewig.

Im Kapitel über die spirituellen Praktiken, die ich bisher in meinem Leben für gut befunden habe und die ich selbst anwende, gebe ich dir einiges von dem weiter, was mir selbst auf meinem Weg zu mir selbst geholfen hat und es noch tut. Und im Anhang weise ich mit Links und Empfehlungen auf die Quellen hin, für deren Existenz ich sehr dankbar bin und die mir große Lehrer und Inspirationsquellen waren und sind.

Kapitel 9 – Zyklische Zeit – Lineare Zeit

Wir sind so sehr an die Zeit gebunden, an ihre Ordnung. Aber jetzt bin ich mir nicht mehr so sicher, ob ich an Anfänge und Enden glaube.

– Dr. Luise Banks im Film ARRIVAL[7]

Zyklische Zeit, kreisförmige Zeit, sphärische Zeit – das Thema ist komplex, darum will ich hier nicht noch diese Begriffe unterscheiden. Ich nenne das, worüber ich spreche, zyklische Zeit.

Am einfachsten ist es, du schaust dir den Film ARRIVAL an. Der Film ist einer der intelligentesten Filme, die ich kenne.

Lineare Zeit ist uns vertraut. Vergangenheit, Gegenwart, Zukunft. Wir schreiben von links nach rechts, andere schreiben von rechts nach links, andere schreiben von oben nach unten. Alles linear – in eine Richtung.

In unserer Welt und in unserem System wird ein Mensch geboren, mit Namen und Geburtstag erfasst. Seine Nabelschnur wird durchtrennt, dafür wird er an die Schnur der Matrix gehängt. Die ersten Jahre ist er noch relativ frei und darf so sein, wie er sein will, sich frei ausdrücken und wird normalerweise auch lieb gehabt, egal, ob er schreit oder lacht. Doch wie das Menschsein in unserer Gesellschaft und in unserem System so abläuft, das kennst du. Wer sich nicht einfügt, eckt an und landet am Rand. Das höchste Wohl des Einzelnen interessiert nicht – es geht um

7 We're so bounded by time, by its order. But now I am not so sure I believe in beginnings and endings.

das Kollektiv, um das Glauben an etablierte Systeme und Werte – selbst an das Kalender- und Zeitsystem. Selbstverwirklichung, Wahrheit, wahre Liebe und Spiritualität gehören nicht in unsere Systeme, stattdessen geht es um das Einfügen in die Gesellschaft und um ihre Aufrechterhaltung. Alle wissen, dass das Geld die Welt regiert und dass hinter den vorherrschenden Systemen Kräfte wirken, die nicht das höchste Wohl unseres Seelenheils im Sinn haben, das ist wohl mittlerweile jedem klar, der ein Buch wie dieses liest. Manipulierende und kontrollierende Kräfte beherrschen seit langer Zeit die Erde und deren Gesellschaften. Und das ist wertfrei ausgedrückt, das ist einfach eine Tatsache. Man kann das überall sehen und alle Menschen, die ein wenig Freiheit sich bewahrt haben oder im Laufe des Lebens zu Klarheit finden, sehen die Auswirkungen dieses knechtenden Gefängnissystems, das man auch als Matrix bezeichnet.

Mit Matrix ist einfach ein Kontrollsystem gemeint, eine künstlich erschaffene Matrize oder Lebensvorlage, an die die sich inkarnierenden Seelen andocken und in der sie üblicherweise ihr Leben lang funktionieren und an die sie ihre Lebensenergie abgeben.

Die Kräfte, die die Matrix steuern, ernähren sich von der Lebensenergie der Seelen, die an sie glauben und ihr ihre Energie geben.

Das war viele Tausende von Jahren so auch erlaubt, denn es dient dem Erfahrungsspektrum aller beteiligten Wesenheiten.

Mit dem Ende eines Weltenzyklus endet nun auch diese Form der Kontrolle über die Menschen, zumindest über diejenigen, die das Spiel durchschauen, sich auf die Suche nach der Wahrheit machen und sich ihre eigene neue Welt erschaffen.

Das ist mit der Trennung der zwei großen Zeitlinien gemeint – die eine in Richtung noch mehr Kontrolle, Transhumanismus und künstliche Intelligenz – die andere in Richtung Erwachen, Erinnerung an das Schöpferbewusstsein und Rückkehr in die Liebe.

In der linearen Zeit enden viele alte Kalender, so habe ich es gehört, und viele Menschen glaubten daher, dass die Welt untergehen würde oder es zu einer Apokalypse käme. So wie ich es verstehe, endet das Kontrollsystem der Matrix, also die Identifikation mit dem Bewusstsein der Getrenntheit, weil die Erde selbst durch einen Zyklusabschluß geht und in eine höhere Frequenzebene aufsteigt. Von meiner Lehrerin Omnec Onec habe ich diese Thematik als „Die Transformation der Erde" kennengelernt.

Zur Erinnerung für dich: Alles, was ich hier schreibe, basiert auf meinen eigenen Erfahrungen, Recherchen und Überlegungen und ist permanent in Bewegung. Worte sind zweidimensional, sie können keine multidimensionale Wirklichkeit abbilden – darum ist es immer wieder wichtig zu wissen, dass alleine dein Inneres dir sagen kann, was für dich relevant ist. Vielleicht schwingt auch etwas jenseits der Worte für dich durch, das dir eine ganz andere Inspiration eingibt und das vordergründig gar nichts mit dem hier Geschriebenen zu tun hat. Was ich hier aufschreibe, ist meine Sichtweise und nicht die ultimative Wahrheit.

In welchen Zeitmaßstäben aus herkömmlich bekannter Zeitmessung betrachtet die Transformation der Erde geschieht, weiß ich nicht – ich weiß allerdings, dass es ein laufender Prozess ist und dass er sich immer mehr beschleunigt. Omnec hat immer betont, dass es von den Menschen abhängt, wie schnell der Prozess vonstattengeht, und dass alle konkreten Prophezeiungen Ablenkungen sind, weil die Zeit einfach nicht linear ist und weil wir alle zusammen die Zukunft erschaffen, sie steht nicht fest. Einerseits läuft die Schwingungsveränderung graduell ab, also nach und nach, damit die verkörperten Seelen sich den höheren Schwingungen langsam anpassen können und vor allem auch individuell Zeit haben, sich einzustimmen und in ihre bewusste Schöpferkraft zurückzufinden. Andererseits kann es auch Sprünge, also Quantensprünge, geben, das heißt, dass es auf einmal anders ist, dass wir auf einmal in einer anderen Energie sind, so etwas wie eine Spontanerleuchtung erleben und bemerken, dass wir in einem anderen energetischen Feld existieren. Doch das passiert nur nach innerlicher guter Vorbereitung und nicht in einer Weise, die Organismen oder die Erde irgendwie in Gefahr bringt oder verletzt. Außerdem geschieht alles gleichzeitig und parallel und jeder erfährt genau das, das mit seiner eigenen Frequenz und seinem Bewusstseinsstatus in Resonanz ist.

Es ist eine unermesslich große Liebe und eine machtvolle Intelligenz hinter alldem im Gange und die hat die Befreiung der Seelen im Sinn und das Erwachen der Menschen in ihr gottgegebenes, höchstes Bewusstsein. Diese Kraft war Tausende von Jahren im Hintergrund, sie war immer da, denn sie hat alles Leben erschaffen und hütet es auch, und vor diesem großen Plan hat sie es auch gestattet, dass die Seelen auf der Erde durch das Vergessen gehen und dass sie durch eine Zeit der Kontrolle und Manipulation gehen dürfen.

Doch dieser Zyklus endet nun. Ob man das nun Eintritt in das Wassermannzeitalter nennt, New Age, Transformation der Erde, Spaltung der Zeitlinien – es ist vielleicht alles dasselbe, vielleicht auch nicht. Ich erzähle hier aus meinem Empfinden und aus dem, was ich besonders von Omnec Onec erfahren habe, doch im Laufe der vielen Jahre natürlich auch aus anderen Quellen und alles immer in Abstimmung mit meinem inneren Kompass. Ich schreibe hier keine Doktorarbeit und was ich hier teile, hat keinen Anspruch auf Perfektion, absolute Stimmigkeit oder Vollständigkeit.

Ich finde es sinnvoll, sich der Größe des Universums ansatzweise bewusst zu sein, sich selbst zu erkennen und sich sein Leben in Freiheit so zu gestalten, um ein waches, glückliches Leben zu leben und ein bewusster Mitschöpfer zu sein anstatt in einer Kralle der Kontrolle verhaftet zu bleiben.

Viele von uns tragen Erinnerungen an hohe Gesellschaften auf der Erde und anderen Planeten in sich. Wir sind damit geboren und viele von uns haben sich schon früh gefragt, was sie hierher verschlagen haben könnte. Wir fühlten uns von Anfang an fremd, ungewollt, deplatziert und unerfüllt. Mir selbst ging es schon früh so, dass ich fürchterliches Heimweh hatte und nicht verstanden habe, was ich hier sollte. Ich fand keine Liebe, ich wusste nicht, was ich beruflich machen wollte, ich blickte einfach nicht durch. Doch andererseits war ich so gut vorbereitet und auch angedockt an das System, dass ich zumindest funktionieren und überleben konnte, bis ich durch Omnec in mein erstes Erwachen geführt wurde und nach und nach die ganzen Puzzleteilchen anfingen, an ihren Platz zu fallen.

Nun sitze ich heute hier in der Türkei und erkenne immer mehr und immer tiefer, dass ich ganz bewusst auf die Erde gekommen bin, um mich vollständig zu erinnern, die vollkommene Liebe in mir zu aktivieren und um ein Leuchttürmchen zu sein, das sein Licht nach innen und nach außen abgibt.

Natürlich haben wir eine Übergangsphase und auch ich bin noch immer am Rande mit dem System verbunden, auch ich muss noch Geld und das alte Zeitsystem nutzen, mein Körper braucht Schutz und ein Dach über dem Kopf. Mein Erwachensstatus variiert, ich fühle mich mal klarer und zentrierter und mal weniger. Mein Nervensystem war seit jeher eine Schwachstelle in mir und ich lerne noch immer, sehr achtsam und liebevoll mit mir selbst zu sein. Innere Arbeit oder Schattenarbeit gehören mittlerweile zu meiner Alltagshygiene, ich bin kontinuierlich dabei, mich zu beobachten und zu reflektieren. Meditation, Stille und das sorgfältige Aussortieren, was ich in mein Feld hineinlasse und was nicht, verlangen ein stetiges neues Erinnern und bewusstes Wählen. Ich bin im Prozess des Integrierens der hohen Energien, während ich gleichzeitig auf meine Erdung und Stabilität achte. Wir sind noch nicht in der Astralwelt oder fünften Dimension, aber sie ist schon wesentlich präsenter als in den vergangenen Jahrhunderten und Jahrtausenden. Die Energie steigt stetig an und das bedeutet, dass die Dimensionen oder Bewusstseinsebenen immer präsenter werden und je nachdem, worauf wir uns konzentrieren, können wir viel leichteren Zugang zu diesen höheren, feineren Welten haben als je zuvor.

Es öffnen sich kontinuierlich neue Tore und feine Energien strömen in die unteren Welten bis in die physische Welt oder dritte Dimension. Und wenn wir uns darauf ausrichten, haben wir die höheren Kräfte viel leichter zur Verfügung und können sie uns zu Nutze machen, wir können lernen, bewusst zu erschaffen und uns unsere Welt so zu gestalten, wie wir sie haben möchten und wie es als freie, geliebte Seelen auch unser Geburtsrecht ist. Doch der Schlüssel ist immer die Liebe und Akzeptanz im Jetzt – denn nur in der Gegenwart findet das Leben statt.

Wir müssen aufhören, durch unsere Gedanken und Emotionen zu stärken, was bereits existiert. Was wir da draußen in der Außenwelt sehen und die Gedanken, die wir oft und aus Gewohnheit meistens denken und die sogar oft gar nicht unsere eigenen sind, sondern die uns vom Feld eingespeist werden, an das wir angedockt sind, die sind bereits Vergangenheit und halten uns in der Matrix fest ODER sie sind die gewünschte Zukunft einer künstlichen, negativen Intelligenz, die uns weiterhin kontrollieren und manipulieren will. Unterscheidungskraft zu praktizieren und wirklich ins eigene Herz zu gehen ist wichtiger als nie zuvor und unser Ticket in die Freiheit.

Um aus dem herrschenden System auszusteigen, müssen wir aussteigen – und das heißt nicht, in ein anderes Land auswandern oder von heute auf morgen unser Geld verbrennen. Die Venusier haben das zwar mit dem Geldverbrennen tatsächlich an einem bestimmten Punkt ihrer Entwicklung gemacht, aber da waren sie auch schon weiter als wir heute, allerdings nähern uns diesem Bewusstsein an – es gibt nur noch einige Zwischenschritte zu absolvieren. Die Venusier haben es uns vorgemacht und wenn wir Omnec Onec und Dr. Raymond Keller zuhören, dann können wir optimal von ihnen lernen.

Ich meine mit Aussteigen in erster Linie innerlich aussteigen, indem wir damit aufhören, dem vorhandenen System weiterhin unsere Energie zu schenken und an es zu glauben. Gegen das vorhandene System zu rebellieren oder irgendwie gegen es zu sein, also im Widerstand, ist ebenfalls stärkend für das System.

Das schließt auch den Glauben an die lineare Zeit ein, also den Glauben, dass das das einzig Reale ist, denn das ist es nicht. Die Zeit, so wie wir sie kennen, ist ein menschengemachtes Konstrukt, das uns in einer bestimmten Spur hält und das uns in der dritten Dimension dabei hilft, miteinander zu funktionieren. Die Matrix, die die Menschen so lange schon kontrolliert und manipuliert und die Kräfte dahinter nutzen die lineare Zeitstruktur optimal, um die Menschen in Unfreiheit zu halten, unter Druck zu setzen und ihre Energien auszusaugen.

Ich gebe dir ein Beispiel zur Veranschaulichung. Erinnere dich zum Beispiel an die Zeiten des letzten Jahrhunderts, als das Arbeiten von 12-14 Stunden normal war. Ich nehme jetzt ein Extrembeispiel, doch stelle dir einmal vor, du wirst in eine Familie hineingeboren, in der es primär um das Überleben geht. Stell dir vor, du bist ein Mädchen. Du wirst von klein auf so erzogen, dass du möglichst angepasst und brav zu sein hast. Du musst möglichst früh heiraten, ob du den Mann liebst oder nicht, spielt keine Rolle, Hauptsache, du bist ein ordentliches Mädchen und kriegst bald eigene Kinder und du kannst den Haushalt und die Familie managen. Dein Mann geht von früh bis spät arbeiten und dann hat er noch so seine männlichen Bedürfnisse, die du ihm gestatten musst, dass er sie an dir befriedigen darf. Vielleicht gefällt es dir das eine oder andere Mal, doch irgendwann lässt das nach und es gibt dir gar nichts mehr, aber du musst ja deine ehelichen Pflichten erfüllen – das ist ganz normal.

Wenn du andererseits als Junge in so ein System hineingeboren wirst, dann hast du andere Lasten zu tragen. Du musst früh Härte zeigen, Gefühle zeigen und weinen geht gar nicht, du musst eine gut angesehene und gut bezahlte Arbeit finden oder möglichst die Firma deines Vaters übernehmen, ob du dazu Lust hast oder nicht, fragt kein Mensch. Du sollst heiraten, ob du das

Mädel magst oder nicht oder sie gut riechen kannst, ist nicht so wichtig. Du musst die Familie ernähren und gleichzeitig sollst du treu sein und ein guter Vater für deine Kinder sein. Die Last auf dir ist sehr schwer und du suchst dir immer häufiger Auszeiten, triffst dich mit Freunden zum Saufen oder gehst fremd. So etwas wie Glücklichsein und Freiheit kennst du nicht wirklich.

Nun überlege dir einmal, wie viel Zeit und Raum in so einer Konstellation vorhanden ist, um sich der Wahrheit zuzuwenden, um wirklich Gott – und damit meine ich natürlich nicht den Gott einer Religion oder Kirche – in dir zu verwirklichen, um wirklich glücklich zu sein, dich selbst zu finden, überhaupt herauszufinden, wer du bist, was du liebst, was du gut kannst, um dich echten Interessen zuzuwenden, von anderen Grundrechten wie das Lernen und Reisen, das Spaß haben und in Fülle zu leben ganz abgesehen.

Normalerweise – und viele Menschen leben in anderen Ländern und Kulturen heute noch so oder so ähnlich – vergeht deine Lebenszeit wie im Fluge, du leidest unter bestimmten Aspekten wie unter unerfüllter Liebe oder anderen Traumata, erlebst die eine oder andere Krankheit und verschiedene Facetten von Dramen, hast vielleicht mal die eine oder andere kleine Freude, jagst irgendwelchen Illusionen hinterher wie dem Traumhaus, dem großen Geld, dem Lottogewinn oder der idealen Hochzeit – ja, und das war's dann irgendwann.

Und dann liegst du auf dem Sterbebett und atmest dich aus.

Auf deinem Grabstein steht dann dein Name und zwei Jahreszahlen und dazwischen ein kleiner Strich, und dein ganzes Leben ist in diesem kleinen Strich enthalten – so ähnlich hat Eckhart Tolle es einmal so nett formuliert.

Das ist lineares Leben. Geboren werden – durchs Leben rennen – sterben.

Langsam ist das doch langweilig, findest du nicht auch?

Das Leben ist doch in Wahrheit so viel größer. Es gibt so viel mehr zu entdecken, zu leben, zu sein. Ja, so fühlt es sich jetzt für mich an, während ich diese Zeilen schreibe – ich habe das Gefühl, dieses alte, lineare Leben interessiert mich einfach nicht mehr. Ich hab's durch. Ich will mehr, ich will ganz ich selbst sein, ganz angebunden sein an den Lebensstrom, mehr erfahren, mich lernen zu beherrschen anstatt von außen oder programmierten Gedanken kontrolliert zu sein. Mich interessiert nur noch die Ausdehnung in die höheren Bereiche – das Lineare mag ja noch vorhanden sein und ist ein Teil dessen, das ist eben in der Übergangsphase noch so. Noch ist es sinnvoll, dass wir eine Uhr und einen Kalender haben und uns so orientieren und verabreden können.

Doch viel spannender wird es erst sein, wenn wir wieder lernen, telepathisch zu kommunizieren, wenn wir Synchronizitäten erleben, wenn wir auf innere Zeichen und Botschaften achten, wenn wir mit unserem geistigen Team kommunizieren, wenn wir uns unsere Wirklichkeit bewusst erschaffen und in Kontrolle über die Gedanken und Gefühle und Handlungen kommen, wenn wir die Weiten der Möglichkeiten erforschen – und vor allem und in allem durchdrungen – die Schöpferkraft, Gott, die Höchste Gottheit wieder wahrnehmen und EINS mit ihr sind. Wenn wir wieder die LIEBE erfahren, unsere Energiezentren spüren, unseren Seelenfamilien und Zwillingsflammen begegnen und mit ihnen eins werden, wenn wir wieder wirkliche Partys feiern, ohne Drogen und Alkohol, sondern aus körpereigenen Glücksquellen schöpfen. Wenn wir lernen, höhere Technologie zu entwickeln und anzuwenden, wenn wir beginnen, durch das Universum und in andere Dimensionen zu reisen, wenn wir im Körperlichen all unsere Sinne und Energiezentren erfahren, denn ja, ich weiß, das Leben auch im Physischen kann ein einziges Fest sein – und darum halte ich es für so wichtig und erstrebenswert, dass wir uns dem Höheren immer mehr und immer bewusster zuwenden, dass wir die Liebe in uns anerkennen und uns nach innen wenden und immer klarer und freudvoller unsere Seelengeschwister wiederfinden, um mit ihnen zusammen unsere Welt zu erschaffen – DIE Welt, die wir wirklich haben wollen und SO LEBEN, wie wir wirklich leben wollen.

In diesem Sinne: Lasst uns die Ärmel hochkrempeln … (ooooh nein … bloß nicht so, wie du jetzt vielleicht denkst!)

Aber zum „Ärmel hochkrempeln“ fällt mir gerade etwas ein, was ich schon oft gedacht habe, wenn ich irgendwo in der Welt in einem anderen Land zu Gast war – nämlich der Müll, der überall oft noch herumliegt. Ich persönlich liebe es, wenn es sauber und ordentlich ist und ich habe schon oft gedacht, dass es ein Zeichen einer rückständigen Zivilisation ist, wenn sie in einer Weise produziert, die den Planeten verschmutzt. Und das ist nicht nur die Produktion, sondern auch das Bewusstsein der Menschen. Alleine das achtlose Wegwerfen von Müll, das vermutlich noch immer Millionen von Menschen auf der ganzen Erde praktizieren, spiegelt ein bestimmtes Bewusstsein wieder.

Ganz besonders auffällig fand ich es in Indien, dort habe ich regelrechte Müllberge in der Natur und am Rand von Orten gesehen. Auch hier in der Türkei, selbst inmitten der Hotelburgen in den wenigen Bereichen, die noch unbebaut sind, liegt immer noch eine Menge Müll und Menschen werfen noch immer ihre Zigarettenkippen in der Gegend herum.

Was ich mit „Ärmel hochkrempeln“ assoziiere ist die Vorstellung, dass wir eine höhere Technologie von unseren weiter entwickelten Freunden entweder zur Verfügung gestellt bekommen oder diese selbst entwickeln, um den Müll auf der Erde mit Leichtigkeit und Freude auf dem Land und in den Meeren einzusammeln und zu dematerialisieren. Das würde so viel Spaß machen! Stell dir mal vor, du würdest mit einer Gruppe von Seelenfreunden eine tolle Apparatur in die Hände bekommen und mit ihnen zusammen auf eine herrliche Wanderung gehen und dabei alles, was rumliegt, wie mit einer Art Laser Blaster dematerialisieren können! Alle Zigarettenstummel, alle Plastikflaschen, alle blöden Gesichtsmasken, einfach alles, was auf dem Land und im Meer herumliegt und herumschwimmt, könnte so ein für alle Mal verschwinden und durch das erweiterte Bewusstsein und die neue Achtsamkeit der Menschen in ihrer Liebe zur Schöpfung und zur Natur würde ja auch nichts mehr dazu kommen. Noch lustiger wäre es ja, wenn man seine Fundstücke durch seinen Laser Blaster aufsaugen würde und dass man dann die Energie zur Verfügung hat, um am Schluß am Abend nach getaner Arbeit zusammen lauter schöne und lustige Dinge aus der angesammelten Energie neu zu erschaffen und sich an ihnen zu erfreuen. Denn, wie wir ja wissen, Materie ist Energie und Energie ist Materie – es geht nichts verloren, es kann alles umgewandelt werden mit der richtigen Technologie.

Das ist nur ein Beispiel der Anwendung von wundervoller, höherer Technologie, die definitiv existiert und die nur darauf wartet, dass wir sie entdecken, aus den Chroniken der höheren Dimensionen empfangen und uns nutzbar machen.

Nun noch einmal zurück zur Unterscheidung zyklische Zeit und lineare Zeit anhand des Films ARRIVAL. Die Story geht in Kurzform so: Es landen außerirdische Raumschiffe auf der Erde und schenken den Menschen – vertreten durch die Sprachwissenschaftlerin Louise – das Geschenk der zyklischen Sprache. Dadurch, dass Louise vom Militär hinzugezogen wird, um zwischen den Besuchern und den Menschen zu vermitteln, ist sie diejenige, die am engsten mit den seltsamen Heptapoden zu kommunizieren lernt. Während dieser Gespräche findet ein Bewusstseinstransfer statt, das heißt, dass Louise die Fähigkeit übermittelt bekommt, sich an die Zukunft zu erinnern. So sieht sie zum Beispiel die Erkrankung ihrer Tochter, die noch nicht einmal geboren ist. Sie sieht ebenfalls eine sehr wichtige Information, die zu einem späteren Zeitpunkt die Geschicke der Politik auf der Erde ändert und einen Krieg verhindert. Das Wesentliche aus Sicht der außerirdischen Besucher ist, dass sie Louise das Geschenk der Wahrnehmung der nicht-linearen Zeit übermitteln, damit sie es den Menschen weitergeben kann, denn in 3000 Jahren brauchen die Außerirdischen die Hilfe der Menschheit.

Das ist komplex und im Film sehr ruhig und liebevoll vermittelt und trotz der Komplexität kommt es gut und verständlich rüber.

Der Macher dieses Films muss eine tiefe Eingebung und Verständnis für die Funktionalität zyklischer Zeit bekommen haben.

Ich glaube, es gibt auch noch andere Filme, in denen die Zeit und ihre nicht-lineare Weise thematisiert ist, aber sie fallen mir gerade nicht ein.

Im Film Dejà-vu mit Denzel Washington geht es eher um die Looking Glass Technologie, also um eine Technologie, die das Schauen in vergangene und zukünftige Abläufe ermöglicht, um diese zu beeinflussen.

Im Film Men in Black 3 kommt ein fünftdimensionales Wesen namens Griffin vor, der ein Meister der Zeitlinien ist und offenbar in jeden Moment einen totalen Überblick in alle Richtungen hat – das ist sehr goldig dargestellt.

Inwiefern hat all das nun mit uns zu tun? Ich glaube zu wissen, dass unser aller Existenz zyklisch und nicht-linear ist und dass wir als Seelen mehrdimensional und auch gleichzeitig in verschiedenen linearen Zeiten existieren.

Besonders hilfreich finde ich in diesem Zusammenhang die Vorstellung der Überseele oder des Überselbst. In diesem Konzept, und ich nenne es jetzt bewusst Konzept, da ich es noch nicht selbst erfahren oder erinnert habe, sondern nur von anderen davon gehört habe, speziell von Lobsang Rampa und Dr. Raymond Keller, ist die Überseele der höhere Aspekt unseres Bewusstseins, also die Steuerzentrale, die all unsere Leben, all unsere Inkarnationen lenkt. In dieser Vorstellung kann ich als Seele, also als Aspekt meiner Überseele, zum Beispiel zu Zeiten von Atlantis gelebt haben, zu Zeiten von Jesus Christus, im Mittelalter, im

Wilden Westen, als Ureinwohner Australiens, als Stammesmitglied in einem afrikanischen Stamm, als Cherokee-Indianer, zu Zeiten der Hexenverbrennung und Inquisition, während des ersten Weltkrieges, JETZT, und in der möglichen Zukunft in einer Zeit totaler Technologisierung, die à la 1984 unter vollständiger Kontrolle eines Überwachungsstaates steht ODER in einer Zeit der Rückkehr des Paradieses mit verwirklichter wundervoller Technologie, die von voll erwachten, bewussten Wesen genutzt wird, die durch das Weltall reisen und als bewusste Schöpferwesen im Einklang mit der Liebe und den Gesetzen der Höchsten Gottheit leben.

Für welche Zukunft entscheidest du dich?

Kapitel 10 – Die Venus-Deutschland-Verbindung

Das Dorf auf der Venus, in dem ich geboren und aufgewachsen bin, heißt Teutonia, was „aus Deutschland stammend" bedeutet.

Omnec Onec, Ich kam von der Venus

Wie ich im Kapitel über Omnec Onec bereits andeutete, gibt es offensichtlich eine besondere Verbindung zwischen der Venus und der Erde und im Speziellen auch mit dem deutschsprachigen Raum.

Was ich hier versuche zu beschreiben ist nur der Ansatz einer Ahnung, denn der Überblick über die gesamte Thematik hat sich mir noch nicht vollkommen offenbart. Ich gebe dir hier nur einige Impulse weiter und wenn dich Weiteres dazu interessiert, dann wirst du mehr dazu herausfinden. Besonders in den Büchern von Omnec Onec und Dr. Raymond Keller sind insgesamt alle Schlüssel enthalten, doch manches muss man sich wirklich selbst erarbeiten, wenn man etwas erkennen will. Nicht alles kann einfach so gegeben werden. Worte bringen Impulse, doch die Wahrheit ist eine Erkenntnis, die tiefer liegt als die Worte.

Eine der noch vorhandenen Schwierigkeiten im vollkommenen Enthüllen und Erfassen der Zusammenhänge zwischen der Venus und der Erde und im Speziellen mit Deutschland hängt mit Begriffen wie „Rasse" und „Schuld" und „Opfer" zusammen.

In diesem Themenbereich braucht es noch viel Licht und Liebe, damit sich die Wahrheit offenbaren kann. Und ich glaube, dass auch darum ich noch nicht alles sehe, denn es ist noch nicht meine Aufgabe, dieses Wissen zu haben geschweige denn weiterzugeben.

Doch im Hinblick darauf, dass es hier eines Tages zu Enthüllungen kommen wird, teile ich in diesem Kapitel meine Puzzleteile mit dir, die du aufnehmen und später mit weiteren Puzzleteilen zusammenfügen kannst.

Puzzleteil Nr. 1: Teutonia auf der Venus und der deutsche Wissenschaftler

Omnec Onec wurde auf der Astralebene der Venus geboren. Bevor sie sich dort ihren physischen Körper manifestierte, wurde sie von den spirituellen Meistern der Venus vorbereitet und geschult. Im Tempel der Geschichte wurde ihr gezeigt, dass einst ein deutscher Wissenschaftler die Venus besucht hatte und dass ihm zu Ehren ihre Heimatstadt TEUTONIA benannt wurde, weil er den Venusiern in einer bestimmten Weise einen guten Dienst erwiesen hatte.

Ich selbst habe das lange nicht verstanden. Da ich noch kein Verständnis für zyklische Zeit hatte und keine Vorstellung von der Möglichkeit von Zeitreisen und dem Betrachten von Zeitlinien, war diese Aussage von Omnec jenseits von allem, was mir irgendwie schlüssig erschien.

Andererseits hatte und habe ich höchsten Respekt vor Omnecs tiefem Wissen und weiß, dass sie immer einen guten Grund hat, wenn sie etwas Bestimmtes erzählt. Dennoch habe ich diese Geschichte mit dem deutschen Wissenschaftler und ihrer venusischen Heimatstadt Teutonia nicht verstanden.

Als ich viel später ab dem Jahr 2021 mit den Büchern des Venus-Historikers Dr. Raymond Keller in Berührung kam und las, dass es im zweiten Weltkrieg einen Mann namens Günther Specht gab, dessen Rakete von den Venusiern durch eine Art Wurmloch auf die Venus abgeleitet wurde, damit die Rakete auf der Erde keinen Schaden anrichten konnte, wurde ich neugierig. Ganz besonders, weil Dr. Raymond Keller in seinem Buch ebenfalls den Namen Teutonia erwähnte, in diesem Fall einem Kontinent auf der Venus, der nach dem Deutschen benannt wurde.

All das ist nach wie vor mind-blowing für mich, so wie alle Bücher von Dr. Raymond Keller einem wirklich das Gehirn aufrütteln.

Doch so macht die Sache dann doch Sinn und ist vorstellbar – nämlich insofern als dass dieser deutsche Günther Specht in der Vergangenheit der Venus gelandet war, als sie noch physisch bevölkert war und zwar vor Millionen von Jahren und dass er dort mit seiner Technologie, die er bei sich hatte, den Venusiern bei etwas geholfen hatte. Angeblich wurde er später sogar zurück auf die Erde gebracht, so schreibt es Ray in seinem zweiten Buch der Venus Rising Serie mit dem Titel „The Final Countdown: Rockets to Venus".

Puzzleteil Nr. 2: Schwesterplanet Venus

Laut Omnec wurde die Erde vor sehr langer Zeit von verschiedenen Rassen besiedelt. Die rote Rasse kam vom Saturn, das sind die indigenen Völker und Indianer mit ihrer besonderen Naturverbundenheit, die schwarze Rasse kam vom Jupiter, das sind die Afrikaner mit ihrem besonderen Talent für Stimme, Musik und Rhythmus, die gelbe Rasse kam vom Mars, das sind die Orientalen mit ihrem speziellen Talent für futuristische Bauten und die weiße Rasse, die von UFO-Kontaktpersonen oft als engelhafte Wesen beschrieben wurden, kam von der Venus. All diese Rassen kamen, bevor sie in unser Sonnensystem siedelten, von weither entfernten Galaxien.

Die Besonderheit der Venusier ist im Zusammenhang mit der Erde die rein physische Nähe und Ähnlichkeit der beiden Planeten, die auch als Schwester- oder Zwillingsplaneten bezeichnet werden. Spirituell betrachtet, so habe ich es von Omnec gelernt, sind die Venusier ein in sich selbst immer verbundenes Volk geblieben, ohne je durch negative Kräfte kompromittiert worden zu sein. Ich bin sicher, dass das nicht nur für die Venusier so gilt, doch die Kombination der Nähe zwischen der Venus und der Erde und der Besonderheit, dass die Venusier sich die reine Nähe zur Schöpferquelle bewahrt haben, erklärt ihre Rolle beim Unterstützen der Erdbewohner und der Erde auf dem Weg ihrer Evolution in ein höheres Bewusstsein.

Einfacher ausgedrückt: Die Venusier sind uns am nächsten und sie tragen die Lehren des Schöpfers in purer Form.

Puzzleteil Nr. 3: Die Omnec-Anja-Verbindung

Omnec kam von Teutonia auf der Venus, Anja wurde in Deutschland geboren. Unsere Seelenverträge und Seelennähe brachte uns in diesem Leben zusammen. Ich erfuhr durch Omnecs Präsenz in meinem Leben Einweihungen und Erinnerungen und wurde durch meine Lebenserfahrungen ausgebildet, um selbst die Lehren der Venusier weiterzugeben. Obwohl ich mich mein Leben lang dieser Aufgabe nicht gewachsen und oft überfordert gefühlt habe, gab es neben mir nie eine andere Person, die an meiner statt diese Rolle eingenommen hätte. Es war und ist, als sei diese Rolle nur für mich und erst vor einigen Jahren nahm ich sie auch endgültig als mein Schicksal an. Ich weiß, dass ich dafür geboren bin, um die Energie, die Liebe und die Lehren der Venusier, die Omnec repräsentiert, durch mein eigenes Sein zu verkörpern und weiterzugeben. Es ist denkbar, dass meine deutsche Natur sowie bestimmte Eigenschaften und Fähigkeiten sowie meine Präsenz im deutschsprachigen Feld in diesem Zusammenhang eine Funktion hat.

Sicher ist, dass ich während meines Lebens all das Wesentliche gelernt habe, das ich für das Erfüllen dieser Rolle gut brauche.

Das scheinen Kleinigkeiten zu sein, wie zum Beispiel, dass ich ein relatives Talent für die englische Sprache mitgebracht habe, dass ich durch meine berufliche Ausbildung das schnelle Schreiben gelernt habe und sowieso gut mit Sprache bin, dass ich mit Computer- und Internettechnologie einigermaßen umgehen kann, dass ich die Tendenz zum Arbeiten, zur Ordnung und zum Fleiß mitgebracht habe und was weiß ich, was noch alles, was einfach im Gesamtpaket nützlich für speziell diesen Dienst als Vermittlerin der Botschaften der Venusier ist. Ergänzend kommt hinzu, dass mein eigener Seelenplan mir die Räume freigelassen hat, um mich ganz diesen Schulungen und Aufgaben hingeben zu können und keine 3D-Bindungen in festen Partnerschaften eingehen oder das Leben mit eigenen Kindern erfahren sollte.

Puzzleteil Nr. 4: Deutschland, Land der Dichter und Denker

Vom deutschsprachigen Raum ging in den letzten Jahrhunderten viel Geistiges aus. Damit meine ich an dieser Stelle das Schöngeistige, also die Literatur, die Musik, die Kunst und auch die Wissenschaft und Technologie. Ich halte es für möglich, dass das, was durch den deutschen Geist ins ätherische Feld der Erde eingespeist wird, eine weltumspannende Reichweite hat und sehr inspirierend und einflussreich auf das Gesamtgeschehen ist.

Das, was noch im Erdfeld als bedrohliche und schuldbehaftete Energie mit dem deutschsprachigen Feld im Zusammenhang steht, braucht Heilung und die Erkenntnis der Wahrheit auf allen Ebenen, damit die vollständige Energie des Ausbalancierten freigesetzt werden kann. So lange diese Heilung und Energiefreisetzung nicht geschehen ist, wird die Venus-Kraft noch teilweise verhüllt wirken, was ihre Reinheit jedoch nicht mindert.

Die Venus als Symbol steht für Liebe, für Harmonie und auch für Geistiges. Wer glaubt, die Liebe sei hier nur in romantischer

Art gemeint, der versteht nur einen Bruchteil. Hier ist die höhere Liebe gemeint, die göttliche Liebe, die Balance zwischen den Kräften und der göttliche Geist, also die höchste Intelligenz, die durch das Prisma der Venus ausgeströmt wird.

Vielleicht können wir uns den deutschsprachigen Raum wie eine Art Prisma vorstellen, durch das die Energie der Venus ihre facettenreiche Verbreitung in reiner Form in die Welt findet. Auf diese Weise regnen die Ströme der Liebe als pure Kraft der Inspiration in die Geister vieler Menschen auf der Erde hinab und bringt in deren inneren Feldern Samen zum Erblühen, aus denen der neue Garten Eden erwächst.

Puzzleteil Nr. 5: Die Zukunft der Erde

In ihrem Vortrag „Die unbekannte Geschichte unseres Sonnensystems und die spirituelle Transformation der Erde aus venusischer Sicht" hat Omnec eine sehr große Informationsmenge weitergegeben, die einen weitreichenden Überblick in die Vergangenheit, in die Hintergründe, in die Gegenwart und in die Zukunft der Erde vermittelt.

Ihren Aussagen gemäß findet die Transformation der Erde jetzt statt, weil es die göttliche Bestimmung des Planeten Erde ist, ein Paradies zu sein. So wurde sie einst erschaffen und so soll sie in der Zukunft wieder sein – ein harmonischer Planet, der einer Vielzahl von Lebewesen ein erfüllendes Zuhause gibt. Die Erde soll ein Symbol sein, wie eine Art himmlische Bibliothek, in der alle Lebewesen in Balance miteinander koexistieren. Um in ihre Bestimmung zu gelangen und in den Zustand, so wie sie einst erschaffen und gemeint war, müssen die kontrollierenden und manipulierenden Kräfte die Erde vollständig und dauerhaft verlassen und das ist der Prozess der Transformation, der derzeit stattfindet.

Die Beeinflussungen und Kompromittierungen sind sehr tiefgründig in das System der Erdenmenschen eingewoben und die Kontrolle durch die langjährig machthabenden Strukturen sitzt tief. Darum ist die Verwandlung der Erde zurück in ihren paradiesischen Zustand auf einem höheren Niveau als je zuvor ein langfristiger Prozess.

Je mehr Menschen über diese Information verfügen und bewusst an dieser Umwandlung durch ihre eigene Bewusstseinsausdehnung mitwirken, desto schneller ist die Transformation vollendet und die Menschen sind frei, eine neue Ära ihres menschlichen Erlebens zu erfahren.

Kapitel 11 – Einweihungen

Die fünftdimensionale Party findet im jetzigen Moment statt.

– Jen McCarty

Da ich Erfahrungen gemacht habe, die ich in Ermangelung eines besseren Begriffes als Einweihungen bezeichne, also weil ich diese Erinnerungen in mir trage und sie darum frequenzmäßig innerhalb meines Körper-Seele-Geist-Systems vorhanden sind, ist es für mich offensichtlich, dass das Leben aus sehr viel mehr besteht als aus dem, was uns üblicherweise von klein auf beigebracht und erzählt wird.

Mit dem, was ich als Einweihungen bezeichne, meine ich spirituelle Erfahrungen, die mich grundlegend verändert haben und die meinen Erfahrungsspektren als menschliches Wesen neue Dimensionen hinzugefügt haben, die mir vor diesen Erlebnissen nicht bewusst waren, jedenfalls nicht in diesem Leben. Ein anderer Begriff für Einweihung ist Initiation. Ich glaube, in Kulturen oder zu Zeiten, als Einweihungen noch gebräuchlich waren und als deren Wert noch eine Bedeutung hatte, waren sie meistens mit einer Zeremonie oder einem Ritual verbunden. Es ist aus meiner Sicht ein klares Zeichen der Entgeistigung und Verflachung der Menschen, dass zum Beispiel so wichtige Lebensphasen wie das Erwachsenwerden, also der Übergang eines Mädchens ins Frausein und eines Jungen ins Mannsein nicht gebührend durch entsprechende Einweihungsrituale begleitet und initiiert werden. Wann ist das nur verloren gegangen und wie kam es dazu? Es muss letztlich, vereinfacht gesagt, etwas mit der immer größeren Kontrolle durch die negativen Kräfte zu tun haben, die seit so langer Zeit daran arbeiten, den Menschen ihre Spiritualität und natürliches, biologisches Menschsein abzuerziehen, also ihre Erinnerung an ihre wahre Natur als Seelen, als göttliche, geliebte Wesen, möglichst vollständig auszumerzen und alles dafür zu tun, damit sie sich bloß nicht daran erinnern, wer sie wirklich sind.

Echte Einweihungsrituale sind für die Eintritte in neue Lebensphasen von so fundamentaler Bedeutung, doch das Gute ist – sie existieren auch so auf ganz natürliche Weise, ohne dass die Menschen sie bewusst in ihren Kulturen und Denksystemen haben. Einweihungen sind göttlich geführte Erfahrungen, die Menschen erleben, wenn sie an einem bestimmten Punkt in ihrem Leben angekommen sind. Einweihungen bestimmen einen Beginn von etwas Neuem und öffnen den Menschen in seinem Bewusstsein Erfahrungsebenen, zu denen er bisher keinen Zugang hatte, die jedoch im Verborgenen immer in ihm schlummerten.

In der heutigen Zeit erleben Menschen Einweihungen daher auch ohne die Erlaubnis ihrer Gesellschaft oder deren Anerkennung, sie geschehen, wenn die Seele dazu bereit ist. Sie sind göttlich geführt und geschehen einfach, wenn die entsprechende Reife vorhanden ist, um Neues zu integrieren.

Es ist offensichtlich so, dass nur Babys und ganz kleine Kinder, bevor sie damit beginnen, sich mit ihrem Namen und anderen Worten und dem, was ihnen ihre Eltern und sogenannten Erziehungsberechtigten vorleben, zu identifizieren und sich mit dem existierenden System auch in ihrem Bewusstsein zu verbinden, noch rein und klar mit der göttlichen, universellen Liebe und Wahrheit verbunden sind.

Sobald die Verbindung mit der Sprache und dem Feld der Erwachsenen beginnt, schwindet die Wahrheit und wird mit der Zeit ersetzt durch die Matrix, also durch die künstliche Struktur, durch die Spiegelwelt oder Welt der Illusionen. Es gibt dafür viele

Begriffe und es gibt sehr gute Quellen[8], durch die du dich diesbezüglich genauer informieren kannst. Das Wesentliche, was ich hier zu beschreiben versuche, ist, dass es einen Weg aus dieser Matrix, aus dieser Scheinwelt, heraus gibt und dass wir derzeit durch die Erhöhung der Energien auf der Erde eine wesentlich intensivere Unterstützung aus der Lichtwelt hatten als je zuvor.

Ich habe mich als Seele inkarniert, um zu diesem Wissen zu erwachen und um mich vollständig zu erinnern, wer ich wirklich bin. Um diese Erinnerungen zu empfangen, habe ich bisher einige Einweihungen erfahren, von denen mir drei in einer Weise bewusst sind, so dass ich sie mitsamt ihrer Umstände, Symptome und Auswirkungen beschreiben kann. Möglicherweise habe ich noch weitere Einweihungen erlebt, die in anderen Schichten meines Seins passiert sind und die mir nicht vollkommen bewusst sind. Mit Einweihungen meine ich innere Öffnungen in die Natur der Wirklichkeit, in die Natur meiner eigenen Wirklichkeit und der des großen Ganzen, was ja letztlich eins ist.

Da ich ganz normal auf der Erde geboren wurde und in einem Feld groß geworden bin, das tief im Vergessen versunken und total mit den etablierten Strukturen verbunden war, hatte ich eine kontrollierte und manipulierte Persönlichkeit so wie die meisten Menschen auf der Erde, sofern sie nicht erleuchteten Eltern geboren wurden und sich durch deren Energie und Bewusstsein ihr wahres Wesen und ihre Erinnerung bewahren durften.

Die meisten Menschen auf der Erde sind so wie ich in das Feld der Matrix, der Indoktrinierungen und Programme hineingeboren und die meisten sind so tief damit verwoben, dass sie in ihrem ganzen Leben nicht zu höherem Wissen erwachen und sich nicht an die Wirklichkeit erinnern.

---

8 Quellen, um die Matrix zu verstehen, sind zum Beispiel die Matrix-Filme mit Keanu Reeves und das YouTube Video von Robin Kaiser „Der Aufbau der Matrix“ *https://youtu.be/I1zVyUxFTyk*.

Das ist vollkommen wertfrei. Jede Seele entfaltet sich auf ihre individuelle Weise, jede einzelne Erfahrung ist wertvoll. Jede Seele ist ein Individuum – und genau dies ist zum Beispiel ein Aspekt der Matrix, dass Individualität und Seelenbewusstsein abgeschafft werden sollen. Gemeine Menschen nennen das dann das Schlafschafbewusstsein, also das einfache Akzeptieren und Hinterherlaufen hinter dem, was bereits da ist, das vollkommene sich Einfügen in das bestehende System und das sich Aufopfern, um es aufrecht zu erhalten.

Seelen, die sich hierfür inkarniert haben, also für das Vergessen dessen, wer sie wirklich sind und für das Erfahren des abgetrennten Bewusstseins bei gleichzeitiger tiefer Identifikation mit der Matrix, also den implementierten Programmen und Strukturen, bleiben oft ihr Leben lang in diesem Bewusstsein. Viele von ihnen haben jedoch mindestens an einer Stelle Kontakt mit einem wachen oder erwachenden Menschen, das sind meistens die schwarzen Schafe der Familie oder andere Menschen aus dem näheren Umfeld, die lebenslang als merkwürdig, andersartig, unangepasst und mit Befremden toleriert werden. Durch die Überlappung der Energiefelder geschieht hier im Unbewussten dennoch ein Bewusstseinstransfer, so dass die Seelen derjenigen, die sich für das Schlafschafstadium lebenslang entschieden hatten, dennoch in ihrer nächsten Inkarnation mit neuen Aspekten in ihrem Feld geboren werden, um diesen Bewusstseinsinhalten näher zu kommen und sich weiter zu entwickeln.

In den vergangenen Jahrtausenden gab es immer wieder einzelne Lehrer des Lichtes, einzelne Seelen, die während ihres Lebens das erleuchtete Bewusstsein erlangt und es vermutlich auch aufrecht erhalten haben. Aus meiner persönlichen Erfahrung heraus ist Erleuchtung eine Erfahrung, die immer als Erinnerung im Bewusstsein vorhanden ist, doch das heißt nicht, dass der Erleuchtungszustand in jedem Fall individuell kontinuierlich vorhanden sein muss. Es gibt meiner Erfahrung und meiner Einschätzung nach keine Regeln, ich erlebe es so, dass eine Erleuchtung auch eine kurzer Lichtblick sein kann, der ausgelöst durch ein bestimmtes Ereignis länger oder kürzer andauert und immer seine speziellen Folgen im Leben des Menschen mit sich bringt. Doch nicht jede Seele erwacht, ist erleuchtet, sitzt von diesem Moment an dauerhaft unter einem Bodhi-Baum und lässt sich Blumen und Essen von Pilgern bringen, die hoffen, kurz etwas Licht von dem Erleuchteten abzukriegen und durch seine Präsenz und das Berühren seiner Aura oder sogar seiner physischen Haut oder durch einen Blick von ihm selbst in die Erlösung vom Rad der Wiedergeburten zu finden.

Ich glaube, Ähnliches gibt es, doch das ist vielleicht eher etwas für den indischen Bewusstseinsraum.

Ein Mensch, der eine oder mehrere Erleuchtungserfahrungen gemacht hat und danach mehr oder weniger ganz normal weiterlebt, hat ein Umfeld und muss mit dem auch interagieren. Um also ein Teil seiner Welt zu sein, passt sich auch ein erleuchteter, erwachter Mensch mit seinem Energiesystem seiner Umgebung an und wirkt in verschiedener Weise. Doch zum Beispiel in den westlichen Kulturen ist es schwer vorstellbar, dass ein Mensch eine Erleuchtung erlebt und von diesem Zeitpunkt an von den Menschen um ihn herum als spiritueller Meister anerkannt wird mit allen Konsequenzen. Eine Konsequenz eines Erwachten ist zum Beispiel, dass er alle Anhaftungen zur Matrix und zum bestehenden System verloren hat und darum häufig nicht mehr im üblichen Zeit-Geld-Arbeitsgefüge funktioniert. Folglich muss er sein inneres Energiesystem anpassen, um nicht in der Psychiatrie, als Obdachloser oder sonst wie total am Rand der Gesellschaft zu landen.

Ja, moderne Erleuchtung ist etwas anders gelagert als das, was wir aus Büchern und der indischen Kultur kennen. Mit anderen Worten: Heute ist auch das Thema Erleuchtung modernisiert und der moderne Erleuchtete muss auch nach seinen Lichterfahrungen weiterhin seinen Alltag bewältigen und seine Bewusstseinsarbeit vollbringen. Oft ist das nicht einmal einfach nur einfach, im Gegenteil. Oft habe ich schon gedacht, dass es die „Schafe“ oder „Sklaven“ einfacher haben, denn sie sind angedockt an das System, leben darin ihre Leben, meckern und jammern vielleicht, haben ihre kleinen Freuden durch Anschaffungen und sinnliche Vergnügungen, werden krank und gehen zum Arzt oder ins Krankenhaus, fahren ab und zu in den Urlaub, aber grundsätzlich funktionieren sie, kriegen ihr Geld, bauen ihre Häuser, heiraten und lassen sich scheiden, kaufen immer größere Fernseher und immer leistungsstärkere Smartphones und sind in einem sicheren, stabilen Sozialgefüge oder kulturellen Gefüge eingebunden, bis sie dann irgendwann viel beweint oder still und einsam in ein Grab fallen.

Diejenigen hingegen, die inkarniert sind, um dieses System zu durchschauen und darüber hinauszuwachsen, indem sie in ihr volles Bewusstsein als göttliche Wesen erwachen, die fühlen sich oft zwar reich beschenkt und mit wundervollen Erfahrungen gesegnet, haben es aber gleichzeitig nicht einfach, mitsamt den Erinnerungen und dem hohen Wissen weiterhin innerhalb der bestehenden Strukturen zu funktionieren, mit Geld und Bürokratie umzugehen, mit Zeit und Plänen oder Firmensystemen klarzukommen, mit den unerwachten Menschen um sie herum und all mit alldem, was in das dreidimensionale, festgezurrte Erdenleben so hineingehört, möglichst entspannt und widerstandsfrei umzugehen.

Ja, denn möglichst entspannt und widerstandsfrei ist durchaus wichtig, denn als erwachender oder erwachter Mensch weiß man, dass Widerstand nur Gegenwehr erzeugt und dafür sorgt, dass das Bestehende bleibt, denn es wird durch die eigene Energie der Abwehr genährt

Darum ist die kurze, knappe Weisheit meiner lieben Lehrerin Omnec Onec immer und immer wieder so wesentlich:

> *Das Wichtigste, was die Menschen auf der Erde lernen müssen, ist das Urteilen und Kritisieren zu ersetzen durch Liebe und Akzeptanz.*

In diesen Worten ist einer der wesentlichen Schlüssel enthalten, der in das Erlangen eines erleuchteten Bewusstseinszustandes führt: Liebe und Akzeptanz. Weitere Schlüssel, die mir bisher auf meinem Weg ans Herz gewachsen sind und mit denen ich regelmäßig jongliere, teile ich im späteren Kapitel mit den spirituellen Praktiken mit dir.

In-Drop Nr. 2: Ab jetzt bin ich zu sechst

Bevor ich wieder in die geistige Welt gehe und weiter über das Thema Einweihungen schreibe, möchte ich eine kurze Zwischenmeldung meines Türkei-Aufenthaltes aufschreiben.

Ab jetzt bin ich zu sechst.

Das klingt verrückt – nach multipler Persönlichkeit, oder?

Wie komme ich darauf? Gestern las ich in Jen McCartys Buch „No More Crumbs“, das ist neben „Enthüllte Geheimnisse“ von Godfré Ray King meine Urlaubslektüre. Darin beschreibt sie die Notwendigkeit des sogenannten Parenting, also des sich selbst liebende Eltern seins. Sich selbst, also dem inneren Kind. Damit wären wir schon drei. Personen Nummer vier und fünf bin ich selbst als die Divine Feminine oder Göttlich-Weibliche Energie von mir selbst als Seele sowie der Divine-Masculine, also die Göttlich-Männliche Energie von mir selbst als Seele, oder auch der „Beloved“, der Geliebte, meine Zwillingsflamme. Und „Person“ Nummer sechs ist natürlich Gott oder Mutter-Vater-Gott, mein Schöpfer, die liebende Gegenwart Gottes, die Quell-Energie oder „Source Energy“.

In mein Notizbuch zeichnete ich mir diese Vorstellung als ein Hexagramm auf, also zwei ineinander geschobene Dreiecke. Das eine Dreieck besteht aus Gott ganz oben, die Göttlich-Weibliche Aspekt meiner Seele darunter und daneben der Göttlich-männliche Aspekt meiner Seele.

Das andere Dreieck hat ganz unten das innere Kind Gottes und darüber auf der einen Seite die liebende Mutter und daneben den liebenden Vater.

Meine innere Familie – so bin ich vollständig in meiner Vorstellung.

Eben dachte ich nach meinem Saunagang und unter der Dusche wieder an dieses Bild, weil ich mich hier in diesem Hotel in der Türkei sehr einsam fühle – äußerlich betrachtet. Zum einen sind hier nicht viele Menschen, was sehr angenehm ist, denn dadurch ist es ruhig. Doch die wenigen, die hier sind, sind nicht auf meiner Wellenlänge. Die meisten Gäste sind Paare und Familien, die sogar mit kleinen Kindern und immer allesamt angezogen in die Sauna gehen, was ich einfach befremdlich finde und ungewohnt. Auch sehe ich darin natürlich wieder so eine Konditionierung, so eine Programmierung. Selbst die Kleinsten sind nicht nackt. Was haben die für ein Problem mit Nacktheit, frage ich mich?

Vorhin sind zwei ältere deutsche Damen in die Sauna gekommen, sahen mich da nackt liegen und die eine meinte: „Ach, man darf hier auch ohne?" Da bin ich gleich wach geworden und sagte: „Ich gehe doch nicht angezogen in die Sauna!" Da meinte die andere: „Ja, gestern hat man gesagt, wegen den anderen und den Kindern, man soll doch lieber was anziehen in der Sauna." Ich dachte, ich höre nicht richtig. Und beide Damen trugen unabhängig voneinander DESWEGEN brav ihren Badeanzug. Ich glaube, ich war und bin deswegen minimal empört schon wieder und fühle mich leicht befremdet, weil diese braven Damen nur wegen irgendwelcher anderen Gäste und deren verkrusteter Vorstellungen von Saunagängen selber gleich ihre Badeanzüge anbehielten und diese selbst in dieser Situation, in der sie mit mir, der einzigen Nackten in diesem Haus in der Sauna, nicht auszogen.

Gestern gab es noch so eine Situation, die mir meine Einsamkeit gezeigt hat. Ich war zum A la Carte Fischessen im Restaurant angemeldet und der eine übereifrige und überfreundliche Kellner fragte mich, ob ich mich zu dem einen Mann, der auch alleine reiste, setzen wolle. Ich schaute zu ihm und er schien zwar einverstanden, aber auch nicht sonderlich begeistert, also zögerte ich und fragte ihn dann direkt: „Soll ich mich zu dir setzen?" Ich hatte keine Lust auf das förmliche Siezen, und das war wohl auch in seinem Sinne. Er nickte, also setzte ich mich zu Wie-hieß-er-nochmal? und es war insgesamt in Ordnung, aber mehr nicht. Er war ein älterer Mann, flott, mit Ohrring und gut angezogen, aber diese Details sind ja nicht so wichtig. So richtig wollte kein Gespräch aufkommen und ich übte mich im Schweigen und im bei mir bleiben – ich MUSS ja nicht unbedingt reden, wenn es nichts zu reden gibt – er und ich fanden keine wirkliche Linie miteinander.

Auch am heutigen Tag wieder – und es ist nun Tag Nummer 7 meiner zweiwöchigen Reise hier, war ich den ganzen Tag alleine.

Eben, unter der Dusche nach diesen seltsamen Saunagängen, dachte ich: Von nun an reise ich nur noch mit meinem Geliebten! Da korrigierte es in mir gleich und ich fühlte ein wenig Bescheidenheit, denn wie kann ich das einfach so festsetzen? Ich weiß das ja nicht, ich habe natürlich keine Kontrolle über meinen Geliebten und kann das daher nicht einfach so entscheiden. Aber was ich entscheiden kann, und das tat ich dann auch innerlich schmunzelnd und mich wirklich prompt besser fühlend, war, das ich von jetzt an zu sechst bin.

Ich stelle mir einfach vor, ICH BIN meine innere Mutter, mein innerer Vater, mein inneres Kind, meine innere Gott-Gegenwart, mein innerer Geliebter und ich selbst. Das ist eine richtige schöne Familie und wir können viel Spaß zusammen haben!

Und jetzt gehen wir mal zusammen Abendessen, heute zum Glück wieder das anonyme Buffet, das ist mega lecker und ich muss mit niemandem reden. Guten Appetit.

Abbildung: Meine innere Familie

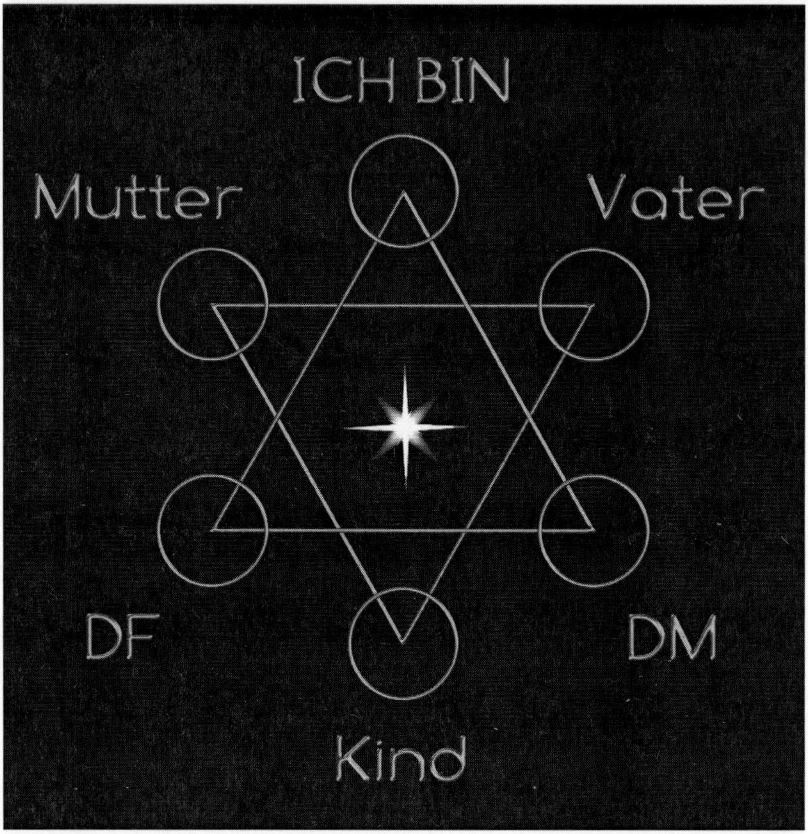

Bild 5: Hexagramm mit innerer Familie
„Ab jetzt bin ich zu sechst". DF = Divine Feminine, Göttlich-Weiblich; DM = Divine Masculine, Göttlich-Männlich, ICH BIN = Gott-Gegenwart

Meine Einweihungen

An der Verflachung, künstlichen Technologisierung und patriarchalen und matrix-gesteuerten globalen Gesellschaftsstruktur, die seit Tausenden von Jahren die sich inkarnierenden Seelen gefangen hält und deren Energie und Lebensessenzen aussaugt, lässt sich mit wachem Auge so vieles offensichtlich erkennen – und eine dieser Offensichtlichkeiten ist, dass es spirituelle Einweihungen im Massenbewusstsein und im Mainstream nicht gibt.

Für den tief im System integrierten, angepassten Menschen sind Einweihungen, wenn er mit dem Begriff überhaupt etwas anfangen kann, etwas scheinbar Mystisches, etwas, das es vielleicht in Indien gibt oder dass es früher einmal unter Heiligen gab, die ja irgendwelchen kirchlichen Systemen eingereiht worden sind.

Was ich hier schreibe und formuliere, fließt einfach so aus mir heraus – bitte lege es nicht auf die Goldwaage, sondern überprüfe für dich selbst, was für dich in Resonanz geht und was für dich stimmt, alles andere kannst du getrost durch dich durchfließen lassen. Ich schreibe hier nicht, um Diskussionen anzuregen oder um jemanden zu ärgern, ich schreibe vor allem für diejenigen unter euch, für die in den Frequenzen meiner Worte und Geschichten etwas enthalten ist, was sie an etwas in ihrer Seele erinnert oder sie anregt, sich auf den Weg in ihre eigenen spirituellen Anhebungen zu machen.

Das erste Mal, als ich mit dem Begriff Einweihung in Berührung kam, war durch das Buch von Elisabeth Haich (1897-1994) mit ebendem selben Titel. Ich muss noch ein Teenager gewesen sein oder in den frühen Zwanzigern vielleicht, als ich dieses Buch zwei oder dreimal gelesen habe. Ich erinnere mich, dass ich eine sehr tiefe Weisheit und Wahrheit darin wahrgenommen habe. Die Details des Buches weiß ich nicht mehr, ich weiß nur noch, dass es unter anderem um Astrologie ging und um Einweihungserlebnisse in der großen Pyramide von Gizeh.

Meine Seele sagt mir, dass all das wahr ist und dass wir früher wahrhaftigen Zugang zu solchen Erfahrungen hatten, dass es echte Mysterienschulen gab, Heilungstempel und dass es in Kulturen, in denen es zumindest noch einen Zweig an Wachheit gab, essenziell war, eingeweihtes Wissen zu bewahren und weiterzugeben.

Das ist alles lange her und an irgendeinem Punkt musste sich das echte Eingeweihtenwissen nach innen zurückziehen, weil die Zeit der äußeren Welt und der Versklavung und Kompromittierung der Menschheit an die Front kam.

Erst im Laufe des späten 19. Jahrhunderts ging es meines Wissens nach wieder langsam los und altes Wissen wurde durch neue Botschafter wieder nach außen gebracht, allen voran war dies sicher Helena Petrovna Blavatsky (1831-1891), die mit ihren Werken „Isis entschleiert" und „Die Geheimlehre" und der Gründung der theosophischen Gesellschaft lang verlorenes Wissen um spirituelle Meister und okkultes, also verborgenes Wissen, wieder verfügbar machte.

Rudolf Steiner (1861-1925) fällt mir auch noch in diesem Zusammenhang ein. Ich gebe zu, dass ich weder seine noch die Werke von HPB im Einzelnen studiert habe, doch hatte ich fast alle Bücher einmal in meinem Privatbesitz oder im Rahmen meiner esoterischen Buchhandlung Lichtblick in Landshut zwischen 1997 und 1999 in meiner Nähe, wobei ich vieles auch las, aber sicher nicht bis in die absolute Tiefe durchdrang geschweige denn alles verstand.

Obwohl ich enorm viele Bücher hatte und las, zum Beispiel auch von Alice Bailey, C.G. Jung und weiteren Koryphäen der Esoterik, Psychologie, Astrologie und Spiritualität, blieben meine spirituelle Suche und meine Recherchen bis zu meiner ersten Einweihung eher an der Oberfläche, da ich mir noch keine spirituelle Praxis zur Gewohnheit gemacht hatte, das waren alles Jahre der Vorbereitung, die hauptsächlich über meinen Intellekt und meine persönlichen Erfahrungen liefen, jedoch noch keine spirituelle Disziplin oder Struktur beinhalteten – mit anderen Worten, Themen wie „Meditation" oder „Innere Arbeit" oder andere Praktiken, die wirklich in die Tiefe des Seins führen, waren noch nicht in meinem Alltag präsent. Mit 24 machte ich eine Astrologie-Ausbildung in Berlin. Das war etwas Besonderes, es war eine Ausbildung, die über ein Jahr lang täglich ging – ich nehme an, so etwas gab es nur in den größten Städten in Deutschland und in anderen Ländern vermutlich überhaupt nicht, vielleicht in den USA noch und in England, das weißt du eventuell besser als ich, falls auch du diese Wege am Rand der Gesellschaft schon früh eingeschlagen hast.

Auch habe ich den Tarot studiert, ich beschäftigte mich intensiv mit der Symbolik der Tarotkarten. Ich verstand, dass es sich hier um einen Einweihungsweg handelt und dass darin sehr viel mystisches Wissen enthalten ist – das reine Orakeln oder Zukunftsvoraussagen haben mich zwar auch ein wenig neugierig gemacht, aber ich wusste immer, dass der Tarot und die Astrologie echte Weisheitssysteme sind, deren Studien den Menschen in Wissensbereiche hineinführen, die in der normalen, oberflächlichen Gesellschaft, in Schulen und in den Massenmedien nicht vorhanden sind. Im Gegenteil, wenn dort überhaupt etwas von Astrologie und Karten oder okkultem Wissen oder Außerirdischen und UFOs berichtet wird, dann oft, um diese Themenbereiche durch den Kakao zu ziehen und vor allem die Menschen, die sich ernsthaft damit beschäftigen, lächerlich zu machen. Wenn es überhaupt Dokumentationen gab, dann waren sie in der Regel so aufbereitet, dass die Sender diese Informationen als Unterhaltung und als längst vergangenes Geschichtswissen aufbereitet haben. Der Zuschauer wurde in der Regel meinungsgestaltend informiert insofern, als dass esoterisches, mystisches Wissen längst vergangenen Zeiten des Aberglaubens und der altertümlichen Kulte zuzuschreiben ist – aber wir modernen, aufgeklärten Menschen mit toller Wirtschaft, fortschrittlicher Politik, Technologie, Wissenschaft und vor allem supertoller Pharmazie – wir brauchen diesen alten albernen Kram nicht mehr, wir sind schließlich die Zukunft und nicht die Vergangenheit.

Das sind alles Programmierungen der Matrix und die meisten Menschen auf der Erde hängen da dran. Außerdem hängt noch ein großer Prozentsatz aller inkarnierten Menschen an Glaubenssystemen fest. Wie viele Millionen glauben immer noch an die katholische Kirche oder den Islam? Der Buddhismus und der Hinduismus scheinen vielleicht friedvoller zu sein im Gesamten und weniger Interesse am Missionieren und an Kriegen mit anderen Völkern zu haben, doch letztlich sind auch das Glaubenssysteme, die nur in wenigen Fällen Menschen in das vollständige Erwachen geführt haben oder führen, wenn auch insgesamt häufiger und besonders in Indien, wo es Meister und Gurus im Sinne geistiger Lehrer gibt und die dort auch anerkannt und respektiert sind.

Doch ich will ja hier keine Abhandlung über Bereiche schreiben, in denen ich keine Fachfrau bin, ich plaudere hier nur herunter, was meine Eindrücke und Erfahrungen sind, die ich im Laufe meines Lebens gemacht habe – und all das vor dem Hintergrund, dass ich mich für einen Lebensweg vor meiner Inkarnation entschieden habe, der mich in das Erwachen meiner wahren Natur als Seele, als geliebtes, göttliches Wesen, führt. Vor diesem Hintergrund habe ich eine erweitertere Sichtweise auf die Welt und deren Systeme als jemand, der mit der Identifikation in diesen Strukturen verhaftet ist.

Erste Einweihung – Omnec Onec

Meine erste Einweihung geschah durch einen Blick von Omnec Onec. Der war nicht beabsichtigt, ich glaube, ein spiritueller Lehrer oder Meister beabsichtigt so etwas nicht. Es liegt an der inneren Verwirklichung, die in ihm als Energie vorhanden ist und die über seine Aura, sein Frequenzfeld und vor allem über seine Augen in die Ausstrahlung kommt und einfach immer da ist.

Mit Omnec war es so, dass alleine ihre Präsenz in meinem Leben vom ersten Kennenlernen über den anonymen Fernseher bis zum physischen Kennenlernen in meinem damaligen Buchladen sowie verbunden mit den Büchern, die ich von ihr gelesen hatte, insgesamt für mich weltbewegend war. Weltbewegend im Sinne von tief einschneidend, revolutionierend und erfüllend. Es war eine Seelenverabredung, doch mit solchen Begriffen konnte ich damals, ich war um die 30, noch gar nicht so viel anfangen. Ich meine, ich habe das zwar vom Kopf und vom Herzen her verstanden, dass Omnec und ich eine Verbindung miteinander hatten, aber die wirkliche Tiefe und Tragweite dessen entfaltete sich erst im Laufe der Jahre und Jahrzehnte danach.

Anfangs war alles enorm aufregend für mich, die Frau von der Venus als neuer Teil meines Lebens hat mich praktisch von innen nach außen gestülpt und ich habe Seiten von mir erfahren, von denen ich gar nicht wusste, dass ich sie hatte. Damit meine ich so etwas wie Euphorie, extreme Freude und Begeisterung, Gefühle von Gleichklang, von Einheit, von Bestimmung, auch erste Erfahrungen göttlicher Führung, Auffälligkeiten und Synchronizitäten. All das war im Erlebnisfeld alleine durch die Präsenz von Omnec in meinem Leben. Begriffe wie 3D, 4D und 5D waren mir damals noch völlig fremd, doch rückblickend weiß ich, dass ich durch Omnec an meiner Seite erste Erfahrungen des fünftdimensionalen Bewusstseinsraums machte, was mein kleines Anja-Ich und mein Verstand überhaupt noch nicht einsortieren konnten.

Das Einschneidende, das ich als meine erste Einweihung erfahren habe, war ein Blickaustausch mit Omnec in meinem Buchgeschäft während eines Workshops, den sie gab.

Es war während ihres zweiten Besuches bei mir, denn beim ersten Mal, als wir uns physisch kennenlernten, war ich viel zu aufgeregt und zu sehr aus dem Häuschen, dass eine echte Frau von der Venus – und nicht nur irgendeine – sondern DIE Frau von der Venus bei mir war.

Für mich war Omnec damals ein Star, ich konnte es kaum fassen, dass sie bei mir in einem scheinbar unbedeutenden Nest im bayrischen Deutschland war und dann auch noch ein zweites Mal.

Nach und nach gewöhnten sich mein Energiefeld und mein Verstand an diese Tatsache und mein Genießen dieser Realität bekam eine minimal entspanntere Dimension.

Denn nur in der Ruhe, in der Entspannung, war es möglich, dass meine Seele durch einen Blick von Omnec erreicht werden konnte.

Wir saßen mit einer kleinen Gruppe von zehn bis zwölf Leuten im Stuhlkreis in meinem Buchladen, als Omnec ihren Workshop hielt. Wulf, der Musikproduzent, mit dem sie angereist war, übersetzte.

Während Omnec sprach, entspannte ich mich langsam und dann kam an irgendeiner Stelle dieser Moment des Blickes, im Indischen nennt man so etwas auch Darshan. Omnec schaute mir mit ihren großen, schönen, grünen, liebevollen Augen in meine Augen und darüber in mein Herz, in meine Seele.

Das Wesentliche war, dass ich die Erkenntnis bedingungsloser Liebe hatte. Ich fühlte zum ersten Mal in meinem Leben, was Liebe war. Ganzheitliche Liebe, göttliche Liebe. Es fühlte sich so rund an, so weit, so entspannt, so voller Vertrauen, so harmonisch, so wunderschön, gleichzeitig auch so geerdet, glücklich, glückselig, erfüllt, dankbar. Dafür gibt es kein einzelnes Wort und Künstler und Poeten erschaffen aus so einer Erfahrung Poesie, Gemälde, Musik. Das ist Venus, Venus lehrt nicht nur, sie inspiriert.

Als wir mit der Workshop-Gruppe später einen Austausch machten, teilte ich meine Wahrnehmung mit. Ich sagte, dass ich Liebe gefühlt hätte und dass ich jetzt wüsste, was Liebe sei.

Ich weiß noch, dass Omnec mir aufmerksam zuhörte, sie verstand damals schon ganz gut Deutsch, doch vor allem erfasste sie mit ihren offenen Sinnen immer, was jemand anhand seiner

Energie ausdrückte. Ich kann mich daran erinnern, dass meine Rückmeldung Omnec sehr berührt hat. Vielleicht war dies einer der Momente, in denen auch sie wusste, dass ich in ihrem Leben, an ihrer Seite und für die Mission der Venusier auf der Erde eine Rolle spielen würde.

Es war nicht nur einfach, mit einer Frau von der Venus rumzuhängen, diese auch noch super zu finden und zu unterstützen. Das haben die wenigsten Menschen verstanden geschweige denn gutgeheißen. Man musste an Omnecs Seite mit allen möglichen Schwierigkeiten fertig werden, nicht nur mit den eigenen Prozessen, die durch die Einweihungen unweigerlich intensiviert wurden, sondern auch mit den äußeren Faktoren durch den Konflikt mit dem herrschenden System und deren Vertretern, die oft in Verkleidung nahestehender Personen daherkamen.

Ich wünsche jedem, dass er einmal aus dem Bewusstsein eines erleuchteten Meisters in die Welt schauen würde, er würde dann einmal mit alldem konfrontiert werden, was er in seiner Unbewusstheit den oft liebevollsten, wundervollsten, sanftmütigsten Wesen angetan hat. Alleine negative Gedanken und Gefühle können für ein offenes, sanftes Wesen sehr schmerzhaft sein, es verwirren und auch verletzen, bis hin zu physischen Symptomen.

Aus meiner Sicht ist das ein Grund dafür, dass wir noch sehr wenige echte hohe Wesen unter uns auf der Erde hatten und auch dafür, dass die Venusier und andere Außerirdische ähnlicher Art sich weitestgehend physisch fernhalten, denn die Schwingungen stark negativer, total manipulierter Menschen sind für hohe Wesen schwer auszuhalten und sehr verunreinigend.

Aus diesem Grund wurde Omnec vom Zeitpunkt ihrer Ankunft auf der Erde bis etwa ins Jahr 2000 regelmäßig heimlich auf ein Raumschiff gebracht, um dort energetisch wieder aufgepäppelt zu werden. Ich konnte dies nie persönlich bezeugen und muss dem glauben, weil Omnec es immer erzählt hat. Sie sagte immer, dass dies nur für sie persönlich möglich war und dass es ihr nie gestattet war, einen Erdenmenschen mitzunehmen. Ich habe keine Ahnung, wie diese Treffen überhaupt stattgefunden haben, denn Omnec war immer viel unter Menschen und hat keinen Autoführerschein.

Irgendwann wurden diese Treffen eingestellt, und Omnec hat gesagt, dass das darum so war, weil sie selbst entschieden hat, keine Sonderbehandlungen mehr zu bekommen, sondern ihr Leben auf der Erde so zu Ende zu leben wie jeder andere Mensch auch.

Von diesem Zeitpunkt an war sie auch tatsächlich vermehrt krank, oft in Krankenhäusern unterwegs und im Jahr 2009 erfuhr sie sogar einen Schlaganfall. Jetzt, da ich dieses Buch schreibe, haben wir das Jahr 2023 und sie lebt nach wie vor relativ gut mit den Nachwirkungen des Schlaganfalls. Man weiß es nicht so genau, aber möglicherweise war es ausgerechnet dieser Schlaganfall, dessen Auswirkungen letztlich zu einer Balance geführt haben, die Omnecs Hiersein sogar stabilisiert und verlängert haben. Gottes Wege sind ja unergründlich und was ist, ist und hat einen Sinn. Direkt nach dem Schlaganfall, daran erinnere ich mich noch gut, hatte Omnec sogar das Gefühl, dass es das war mit ihrer Mission. Sie hatte ja schließlich auch alles abgeliefert, alle Bücher waren veröffentlicht und es gab Material in Form von CDs und Videos auf YouTube – sie hatte praktisch nichts mehr zu erzählen.

Doch Gott und Omnecs geistige Führung sahen das anders und Omnecs Aufenthalt in ihrem Körper mitsamt ihrer Mission ging nach dem Schlaganfall schlicht in die nächste Phase.

Diese erste Einweihung erhob mich im Laufe der darauf folgenden Monate so sehr in die Liebe, dass ich vollkommen neue Lebenserfahrungen machte insofern, als dass ich mich innerlich losgelöst, befreit und ermutigt fühlte, mich selbst zu erfahren. Ich war entfesselt. Omnecs Liebe in meinem Leben gab mir das grüne Licht, den Freifahrtschein, mal richtig Gas zu geben und Spaß zu haben. Ich gab mir selbst die Erlaubnis, Dinge auszuprobieren, denn ich hatte auf einmal das Gefühl, übermenschlich geliebt zu sein. Das hatte ich vorher nicht. Ich war vorher immer auf der Bremse, hatte Angst, anzuecken, hatte Angst vor Menschen, ich hatte keine Ahnung, wer ich bin und was ich hier sollte und versuchte, so einigermaßen durchzukommen – war allerdings auch immer auf der Suche nach Liebe und Wahrheit, die Omnec dann erstmalig als Antwort in mein Leben brachte. Mein Leben lang war ich immer wieder unglücklich verliebt und die üblich von einem 3D-Menschen erwarteten Dinge wollten mir einfach nicht gelingen, weder in Liebesangelegenheiten noch beruflich. Die einzigen Bereiche, auf die ich mich gesegneterweise immer gut verlassen konnte, waren meine Gesundheit und meine ausreichende Intelligenz und Bildung. Rein menschlich war ich immer gesegnet mit einem stabilen Elternpaar, das mich auf seine Weise immer beschützte und liebte und mit immer mindestens einer wirklich guten Freundin.

Die Einweihung in die höhere Liebe ermöglichte es mir, eine neue Tiefe an Erfahrungen zu machen. Hiermit verbunden war eine unglückliche Liebesgeschichte, die ein klassisches Beispiel für das „Looking for Love in all the wrong places" war. Damit meine ich, dass ich mir einen Musiker ausgeguckt hatte und mich in den verliebt habe. Dass er nur ein Repräsentant meines göttlichen Geliebten in Minimalfassung und vor allem eine Riesen-Projektionsfläche für mich war, das konnte ich natürlich sehr lange nicht vollumfänglich erkennen. Dieses Objekt meiner Liebe wollte ich unbedingt als meinen Mann haben, der musste es sein – und das glaubte ich insgesamt vier Jahre lang. Der gute Mann hatte in Wahrheit überhaupt kein Interesse an mir, der fand mich höchstens ein bisschen sympathisch und fühlte sich geschmeichelt durch mein Hinterhergerenne, und mit seiner sozialen Ader war er nicht grob genug veranlagt, um mich in einer Weise von sich zu weisen, die deutlich gewesen wäre. Daher fühlte ich mich jahrelang ermutigt, an ihm dran zu bleiben, all meine Sehnsüchte auf ihn zu projizieren, meine Erfahrungen zu machen, die ewig sich wiederholenden Erfahrungen des Zurückgewiesen seins, der unerwiderten Liebe, des nach Almosen Bettelns und des sich mit Krümeln Zufriedengebens. Armselig und traurig, ja, doch wie hätte ich das damals anders erleben können als genauso? Es war eine so wertvolle Erfahrung, so wie absolut alle Erfahrungen wertvoll waren und sind. Ich kann das heute so locker erzählen, weil ich es richtig durchlebt und durchlitten habe und die Bindung schon lange gelöst ist. Dank Omnecs Einweihung in die göttliche Liebe und dank der Erlaubnis der Seele dieses Mannes damals, ihn jahrelang zum Objekt meiner Sehnsüchte zu machen, konnte ich Riesenschritte in meine Befreiung und Selbsterkenntnis machen.

Durch meine ersten großen Schritte innerer Arbeit, ich arbeitete damals intensiv mit dem Buch von Sanaya Roman „Sich dem Leben öffnen", und durch die Erlaubnis, die ich mir selbst gegeben hatte, mich zu erfahren und kennenzulernen, entdeckte ich nach und nach, was für eine Riesenprojektion ich auf den Mann geworfen hatte. Mit anderen Worten, ich erkannte, dass ich alles, was ich in ihm sah und warum ich ihn toll fand und warum ich ihn in meinem Leben als meinen Mann haben wollte, in mir selbst trug. Um das herauszufinden, stellte ich allerhand an – zum Beispiel organisierte ich mir ein Klavier in meine Wohnung und nahm mir zwei Klavierlehrer, einen für Improvisation und einen für das Spiel mit Noten. Ich musste unbedingt die Projektion, dass der Mann, den ich so zu lieben glaubte, der größte Musiker aller Zeiten sei und dass ich seine Musik so toll finde, dass ich ihn deshalb als meinen Partner haben will, um seine tolle Musik täglich zu hören und ihm für seine Konzerte seine Gitarre hinterherzutragen, zu mir zurückholen und das tat ich, indem ich mich vollkommen wie ein Kind selbst für das Klavierspielen öffnete. Meinem erwachsenen Ich war durchaus bewusst, dass ich mit 30 Jahren keine Pianistin mehr werden würde, doch darum ging es nicht. Es ging absolut um die Energie der Projektion – ich musste am eigenen Leib physisch erfahren und mir selbst beweisen, dass ich alles, was ich durch diesen Mann in mein Leben zu holen hoffte, in Wahrheit nicht brauchte, weil ich es in mir hatte.

Ein Zusatzeffekt der ersten Einweihung in die göttliche Liebe war, dass ich wieder wie ein Kind wurde, total verspielt, mit einfachen Dingen happy und freudvoll. Für mich war alleine das Spielen auf dem Klavier, dass wie durch ein Wunder in meiner Wohnung gelandet war, eine große Freude. Dazu noch der Unterricht – das war einfach super und ich hatte einen Riesenspaß. Gleichzeitig war ich zu jener Zeit schon ein Riesenfan von Tori Amos, die ich für eine der größten Künstlerinnen aller Zeiten halte und liebte es, ihre Notenbücher zumindest anzuschauen, denn spielen konnte ich das natürlich nicht. Darüber, dass ich nur ein paar Liedchen eingeübt kriegte und seelisch bereits ahnte, dass diese Phase bald vorüber sein und ich sowohl meine Projektionen als auch den Mann und die ganze Stadt zurücklassen würde, um einen neuen Lebensabschnitt an einem anderen Ort zu beginnen, half mir der Wein hinweg, den ich zu jener Zeit ausgiebig in mich hineingoss und der mein Energiefeld auf spezielle Weise noch weiter öffnete, als es durch die initiierte Liebe eh schon geöffnet war.

Letztlich war ich in einem ausgedehnten Bewusstseinszustand wie unter Drogen, wenn auch ohne Drogen. Die Liebe, die in mir aufgestiegen war in Kombination mit dem Wein und mit der Präsenz von Omnec in meinem Leben, denn wir waren ja bereits in regelmäßigem Kontakt, erhöhte nach und nach meine Schwingung.

Zweite Einweihung – Diskus von Phaistos

In dieser Zeit, und dies erzählte ich in dem früheren Kapitel über den Diskus von Phaistos bereits, begann ich im Frühjahr des Jahres 2000 in der Firma Telelogic zu arbeiten, wo ich während meiner Kopiertätigkeit auf das Poster mit dem Diskus aufmerksam wurde und wo ich das erlebte, was ich als meine zweite Einweihung erfahren habe – und das war die Öffnung meines dritten Auges durch den Lichtstrahl, der aus dem Zentrum des Posters mit dem Diskus mit meiner Stirnmitte in Resonanz ging. Durch meine frequenzmäßigen Vorbereitungen der Monate davor war mein Energiesystem bereits so ausgedehnt, dass ich diese Erfahrung physisch wahrnahm, und zwar durch eine Art Prickeln und Öffnen meiner Stirn.

Es ist schon speziell, wenn man das, was man vielleicht in einem Buch über Chakren gelesen hat, am eigenen Leib erfährt. Denn ich spürte, wie sich die Öffnung des dritten Auges anfühlt und wie auf einmal die höheren Sinne aktiv sind, die Hellfühligkeit, die Intuition, das totale Vertrauen in die geistige Führung. All das in Kombination mit großer Freude, Glückseligkeit und dem Gefühl von Fülle und Reichtum.

Damit verbunden war auch die Zunahme einer Schwingung in meinem Körper, die ich in dieser Zeit zum ersten Mal so empfunden habe, damit meine ich ein wirkliches Schwingen. Auch erinnere ich mich gut daran, dass ich so viel Hitze in mir hatte, dass ich phasenweise das Gefühl hatte, Energie spritzt aus meinen Fingern und Zehen heraus und als könne ich im Dunkeln sehen.

Diese zweite Einweihung, so wie ich sie erlebt habe, führte im Laufe der kommenden Wochen und Monate zu einem weiteren Ausdehnen und Steigern meiner Energie bis zu der Wahrnehmung, die ich früher schon beschrieben habe, nämlich ein drei Meter großes, androgynes Lichtwesen zu sein. Darauf folgten Atlantis-Erinnerungen und mein erster Besuch auf Kreta, wo ich mich, als ich zum ersten Mal über den Zentralplatz von Phaistos schritt, zu Hause angekommen fühlte.

Das war im September des Jahres 2000. Mein Verstand war zu jener Zeit im ganzen Universum verstreut und ich war einfach nur ein Wesen in Einheit. Es war mir bewusst, dass ich in dieser Phase kein Ego mehr hatte, und gleichzeitig war mir bewusst, dass ich mit diesem Bewusstseinszustand alleine war, denn alle Menschen um mich herum waren nicht auf derselben Frequenz.

Da ich in diesem Bewusstseinszustand noch nicht dauerhaft hier auf der Erde in diesem System existieren konnte, begann nach und nach der sanfte Abstieg meiner Energie nach meinem gefühlten Höhepunkt in Phaistos und es folgte die Erfahrung der Kehrseite der Medaille an der Seite des Fürsten der Finsternis, die ich in einem vorherigen Kapitel schon beschrieben hatte und die das Pendel der Bewusstseinserfahrungen an den äußersten Rand der Gegenseite geführt hatte.

Dritte Einweihung – Zwillingsflamme

Meine dritte Einweihung folgte 22 Jahre später.

Ich hatte etwas Derartiges weder erwartet noch bewusst gewünscht – ich war damit einverstanden und zufrieden, die Erfahrungen der ersten zwei Einweihungen für den Rest meines Lebens zu integrieren und das Beste aus meiner Lebensreise zu machen. Ich fühlte mich schon so beschenkt und gesegnet vom Leben, dass ich solch erhebende, wundervolle Erlebnisse überhaupt hatte und dass ich auch das Dunkle so gut überstanden hatte. Mittlerweile war ich recht stabil in mir selbst, ich hatte viel Übergewicht verloren und kam im Großen und Ganzen mit allem zurecht, was zu diesem Leben auf der Erde in der dritten Dimension dazu gehörte. Die Erfahrungen der höheren Bewusstseinsebenen, die ich im Zusammenhang mit meinen ersten beiden Einweihungen gemacht hatte, waren in mir als Erinnerungen und sicher daher auch in meinem Energiefeld als Ausstrahlung, doch im fünftdimensionalen Bewusstsein verankert war ich nicht.

Als das Erlebnis, das ich als dritte Einweihung bezeichne, stattfand, gab es immer noch herausfordernde Themen in meinem Leben, mit denen ich zu tun hatte, doch mit so einem neuen spirituellen Einschlag, der mich erneut in Licht und Liebe badet und mich zwingt, in diesem inneren Roller Coaster[9] meine Spur zu finden, habe ich nicht gerechnet – wie auch? So etwas steuert eine höhere Instanz – und genau um die Anerkennung dieser geht es in diesem Fall in einer neuen, vertieften Weise.

Da das Erlebnis meiner dritten Einweihung zum Zeitpunkt des Schreibens dieser Worte gerade einige Monate her ist, kann ich längst nicht alle Zusammenhänge enthüllen, auch weiß ich noch nicht genau, welche Auswirkungen diese Erfahrung dauerhaft haben wird.

Doch ich fühle, dass ich das grundsätzliche Thema, nämlich die spirituelle Wirklichkeit der Zwillingsflammen, offenbaren möchte. Dieser wundervollen Information widme ich das abschließende Kapitel dieses Buches, indem ich einiges von dem beschreibe, was ich zum jetzigen Zeitpunkt erkenne und weitergeben kann.

Möglicherweise hängt alleine die Tatsache, dass ich jetzt dieses Buch schreibe und es als das Beschreiben meiner zyklischen Existenz ansehe, mit dieser Erfahrung zusammen. Ich glaube, es schließen sich weitere Zyklen, mein Leben hat eine neue Dimension der Tiefe eingeschlagen und dass ich nun erstmalig in meinem Leben mein erstes eigenes Buch nicht nur schreibe, sondern auch ernsthaft vorhabe, es zu veröffentlichen, scheint mir eine der Auswirkungen dieser Initiation zu sein. Warum und wozu genau, das kann ich noch nicht überblicken, doch meine Seele hat hier die Zügel in der Hand und weiß, was sie tut. Mein Anja-Ich ist nur die ausführende Instanz.

Was die Symptome meiner dritten Einweihung betrifft, kann ich sagen, dass es eine Ebene der Herzchakra-Aktivierung gewesen ist, die ich in dieser Weise vermutlich seit Tausenden von Jahren oder seit dem Abstieg meines Bewusstseins in die niederen Welten nicht mehr erfahren habe – jedenfalls nicht in Ver-

9 Roller Coaster ist eine Achterbahn und als geflügeltes Wort ist hiermit gemeint, dass man in sehr kurzer Zeit plötzlich durch extreme Veränderungen geht.

körperung. Das, was ich durch den Blick von Omnec im Jahr 1998 erfahren habe, war meine erste Erfahrung der göttlichen, bedingungslosen Liebe, doch das, was ich durch die Begegnung mit meinem göttlichen Geliebten im Jahr 2022 erlebt habe, hat eine unermessliche Dimension der Liebe in mir aktiviert, eine ganzheitliche Seelen-Erkenntnis und eine Realisierung des Göttlich-Weiblichen und Göttlich-Männlichen. Kurz nach dieser Begegnung habe ich in mein Tagebuch geschrieben: „Ich bin ersoffen in Liebe."

Das ist alles sehr groß, das weiß ich – ebenso weiß ich, dass ich ohne meine spirituellen Vorerfahrungen dem Erleben und der Integration dieser Dimension der Liebe unmöglich gewachsen sein würde, ohne völlig aus der Spur zu geraten. Ich bin derzeit auf die Erde natürlich nicht die Einzige, die ihrer Zwillingsflamme in Verkörperung begegnet ist. Die Zwillingsflammen-Inkarnationen und Begegnungen finden gerade vermehrt statt, um die hohe, bedingungslose Liebe durch unsere eigenen Körper auf die Erde zu bringen und auch, um die verkrusteten, etablierten Partnerschafts- und Beziehungsstrukturen der Matrix aufzubrechen und neue, fünftdimensionale Vorlagen für das Leben göttlicher Liebe in Verkörperung herunterzuholen.

Damit verbunden ist noch vieles mehr – es geht um Vernetzungen, Verbindungen der Herzen, um die Verankerung der Christus-Maria-Magdalena-Liebe, um das Einweihungswissen, um die Wiederkehr des harmonischen Gleichgewichts zwischen dem Männlichen und Weiblichen, um die Heilung aller Wunden, vor allem der Urwunde der Urtrennung vom Göttlichen, um die Realisierung des Göttlichen im Menschlichen, es geht um DIE LIEBE, um die Stabilisierung des Lichtes, um die Kräftigung des Lichtgitternetzes, das sich gerade um die Matrix legt, diese durchdringt und durch die Frequenzerhöhung aufbricht und letztlich zerbricht.

In welchen Zeitmaßstäben all das geschieht, kann ich nicht sagen und nicht sehen. Ich weiß, es gibt immer wieder Zeitangaben, Prophezeiungen und Visionen aller Art, doch das ist natürlich immer noch in 3D oder im linearen Denken angesiedelt. Das, was meine dritte Einweihung in mir verursacht hat, ist die Stabilisierung meiner selbst im fünftdimensionalen Bewusstsein in einer Intensität und mit einer Klarheit, wie ich sie zuvor nicht hatte. Darum musste vermutlich diese Einweihung geschehen, denn auch ich durfte mich nicht ausruhen in dem, was ich vormals erfahren habe, denn das war noch längst nicht alles und total stabil und glücklich war ich ja auch nicht – da war schon noch Luft nach oben innen sozusagen.

Das Wissen, das sich derzeit global verbreitet, ist immens und die Einweihungen nehmen rasant zu, weil alle Seelen, die verkörpert sind, um die Transformation der Erde mitzutragen und mitzumachen, nach und nach durch verschiedene Codes und Aktivierungen aufwachen.

Wenn du das hier liest, bist du definitiv einer von ihnen, eine von uns.

Themen wie 3D-4D-5D und höhere Dimensionen, Zeitlinien, Transhumanismus, künstliche Intelligenz und dergleichen mehr sind mittlerweile in der spirituellen Gemeinschaft in aller Munde, ebenso wie die Präsenz der Außerirdischen.

Und jetzt kommen auch noch die Zwillingsflammen daher, das ist eine ganz hohe Ebene der Liebe. Im weiteren Verlauf dieses Buches werde ich ein wenig von dem mit dir teilen, was ich seit meiner Erfahrung in dieser Hinsicht erkannt habe – und dieser Prozess ist noch im Gange, während ich diese Zeilen schreibe.

Ich möchte deutlich an dieser Stelle betonen, dass eine Zwillingsflammen-Begegnung *eine* Straße des Erwachens ist und natürlich nicht die einzige – wenn auch eine extrem intensive. Wie ich in diesem Kapitel deutlich gemacht habe, hatte ich vorher schon andere Einweihungen, die nicht direkt etwas mit meinem göttlichen Geliebten zu tun hatten. Der göttliche Geliebte ist übrigens innerhalb von mir, denn er ist meine eigene Seele bzw. ein Aspekt meiner Seele. Das ist echt ein hochspirituelles Thema und ich selbst weiß, dass ich dem früher rein kognitiv nicht gewachsen gewesen wäre. Wäre ich persönlich meiner Zwillingsflamme früher begegnet, so wäre ich mit dieser Erfahrung gnadenlos überfordert gewesen. Darum ist dieses „wäre“-„hätte“ auch total unsinnig, denn meine geistige Führung steuert alle Erfahrungen perfekt – alles läuft im göttlichen Zeitplan ab – die Perfektion des Universums ist unermesslich. Das ist ja gerade das Gigantische – es geschieht wirklich absolut alles zur absolut perfekten göttlichen Zeit und auf die perfekte göttliche Weise.

Dies ist übrigens EINE Folge meiner Zwillingsflammen-Erfahrung: Ich habe mich noch nie zuvor so demütig und liebevoll gezwungen gefühlt, mich absolut und hundertprozentig Gott hinzugeben und vor allem auch, Gott als die einzige Realität anzuerkennen, denn nur Mutter-Vater-Gott, nur meine Seele, weiß absolut Bescheid. Um es minimal vorwegzunehmen – ich erlebe es eindeutig so, dass ich im menschlichen Leid verhaftet bleibe, wenn ich mich nicht vollkommen Gott hingebe und das ist absolut kompromisslos. In einer Zwillingsflammen-Erfahrung geht ohne Gott gar nichts mehr, alles, was jetzt noch Ego ist oder Eigenwille, hält unweigerlich großen Schmerz aufrecht oder wiederholt ihn in Schleifen, bis alles Unwahre geläutert ist.

Alles, was jetzt noch Ego-Persönlichkeit ist, muss und wird sich dem Göttlichen, dem Lebensstrom oder dem Universellen, wie auch immer du das Alles-Was-Ist für dich bezeichnen möchtest, nach und nach immer mehr unterordnen und letztlich wird es sich in der Seele und der göttlichen Führung komplett auflösen, denn Seele und Gott sind die einzigen Instanzen der Wahrheit und der Liebe, nur in diesem Bewusstsein ist die Liebe rein, ewig und omnipräsent. Das Ego ist temporär, es ist ein Hilfsmittel, um in der drittdimensionalen Wirklichkeit seine eingeschränkten, begrenzten Erfahrungen zu machen, und es kommt der Zeitpunkt, wo es sich wie Krücken erübrigt, nachdem der gebrochene Knochen wieder vollkommen geheilt ist.

Ob dieses totale Loslassen der Ego-Krücke noch während der Verkörperung stattfindet, weiß ich nicht, ich glaube, das ist egal – das Wesentliche ist, es zu durchschauen, also sich selbst zu erkennen. Ich kann es mir gut so vorstellen, wie Eckhart Tolle es auch beschreibt, nämlich, dass er das Denken oder das Ego verwendet, wenn es einen Zweck erfüllt, aber ansonsten im Jetzt ist. Der Schlüssel ist die Unterscheidung des reinen Bewusstseins von dem Ego. Das lässt sich nur in der Stille erfahren, denn nur in der Stille ist das Ego nicht anwesend – und selbst wenn es nur ein Atemzug ist, der im reinen Jetzt stattfindet – eine Unterbrechung des Gedankenstroms. Sobald das Denken wieder loslegt, ist das Ego wieder aktiv und fährt in der Regel mit einem irgendwo hin, in die Vergangenheit oder in die Zukunft – weil es um jeden Preis nichts mit der Gegenwart zu tun haben will, denn da verschwindet es und das will es natürlich vermeiden. In der Stille, der Null-Punkt-Zone, im reinen Bewusstsein – da überlebt das Ego nicht. Im Jetzt ist reines Sein, oder, wie Jen McCarty es so nett formuliert: Die fünftdimensionale Party findet im jetzigen Moment statt.

Kapitel 12 – Perspektiven

Verausgabst du dich noch – oder verinnerlichst du dich schon?

Meine türkischen Umkreisungen verinnerlichen mich immer mehr. Heute ist Tag Nummer 10 und ich freue mich auf meine Rückkehr nach Deutschland. Doch noch mehr freue ich mich auf die noch tiefere Heimkehr in mein inneres Selbst, in mein Zuhause – denn noch habe ich vier ganze Tage Zeit ohne Programm. Nun war ich zweimal in einem Hamam, einmal war ich mit dem Dolmus in Manavgat bis zum Wasserfall, ich habe mir die Haare färben und die Füßchen pediküren lassen, bin hier direkt in der Hotelumgebung sowohl auf den Straßen als auch direkt am Strand viel herumgelaufen und habe mich außerdem nach Ausflügen erkundigt, mich dann aber bisher nicht dafür entschieden, einen buchen zu wollen. Bisher habe ich in keiner Richtung ein klares „Ja!" für einen Ausflug gefühlt, was auch mit den deutschsprachigen türkischen Männern zu tun hat, die mich zwar nicht direkt als Frau belästigen, aber von denen ich mich als wandelnde Geldbörse und Aufmerksamkeitstankstelle belästigt fühle.

Ich fühle durchaus, dass ich noch nicht vollkommen wieder in mir angekommen bin, noch beschäftigen mich Außenwelt, Außengedanken, Außengefühle. Ich kenne den Unterschied, ich weiß, wie sich absolute Liebe anfühlt, wie sich absolute Panik anfühlt, wie sich absolute tiefe Ruhe und das Zuhausegefühl anfühlen und noch habe ich das nicht bewusst unter Kontrolle, in welchem Bewusstseinszustand ich mich aufhalte bzw. wie ich in einen bestimmten Seinszustand bewusst hineinkomme.

Natürlich scheinen Gedanken und Gefühle im Unterschied zu den äußerlich sichtbaren Dingen im Inneren zu sein, doch in

Wahrheit sind es Projektionen. Die ganz tiefe Stille kenne ich, doch noch gelingt es mir nicht, in sie einzutauchen und länger in ihr zu verweilen – sehr viele mentale Aktivitäten holen mich leicht wieder raus. Ich kann mir vorstellen, dass mir das längere Verweilen in der Stille heutzutage in einem Zendo mit Zen-Meditationen am leichtesten gelingen würde – und auch in den Stunden der Heilerausbildung bei Boris Lukacs ging das phasenweise sehr gut. Da ich all das speziell an diesen genannten Orten erlebt habe und mittlerweile aufgrund meiner Erfahrungen und Studien alle geistigen Werkzeuge in mir trage, weiß ich, dass ich meine eigenen Wege und meine eigene Art und Weise finden will und werde, um mich total an das Göttliche anzubinden und in der inneren Stille zu sein – unabhängig von Ort und anderen Menschen und Umständen. Es ist innere Arbeit, es ist mit einem Aufwand verbunden und mit einer Disziplin, sich immer wieder einzuatmen, sich immer wieder zu verinnerlichen und nach dem sich nach außen Verausgaben einen bewussten Umkehrpunkt zu setzen, den Gedankenzug zu verlassen und in der Null-Punkt-Zone im reinen Sein zu sein.

Vielleicht gelingt es mir in den nächsten mir verbleibenden Tagen hier in der Türkei, noch tiefer nach innen zu gehen, aber ich setze mich diesbezüglich nicht unter Druck – ich bin ja insgesamt schon so viel ruhiger und ausbalancierter als noch vor einem Jahr und ganz speziell nach meiner 3. Einweihung, die nun wirklich absolutes inneres Tohuwabohu ausgelöst hat. Möglicherweise bin ich sogar gewissermaßen in linearer Denkweise betrachtet kurz davor, in meinem Verinnerlichen, in der tiefen Stille, anzukommen, denn im Außen fällt mir überhaupt nichts mehr ein, was ich noch machen möchte. Alleine das ist spannend, denn nun habe ich vier Tage ohne Plan vor mir und das bedeutet, ich muss und darf wieder vollkommen meinen inneren Impulsen folgen, mich von meinem Innersten führen lassen, denn mein Kopf ist ratlos und sagt nur: Planlos geht der Plan los.

Heute habe ich den scheinbaren Hauptgrund meiner Reise in die Türkei erfüllt, denn heute habe ich das Hotel Daphne Garden aufgesucht, in dem ich vor 33 Jahren Mustafa kennengelernt habe. Noch vor wenigen Tagen hat er mir per Facebook mitgeteilt, dass er es gerade spannend findet, dass ich jetzt hier bin und dass dort, wo wir damals gewohnt haben, jetzt das Hotel Rubin sei – das ist direkt hinter dem Daphne Garden und das habe ich heute von außen auch gesehen.

Mein Fußweg zum Daphne Garden war sehr interessant. Ich lief an der Straße zwischen dem Hotel, in dem ich momentan wohne, eine lange Einkaufsmeile entlang bis zum Einkaufszentrum in Side und noch ein wenig weiter bis zum Hotel – das waren insgesamt vielleicht sechs Kilometer, für die ich mir gemütlich Zeit gelassen habe.

Interessant finde ich, dass mich hier trotz des Überangebotes an Kleidung und anderem Zeug absolut nichts anspricht und ich bisher nichts gekauft habe. Meine Beobachtung ist, dass hier der totale Massenkonsum herrscht – und viele unerwachte Männer, die in absoluter Faszination von der Welt des Smartphones beherrscht sind, alle Geschäfte besitzen. Ich verwende das Wort „unerwacht" nicht abwertend, sondern aus meiner persönlichen Beobachtung und Erfahrung heraus, weil sie mit jemandem wie mir nicht auf Augenhöhe umzugehen wissen. Entweder sie lassen mich einfach in Ruhe an ihnen vorbeispazieren, zumindest so lange ich sie nicht anschaue klappt das manchmal, oder sie quatschen mich an, so wie sie es gewohnt sind, Touristen anzuquatschen. Dabei haben sie null Gefühl dafür, wie man mit einer wachen Frau umzugehen hat, damit diese sich eingeladen fühlen könnte, sich ihrem Geschäft zu nähern, darin zu stöbern und vielleicht sogar etwas anzuprobieren und vielleicht sogar zu kaufen. Mich törnt das so ab, wie sie wie die Geier in und vor ihren Läden sitzen und wirklich nichts anderes im Sinn zu haben scheinen als ihre Handys und das Verkaufen. Es scheint unmöglich zu sein, ohne dass einer dieser Verkäufer sich direkt energetisch tief in einen einzuhaken versucht, entspannt zu bummeln, zu probieren, nach Preisen zu fragen und vor allem wieder zu gehen, ohne einen enttäuschten oder beleidigten Menschen hinter sich zu lassen, der einem letztlich die allertiefsten Preise hinterherruft, nur, damit man doch bitte unbedingt etwas mitnimmt. So kann ich echt nicht einkaufen gehen und da ich nichts dringend brauche, nur gerne schöne Sachen gekauft hätte, wenn ich welche gefunden hätte, werde ich vermutlich komplett ungeshoppt wieder nach Deutschland zurückfliegen. Aber wir werden sehen – noch habe ich ja vier Tage, vielleicht passiert ja noch ein Wunder.

Ich mag diese orientalische Handelkultur nicht, vielleicht, weil ich an feste Preise gewöhnt bin und vielleicht auch, weil mir noch etwas dahinter energetisch unangenehm ist. Vielleicht gibt es Länder oder Felder, in denen mir Handeln einen Riesenspaß machen würde. Die Menschen hier sind alle freundlich, keine Frage, aber sie fühlen sich überlagert von diesen Programmen an. Echte Herzlichkeit fühle ich am ehesten bei den ganz kleinen Angestellten, zum Beispiel den Kellnern im Hotel und den Masseurinnen, und die Dolmus-Fahrer sind auch in Ordnung, weil die haben ihre Preise und konzentrieren sich aufs Fahren und nicht aufs Geschäftemachen. Da ich weiß, dass die Preise, die die Geschäftsleute anschreiben oder als Erstes auf Nachfrage nennen, denn meistens ist ja gar nichts ausgepreist, vollkommen überhöht sind, macht mir das Bummeln keinen Spaß, weil es nicht geht, ohne mich in ein Gespräch mit dem Verkäufer verwickeln zu lassen, in dem ich mir allen möglichen Quatsch erzählen lassen muss, von dem das meiste nicht wahr und einfach nur verkaufsabschlußorientiert ist und ich außerdem ständig ausgefragt werde, woher ich komme und wo ich wohne und wie lange ich noch bleibe. Ohne auf diese Art von Gesprächen eingehen zu wollen, scheint hier ein ruhiges Einkaufen einfach nicht möglich zu sein. Davon abgesehen bin ich heute trotzdem ruhig durch verschiedene Geschäfte gegangen und habe auch die Side Shopping Mall durchstromert – ich habe nichts gesehen, was mir gefiel. Die Ware ist überall dieselbe und ich konnte nichts für mich Attraktives entdecken. Sollte es irgendwo verborgen hängen, dann hat es mich vor lauter Überlagerung der Handelfelder nicht anleuchten können.

Ich sehe keine Individualität, keine niedlichen Boutiquen, die von göttlich erwachten Frauen geführt werden oder zumindest überhaupt von weiblichen Frauen, wenn auch nicht erwacht. Ich habe nichts anderes gesehen als Einheitsgeschäfte, Einheitsfriseure, Einheitstouristenausflugsbüros, Einheitsoptiker, Einheitsjuweliere, Einheits-Supermärkte, Einheitstaschengeschäfte. Überhaupt keine Buchgeschäfte, weil hier niemand am ruhigen Lesen interessiert zu sein scheint. Es ist alles dasselbe und das hundertfach. Alles kopierte Markenwaren, alles mit irgendwelchen Markenemblemen gekennzeichnet. Das ist das Letzte, was mir etwas bedeutet, im Gegenteil, ich trage überhaupt keine Kleidung mit Markennamen, weil ich keine Litfaßsäule und kein Werbeplakat bin.

Ebenso wenig habe ich es bei meiner Ankunft in diesem Hotel akzeptiert, mir das obligatorische Handbändchen anziehen zu lassen als Zeichen meiner Hotelzugehörigkeit. Ich trage es zwar in meiner Bauchtasche brav bei mir, falls ich es mal vorzeigen soll, um zu beweisen, dass ich hier mein Zimmer habe, aber am Handgelenk trage ich es nicht. Ich bin doch kein Hund.

Was mir noch auffällt, ist, dass es an der Strandpromenade und auch in der Shopping-Meile keine gemütlichen Cafés gib, in denen ich mich eingeladen fühle, eine Cola und einen Kaffee zu trinken, was ich sonst wirklich gerne zwischendurch mal mache.

Besonders heute habe ich mich ein wenig gefühlt wie John in dem Film SIE LEBEN (engl. THEY LIVE) aus dem Jahr 1988. In diesem Film gelangt der Hauptdarsteller an eine Brille, durch die er die Wahrheit sieht, nämlich die echten Botschaften auf Werbeplakaten und Zeitschriften wie zum Beispiel „Gehorche!“, „Konsumiere!“, „Schlafe weiter!“, „Heirate und pflanze dich fort!“ und „Sieh fern!“. Auf Geldscheinen liest er „Dies ist dein Gott!“ und in einer Zeitschrift stehen die Worte „Stelle keine Autoritäten in Frage!“

Auch sieht John die wahren Gesichter hinter den scheinbaren Menschen, die sich ihm wie mechanische Totenschädel zeigen, und je intensiver sie mit dem herrschenden System verwoben sind, desto auffälliger ist ihr Verhalten, welches alles, was wach ist und das Spiel durchschaut, zu zerstören versucht.

Letztlich stellt sich heraus, dass hinter all dem eine böse, außerirdische Macht steckt, die die Menschen über die Fernseher und das Geld total manipuliert und kontrolliert.

Es ist schon ein bisschen unheimlich, dass so ein Film so viel Wahrheit transportiert, aber nicht wirklich unheimlich im Sinne von gruselig, sondern es ist einfach augenöffnend. Viele Filme tragen sehr viel Wahres in sich und die Matrix-Serie ist definitiv eine davon, wenn auch die komplette Story nicht so leicht zu durchschauen ist[10].

Als ich heute am Hotel Daphne Garden ankam, wäre ich gerne hineingegangen und hätte dort eine Pause bei einem Getränk gemacht, doch das ging gar nicht, weil es noch geschlossen hat. Offenbar ist das Sitzen in Hoteleingangs-Kabäuschen nicht nur der Männerwelt vorbehalten und so war es in diesem Fall ausnahmsweise eine türkische Frau, die in der Eingangsschachtel des Hotels neben der geschlossenen Schranke saß und mich fragte, was ich suche. Sie sagte mir, das Hotel würde erst am 1. April öffnen und dass momentan Bauarbeiten durchgeführt würden, ich also nur von außen schauen könne.

Als ich in Deutschland meine Reise in die Türkei gebucht habe, fiel mir der Name des Hotels Daphne Garden nicht ein. Erst nach meiner Buchung dachte ich daran, dass ich auch direkt ins Daphne Garden hätte reisen können, denn der Abschluss meines

10 Auf YouTube gibt es Videos mit einem Alexander Laurent (@EurasiaCouple), in dem er u.a. die Symbolik der Matrix-Serie detailliert erklärt. „Die zweite Leseweise der Matrix-Trilogie“ *https://youtu.be/d5BLE8vHRIY*

Türkei-Mustafa-Mann-Frau-Zyklus war ja der Hauptgrund meiner Reise – neben den anderen Gründen des Abstandhabens, Sonnetankens und Meerlauschens. Doch heute klärte sich also auch dieses Detail, als ich erfuhr, dass das Hotel sowieso noch geschlossen ist und ich darum dort sowieso kein Zimmer hätte haben können.

Ich finde das darum interessant, weil es wieder einmal zeigt, dass alles letztlich einen Sinn ergibt, auch wenn man ihn nicht sofort sehen kann. Oft klären sich Fragen erst viel später und Antworten finden sich ein, die helfen, einen Überblick über Zusammenhänge zu bekommen. Es gibt definitiv immer gute Gründe für alles, darum ist es immer richtig und immer weise, zu akzeptieren, was ist. Nur die Seele, nur die geistige Führung hat den Überblick, das ist wie das GPS, wie die Vogelperspektive, doch in Wahrheit ist es noch mehr, es ist eine ganzheitliche Instanz, die in allen Facetten die Frequenzen und Lebensströme durchschaut.

Es erschloss sich mir noch ein weiterer Zusammenhang, als ich mich vor dem Hotel an den Strand setzte und mich daran erinnerte, wie ich mich im August 1990 mit meiner Mutter auf den Liegen unter den in der Sommersonne absolut lebensnotwendigen Sonnenschirmen aufhielt. Ich erinnerte mich an den megaheißen Sand und das superwarme Meer und daran, dass ich nach vielleicht drei oder vier Tagen nach unserer Anreise meine Mutter an den Abenden alleine im Zimmer gelassen habe, weil ich mich mit Mustafa traf. Ich weiß gar nicht, ob es da schon Fernseher mit deutschen Sendern in den Hotels gab und was meine Mutter alleine gemacht hat. Ich weiß noch gut, dass sie mir überhaupt keine Widerstände entgegengebracht hat, sie ließ mich laufen und mich mit Mustafa treffen. Vielleicht staune ich darüber jetzt im Nachhinein sogar ein bisschen, aber ich weiß ganz bestimmt, dass sie mir keine Schuldgefühle oder schlechtes Gewissen gemacht hat.

Als ich heute vor dem geschlossenen Hotel im Sand lag und mich nach dem Spaziergang durch die eintönigen Shopping-Meilen von Side ein wenig ausruhte, sah ich auf einmal aus Seelenperspektive zurück auf die Begegnung zwischen Mustafa und mir und erkannte einen anderen Aspekt, der mir noch nicht eingefallen war. Um zu validieren, dass das so stimmt, müsste ich Mustafa direkt fragen, doch es ist möglich, dass er das selber noch gar nicht beantworten kann. Ich meine, dass unsere Begegnung vor unseren Inkarnationen verabredet war und dass unser Zusammenfinden nicht alleine dafür gedacht war, damit ich meine einzige schöne Erfahrung mit einem Mann mache. Es gibt logischerweise auch Gründe für unsere Begegnung aus *seiner* Sicht, die ich vollumfänglich nicht kenne, doch aus meiner eingeschränkten Perspektive habe ich darüber auch nie nachgedacht, weil ich ja immer nur aus meiner eigenen Sicht geschaut habe und das meistens aus der Perspektive des armen Ich, der Frau, die kein Glück in der Liebe hat, der von keinem Mann genug geliebten Frau, der verlassenen Frau, der Single-Frau, mit der irgendetwas nicht zu stimmen scheint, sonst hätte sie ja einen Partner.

Mir ist heute erstmalig der Gedanke gekommen, dass sich seine Seele die Verbindung mit mir gewählt haben könnte, damit er später im Leben mit spirituellen Lehren in Berührung kommt, die er ohne die Verbindung mit mir in diesem Leben vielleicht für sich nicht finden würde. Als Seele hat er sich dafür entschieden, als Türke auf die Welt zu kommen und sein Leben im deutschsprachigen Raum zu verbringen. Er war schon in Deutschland zur Schule gegangen und erst später wieder in die Türkei gegangen, daher konnte er damals im Hotel so gut Deutsch. Dass er mich kennenlernen wollte war rückblickend betrachtet nichts allzu Persönliches. Unsere Verbindung war nicht als gelebte Seelenpartnerschaft vorgesehen – dennoch war es eine Liebesbegegnung auf einer höheren Ebene. Das ist darum so wichtig für mich anzuerkennen, weil das Thema LIEBE das wichtigste überhaupt für mich ist und die Mustafa-Seele in diesem Zusammenhang eine besondere Rolle in meinem Erfahrungsspektrum gespielt hat.

Da er nach 22 Jahren im Jahr 2012 wieder mit mir Kontakt aufnahm, es zu einer Wiederbegegnung kam gefolgt von erneuter Trennung und erneuter Aufnahme der Facebook-Freundschaft wiederum 10 Jahre später im Jahr 2022, zeigt deutlich, dass ein roter Faden unsere Seelenpläne miteinander verbindet. Noch weiß ich nicht, ob er etwas von meinen spirituellen Aktivitäten weiß. Wenn nicht, kann das natürlich noch geschehen und das könnte aus Seelensicht ein guter Grund sein, warum wir überhaupt in diesem Leben diese Liebesepisode in unseren jungen Jahren in Side hatten. Alles reine Spekulation, ich weiß – doch sie tut mir gut, denn sie unterstützt mich darin, durch das Betrachten möglicher Zusammenhänge aus anderer Perspektive diesen Zyklus zu vollenden – und mit diesem Zyklus meine ich längst nicht mehr die Idee eines Zusammenseins von uns beiden Hübschen, sondern das endgültige Schließen eines offenen Kreises und das Heilen der verwundeten Frau, die sich ihr Leben lang so sehr nach einer glücklichen Partnerschaft gesehnt und lange geglaubt hat, dass darin die Erfüllung des Lebens zu finden sei. Das klingt jetzt banal, denn ganz so oberflächlich sehe ich das wirklich schon seit meiner ersten Erwachenserfahrung durch Omnec nicht mehr, aber die Programme, Indoktrinierungen und karmischen Schichten saßen tief und das ist in diesem Leben offenbar wirklich ein jahrzehntelanger Weg der Transformation und des Heilens sämtlicher unbewusster, verkrusteter, eingefrorener und fehlprogrammierter Bewusstseinsebenen.

Dieser Heilungsweg geht phasenweise, Schicht um Schicht vonstatten. Es geht um immer mehr Licht, immer mehr Herzöffnung, immer mehr Wahrheit – das ist nicht einfach alles mit einem Lichtblick getan – es geht immer weiter und das Erfahren und Integrieren von Bewusstseinsinhalten geht weiter. Omnec hat immer gesagt: „Das hier ist nicht die Welt der Perfektion; wenn wir perfekt sind, sind wir nicht mehr hier." Doch die Liebe ist der Weg, es ist der einzige Weg zurück nach Hause.

Ich habe mich in diesem Leben für die volle Portion Liebe entschieden, für die vollkommene Erkenntnis und Integration der göttlichen Liebe und genau aus diesem Grund sollte ich überhaupt keine Partnerschaft eingehen, denn so lange ich nicht ganz erwacht war, wäre ich auch nur mit einem ebenso wenig erwachten Mann zusammen gekommen und wir hätten unser gemeinsames Nicht-Wach-Sein miteinander ausgelebt, so wie es die meisten Menschen tun. Doch alle Wege sind verschieden und mein individueller Weg war so vorgesehen, von mir als Seele genauso selbst gewählt, dass ich Bindungen auflöse und keine neuen eingehe, dass ich meine Bewusstseinsprozesse mit mir alleine mache, begleitet von Freunden, Büchern und Lehrern, doch nicht im Gefüge fester Beziehungen, Ehen oder gar Familiengründungen.

Das lässt sich heute alles leicht schreiben, denn ich bin wirklich sicher, dass ich in diesen Erklärungen alle Gründe für meinen gesamten Lebensablauf finde und darin bin ich im Frieden mit allem, was war. Zumindest bis zum Zeitpunkt meiner dritten Einweihung, denn der eigenen Seele in Verkörperung eines anderen Menschen zu begegnen und damit in die Heilungsphase von allem, was noch nicht vollkommen in Balance ist, zu gehen, ist noch einmal eine andere Liga – eine andere Liga der Selbsterkenntnis, der Heilung und auch des Leidens, denn ohne den Weg durchs Fegefeuer und die dunkle Nacht der Seele zu gehen, ohne noch einmal alles bis in die Knochen zu spüren, was getrenntes Bewusstsein und Ego-Identifikation ausmacht, ohne sich wirklich zwangsläufig aller Projektionen bewusst zu werden und sich letztlich kompromisslos nach innen und der inneren Gegenwart Gottes zuzuwenden, geht es nicht weiter ins Paradies – und das ist letztlich der innere Ort des Zuhauses, in dem alle Zyklen zusammenfallen, das Nichts, in dem alle Zeitlinien konvergieren, der Himmel auf Erden, in dem Gott im Herzen wohnt und fest und stabil seinen dauerhaften Platz hat und an dessen Seite ich und meine Zwillingsflamme sitzen – in heiliger Dreieinigkeit, geborgen, geliebt, angekommen. Es ist der wahre mystische Weg der Erleuchtung und des Aufstiegs des Göttlichen im Innern und es fühlt sich einfach unermesslich riesig an, alles, was vorher nur in Büchern zu existieren schien, mit jeder Zelle des eigenen Seins zu erfahren.

Insofern war der Frieden im Anerkennen meines Single-Daseins bis zum Zeitpunkt meiner dritten Einweihung eher eine Art Waffenstillstand, aber kein wirklicher, tiefer Seelenfrieden, denn sonst hätte meine geistige Führung dieses Szenario nicht orchestriert. Ich fühlte mich vor dieser neuen Einweihung zufrieden mit mir und meiner Aufgabe, die spirituellen Informationen von Omnec Onec und neu hinzugekommen von Dr. Raymond Keller weiterzutragen und meinen Weg als Vermittlerin, Botschafterin oder angehende Lehrerin dieser Inhalte für den Rest meines Lebens zu gehen – ja, darin sah und sehe ich meine tiefe Berufung und wirkliche Erfüllung. Ich fühlte mich wundervoll geführt, auf dem richtigen Weg und in Frieden damit, diesen Weg weiterhin alleine zu gehen.

Das Spannende ist, dass dieser Frieden schlagartig verloren war, nachdem ich diese spezielle Begegnung hatte und die Verbindung mit meinem göttlichen Geliebten auf Seelenebene wieder hergestellt war. Ersoffen in Liebe und auf einmal gab es keinen inneren Frieden mehr, denn mit einem Schlag strömten alle Sehnsüchte, unerfüllten Wünsche, Erwartungen, Ängste, Zweifel, pausenlose Gedanken, Unsicherheiten und tiefe Verletzungen durch die Schichten meines Bewusstseins und durchfluteten meine niederen Körper, damit meine ich speziell Mentalkörper und Emotionalkörper, die ich mir in der Kombination als Ego definiere, und meinen physischen Körper, denn ich hatte heftige Symptome wie ein brennendes, schnell schlagendes Herz, schlaflose Nächte, enormes Aufgewühlt sein und Hyper-Energie.

Dieser Erfahrungsbereich ist nicht in wenigen Sätzen beschrieben. Solltest du deiner echten Zwillingsflamme bereits begegnet sein, dann kennst du viele der Symptome, die so eine Verbindung im Bewusstsein mit sich bringt, in wenigen Worten meine ich damit, dass damit obsessives Denken verbunden ist, das heißt, du kannst nicht aufhören, an den Menschen zu denken, es ist der erste Gedanke morgens und der letzte Gedanke vor dem Schlafen. Besonders in den ersten Wochen danach hatte ich außerdem einen überfluteten Drang, darüber zu sprechen und zu begreifen, was da passiert – denn auf Anhieb habe ich das alles nicht verstanden und es begann eine heftige Phase der verzweifelten Suche nach Erkenntnis und Verständnis.

Weiterhin ist mit so einer Aktivierung ein unruhiger Gefühlsbereich verbunden, das heißt ich fühlte mich vollkommen überflutet mit Emotionen, konnte mich kaum konzentrieren, habe ganz viel phantasiert und geträumt in alle Richtungen. Mein Wahrnehmungsbereich war auf einmal ausgedehnt, ich hatte eine wesentlich klarere Intuition und inneres Wissen, was wahr und was falsch ist. Körperliche Symptome waren ein energetisch voll erblühtes Herzchakra, ein Riesenherz, das immer sehr schnell schlug, eine erhöhte Herzfrequenz, damit verbunden energetische Ströme in den Meridianen, besonders in Verbindung mit anderen Zwillingsflammen, wenn ich sie also hörte oder mit ihnen im Austausch stand, oder wenn ich etwas Wahres vernahm, dann prickelte es zum Teil im ganzen Körper und strömte, dazu ein überaktiver Mentalkörper, der versucht hat, zu begreifen, was passiert und extrem viel Material konsumiert hat, um zu lernen. Die Öffnung in neue Wissensbereiche bzw. das Entfalten von Wissensbereichen, die früher eher intellektuelles Wissen waren und nun gelebtes Wissen. Dann noch diese extreme Aktivität, das Gefühl, ganz viel gehen und Energie abbauen zu müssen und ein total durchgeknalltes Schlafverhalten, in der Regel ein Schlaf von vielleicht 2-3 Stunden, dann wieder Stunden des Wachseins. Manchmal ein spontaner Schlaf von wenigen Minuten und dann wieder stundenlang hellwach.

Ja, echt anstrengend.

Falls du zu denjenigen gehören solltest, die glauben, dass die Begegnung mit der Zwillingsflamme die ultimative Romanze in dein Leben bringt und der Geliebte à la Richard Gere in Pretty Woman mit seinem Rolls Royce und einem Rosenstrauß dir seinen Heiratsantrag macht und ihr dann für den Rest eures Lebens zu zweit mit Gott mittendrin in eurem Garten Eden sitzt, während ihr den Austausch eurer Kundalini-Schlangen in allen Variationen genießt und die Engel Flöte und Harfe spielen und ihr dazu singt und euch auf eure individuelle Weise kreativ ausdrückt und nur in Liebe seid und das war's, wobei Gott natürlich erfüllt über euch wacht und ihr in einem ewigen Status unermesslicher Glückseligkeit verweilt – nun, dann hast du dank meiner Beschreibung vielleicht einen Eindruck davon erhalten, wie sich eine reale Zwillingsflammenerfahrung anfühlen kann.

Ich finde es immer wieder so spannend und auch wirklich heilsam, dass ich in der Entspannung, in der Ruhe und dem Abstand vom Alltag in Tiefen hinabtauche und in Perspektiven Einblick bekomme, die mir helfen, Dinge rund zu kriegen und Zyklen abzuschließen.

Oft dachte ich mir, dass es super wäre, so eine Art Looking Glass Maschine zu haben oder zumindest in einer Seelenreise besuchen und bedienen zu können und alle Vernetzungen der Lebensströme in die Vergangenheit und Zukunft sehen zu können, alle Verbindungen aller Seelen untereinander, alle Themen und Herausforderungen, alle Gründe und Erklärungen. Besonders ausgelöst durch meine dritte Einweihung fühle ich mich in eine neue Ausdehnung der Dimensionen hineinkatapultiert und bin mit der Notwendigkeit des inneren Ausbalancierens konfrontiert, wie ich nicht ansatzweise ahnen konnte, dass mir das in dieser Intensität in diesem Leben noch geschehen würde. Ich kann nicht sagen, es ist das erste Mal, dass ich wirklich wachsen muss, denn die Zeiten rund um meine ersten beiden Einweihungen waren durchaus auch sehr herausfordernd – doch das, was ich jetzt seit einigen Monaten erfahre, geht noch einmal in eine ganz andere Erfahrensebene hinein mit einer Notwendigkeit des Heilens und Bewusstwerdens von Wahrheit und Liebe – und all das über den physischen Körper und die Integration dieser hohen Lichtströme direkt im Hier und Jetzt. Vor meiner Zwillingsflammen-Initiation hatte ich den Gedanken an eine Looking Glass Maschine noch gar nicht, weil mir der Bereich der Existenz einer solchen Technologie noch nicht zugänglich war – nicht bewusst jedenfalls. Wie kann man etwas wünschen oder sehen, das man nicht kennt? Vielleicht hast du schon einmal die Geschichte von Kolumbus und den Indianern gehört, die auch als der „Mythos der unsichtbaren Schiffe" bekannt ist? Dabei geht es darum, dass die Ureinwohner die ankommenden Schiffe angeblich zunächst nicht sehen konnten, weil sie diese Art Objekte nie zuvor gesehen hatten und sie darum nicht in ihrem Gesichtsfeld, in ihrem Bewusstseinsraum, vorhanden waren.

Ich bin sicher, dass es so etwas wie die Looking Glass Technologie gibt und das Betrachten von Zeitlinien möglich ist – sowohl für die Einblicke individueller Seelen und deren Lebensplanungen als auch für die großen Zusammenhänge – auch interdimensional, interplanetarisch und interstellar.

Womit ich direkt in mein nächstes Kapitel eine Überleitung mache, in dem ich über das Thema mit den Zeitlinien zu sprechen komme und weitere Wissensbereiche öffne, die sich in diesem Leben erst seit jüngster Zeit in meinen Bewusstseinsraum drängen, um von mir erkannt, integriert und auch angewandt zu werden.

Kapitel 13 – Zyklen und Zeitlinien

Was ist eine Zeitlinie? Eine Zeitlinie wird auf der Grundlage von Aufmerksamkeit und Absicht erschaffen. Woran du glaubst, erschafft eine Zeitlinie, die im Wesentlichen eine holographische Realität ist. Es gibt eine unendliche Anzahl von Zeitlinien, die gleichzeitig im gegenwärtigen Moment des Jetzt agieren, und worauf wir unsere Aufmerksamkeit und Absicht richten, ist die Zeitlinie, der wir in einem bestimmten Moment Energie geben und somit erschaffen. Es ist wichtig zu beachten, dass wir in jedem Moment mit persönlichen Zeitlinien und mit kollektiven Zeitlinien arbeiten.

– Jen McCarty, Twin Flames and the Event

In-Drop Nr. 3 – Zwischenstation Atlantis

Als ich eben am Strand saß und mich nach innen wandte, stieg eine Vision in mir auf.

Wie meistens konzentrierte ich mich auf meinen inneren Herzpunkt und stellte mir vor, dass im Zentrum meines Herzens ein Stern ist, der wie am Abendhimmel gerade in die Sichtbarkeit kommt und mit stärkerer Dunkelheit des Himmels immer heller wird. Ich stellte mir vor, dass das Licht dieses Sterns meinen ganzen Körper durchlichtet und mein Körper kristallin wird, glasklar wie ein Bergkristall.

In dieser Vorstellung erweiterte sich mein inneres Bild auf einmal und es entstand die Vision, wie ich von einer kristallinen oder transparenten Kugel umhüllt werde und mich diese Kugel mitnimmt in das Meer hinein und tief in eine Stadt auf dem Meeresboden, die ich als Atlantis wieder erkannte.

Ich wurde direkt in einen Tempel gebracht, den ich gut kannte, und sah mich mit einem wunderschönen, langen, weiß-beigefarbenen Kleid und offenen Sandalen bekleidet vor der Hohepriesterin und dem Hohepriester stehen. Wenige Momente nach mir erschien mein göttlicher Geliebter neben mir – auch er wurde gerade an diesen Ort gebracht. Er trug dieselben Stoffe und Farben wie ich, nur in männlicher Ausführung. So waren wir dort zu viert – das Priesterpaar etwas erhöht mit der großen Flamme des Altars hinter ihnen und mein Geliebter und ich stehend vor ihnen. Er und ich nahmen uns an den Händen und hörten die Worte der Hohepriesterin: „Die Reise schien lang gewesen zu sein, doch hier in der ewigen Jetzt-Zeit ist keine Zeit vergangen. Ihr seid jetzt auf dem Weg nach Hause. Auch die anderen sind unterwegs hierher. Wenn wir wieder vollzählig sind, gehen wir zurück zu unserem geliebten Stern. Ihr seid gesegnet, geliebt und geführt. Das Leuchtfeuer im Innern eurer Herzen brennt ewig. Es gibt nichts zu tun. Ihr seid ein Herz, eine Seele – so wie wir alle ein Teil voneinander sind. Wir finden jetzt wieder zusammen. Wir sind alle eins."

Zyklen und Zeitlinien

Dieses Kapitel schreibe ich als Anregung für dich, damit du dich in die Themenbereiche, die dich besonders interessieren, durch Bücher, Seminare und Videos der entsprechenden Experten weiterbilden kannst. Mir selbst erschließen sich erst seit Kurzem viele Zusammenhänge und daher möchte ich nicht vorgeben, mich mit all den hier angesprochenen Themen gut auszukennen – ich erzähle aus meiner Sichtweise, was mir in meinem jetzigen Erkenntnisstand schlüssig zu sein scheint.

Das Kuriose ist, dass ich Themen wie Mehrdimensionalität, Zeitlinien, Technologisierung, Zwillingsflammen, Heilige Trinität, Spirituelle Alchemie, Synchronizitäten und Matrix, nur um einige Überbegriffe zu nennen, schon lange ansatzweise kannte und damit meine ich, dass ich darüber gelesen habe, Inhalte übersetzt habe oder auch ohne mir der Begriffe bewusst zu sein durch innere Erfahrungen mit dem einen oder anderen Thema eine Berührungsebene hatte.

Ich erwähne es, weil mir diese Themenbereiche mitsamt meiner Kundalini um die Ohren zu fliegen schienen, als sich meine dritte Einweihung anbahnte und vor allem danach und seitdem. Mit der Öffnung meines Herzchakra-Zentrums im Jahr 2022 öffnete sich nicht nur mein Inneres für eine neue Dimension der Liebe, sondern auch für neue Dimensionen des Wissens und der Wissensvernetzungen. Plötzlich wurden mir Zusammenhänge klar, ich wurde mit neuen Menschen zusammengeführt, schaute Videos und machte neue Erfahrungen, die mir mehr Klarheit und Wahrheit brachten. Intuitive Wahrnehmung und Wissen, was wahr und was falsch ist, wurden intensiver. Meine Fähigkeit, nach innen zu gehen und zu meditieren und zu visualisieren, fand eine neue Dimension in mir. Es ist, als hätte ich spirituell noch einmal so richtig die Schulbank gedrückt – und das geht immer so weiter, wenn auch jetzt langsam etwas langsamer.

Begonnen hat diese Sichtweisenausdehnung zu Beginn der sogenannten Corona-Zeit im März 2020. Von diesem Zeitpunkt an erfasste ich klarer denn je zuvor, was hier läuft und wie tief die Systemprogrammierungen etabliert sind. Anfangs beobachtete ich mit gewissem Schrecken, wie viele Menschen auf diesen Masken- und vor allem den Impfzug unreflektiert einfach aufsprangen, was für mich Zeichen für Angstprogrammierungen und blinden Glauben an die Mainstream-, Arzt- und Pharmaziepropaganda waren. Auch entwickelte ich eine plötzliche Allergie gegen Mainstream-Sendungen. Obwohl ich nie viel normales Fernsehen geschaut habe und schon gar keine Dokus oder Nachrichten, so ertrug ich dieses Geplappere nach Beginn der Corona-Geschichte überhaupt nicht mehr und schaltete grundsätzlich ab, wenn ich zufällig das Radio anhatte und die Nachrichten begannen. Ich fragte mich intensiver denn je, was Menschen motivierte, überhaupt noch in den Medien diese Art von Informationen zu vermitteln. Als Corona anfing, wusste ich sofort, dass ich auf der Stelle meinen Job verloren hätte, wenn ich einen gehabt hätte, weil ich mit den Regeln und dem ganzen Zirkus drumherum nicht mitgespielt hätte. Das kann ich mit Sicherheit sagen, denn ähnliche Prüfungen meiner Authentizität hatte ich früher schon und im Zweifel und bei zu großen inneren Widerständen habe ich immer den Weg nach draußen bevorzugt – ich war nie käuflich oder manipulierbar und ich fand es nie verwerflich, von meinem Recht als deutsche Bürgerin, staatliche Unterstützung anzunehmen, Gebrauch zu machen – ich wusste ja immer, dass das nicht meine Absicht war und dass ich mich darin nicht ausruhen möchte, sondern dass das immer der bessere Weg für mich war im Vergleich zu einer Art von Selbstmarterung durch Verbleiben in einer Arbeitssituation, deren Ablaufdatum erreicht war. Ich schätze, dass ich auch darum dieser Prüfung im Frühjahr 2020 nicht ausgesetzt war und stattdessen diese Zeit wundervoll für mich selbst und meinen weiteren Selbstfindungs-, Heilungs- und Erwachensweg nutzen konnte.

Der Druck, der seitens der Massenmedien und Pharmazie und Politik-Propaganda auf die Menschen einprasselte, die Regeln und Vorschriften, der Zwang, der nicht nur von ganz oben, sondern vor allem auch von den Menschen um einen herum ausgeübt wurde, den fand ich durchaus bemerkenswert. Für mich persönlich war all das vom ersten Augenblick an ein klares NEIN. Nein, ich mache da nicht mit, keine Diskussion. Das einzige, was ich aus lauter Faulheit oder aus innerer Weigerung, mich auf den Druck durch die äußeren Regeln und Menschen einlassen zu wollen, mitmachte, war eine Weile lang das Anziehen dieser bescheuerten Maske, damit ich zumindest in Ruhe einkaufen und meine Postgänge erledigen konnte. Auf alles andere habe ich ausnahmslos die ganzen Jahre lang verzichtet. Allerdings habe ich niemals eine blöde Maske gekauft, ich habe immer nur die genommen, die irgendwo zur Verfügung gestellt wurden und die habe ich dann x-Mal verwendet. Als ich auf Facebook plötzlich Videos sah mit jungen Frauen, die sich Mode-Masken anzogen, sich damit im Spiegel anschauten und sich dann die hübscheste Maske aussuchten, also als damit auch noch eine Mode gemacht wurde, da bemerkte ich eine neue Phase der Trennung des Bewusstseins der Menschen untereinander.

Auch habe ich nie einen Test gemacht, geschweige denn eine sogenannte Impfung akzeptiert, und es kristallisierte sich ja mit der Zeit immer klarer heraus, was das in Wirklichkeit für ein Zeug ist, dass sie einem da spritzen wollen und dann auch noch möglichst als Dauer-Abo. Nein, das war und ist für mich allesamt ein indiskutables Nein, ich bin entsprechend auch jahrelang nicht geflogen – mein Flug hierher in die Türkei im März 2023 war der erste Flug seit drei Jahren.

Es war und ist offensichtlich, dass ich dank meiner spirituellen Erfahrungen, Einweihungen und Schulungen der Jahrzehnte davor angstfrei und gebildet genug war, um mit alldem umgehen zu können, ohne mich auch nur ansatzweise manipulieren zu lassen – im Gegenteil – für mich war die Corona-Zeit eine Zeit der Heilung, des Erwachens, des Neuorientierens und der erneuten Schulung und Erkenntnis, was in unseren Weltsystemen läuft, wie tief die Kontroll- und Manipulationsmechanismen sitzen und nicht nur das, sondern mit welcher Vehemenz sie ihre Agenda durchziehen.

Hier kommen wir zum Thema des Zeitlinien-Splits. Manche sprechen von einer Art Abspaltung einer zweiten Erde aus der alten Erde wie in einer Art Zellteilung oder von einer neuen Erde oder von einer Erde 2.0. Omnec nennt diese Phase *die Transformation der Erde*, sie sprach nicht so sehr direkt von einer Teilung, sie sprach von einer Anhebung der Schwingungsfrequenz des Planeten mitsamt jener Bewohner, die mitgehen können und wollen, also von der Transformation des menschlichen Bewusstseins. Omnec sprach auch von der Entfernung der negativen Kräfte vom Einflußsystem der Erde und darüber, dass die Seelen, die diesen Weg des Erwachens nicht mitgehen würden, „recycelt" werden, also auf der Erde oder anderswo im Universum in neuen Inkarnationen ihre Reinkarnationszyklen weiterleben würden. Auch ist heute viel die Rede von der Aufteilung der Dimensionen, speziell von 3D, 4D und 5D. Das sind aus meiner Sicht Frequenzbereiche, die sich durch die Bewusstseinsebenen voneinander unterscheiden und die nahtlos wie Regenbogenfarben ineinander übergehen.

Ich selbst erkläre mir den Zeitlinien-Split basierend auf meinem aktuellen Beobachtungs- und Kenntnisstand, der sich ja kontinuierlich weiterentwickelt, so, als dass sich die einen Seelen für das Verweilen in der 3D-Matrix mit maximaler Kontrolle und Manipulation inklusive Technologisierung, Transhumanismus entscheiden und die anderen Seelen für die Heimkehr in das 5D-Einheitsbewusstsein und die Beendigung ihrer Reinkarnationszyklen.

Während die einen also weiterhin der Außenwelt ihre maximale Aufmerksamkeit geben und diese durch ihre eigene Seelenenergie nähren, stärken und weiterhin dem glauben und vertrauen, was ihnen von außen vermittelt wird, interessieren sich die anderen nicht mehr für das Eingebundensein in kontrollierende Systeme, in denen Liebe, Individualität, Spiritualität und Freiheit keinen Raum haben. Wobei Letzteres die Akzeptanz der Übergangsphase einschließt, das heißt, wir müssen natürlich noch mit dem System agieren und funktionieren, während wir gleichzeitig unseren Fokus nach innen richten und den Aufstieg des Bewusstseins innerlich stabilisieren. Jedenfalls ist es meine bewusste Wahl, das System zu nutzen, während ich mich gleichzeitig im höheren Bewusstsein stabilisiere. Ein äußerer Ausstieg ist im Moment nicht mein Weg, also das mich Ausklinken, um mit einem Rucksack ohne Geld loszutrampen und zu schauen, wohin der Wind mich weht. Ich persönlich brauche einen stabilen Ort, an dem ich mich sicher fühle und wo meine Technik funktioniert. Damit sind alle möglichen Verpflichtungen wie Haushalt, Buchhaltung und das Jonglieren mit dem noch existierenden System verbunden.

Die zwei Wege anders zusammengefasst: Die einen gehen den Weg der Angst weiter, der Unbewusstheit und des Akzeptierens dessen, was für sie real ist, wobei sie in der Identifikation mit dem Ego und damit in der Trennung vom Göttlichen verweilen, wohingegen die anderen den Weg der Liebe, der Freiheit, der Bewusstheit und des Erwachens in ihr wahres Wesen als Schöpfer gehen und sich ihre Welt im Einklang mit dem Göttlichen eigenverantwortlich selbst erschaffen.

3D ist die Welt der Trennung, einer extensiven Absonderung von Göttlichen. 3D ist die Dimension, in der wir auf der Erde seit Tausenden von Jahren schwingen und in der wir uns ausgeatmet haben, in der wir uns verausgabt haben, in der wir unser wahres Wesen als göttliche Wesen vergessen haben, in der wir unsere karmischen Bindungen eingegangen sind, die uns immer wieder in die nächsten Inkarnationen in allen möglichen Varianten geführt haben. Die Existenzphase in 3D war lehrreich und erfahrungsintensiv, auch schmerzhaft und leidvoll. Kontrolle und Manipulation saßen und sitzen tief und die Seelen der inkarnierten Menschen hingen über eine lange Zeit fest – ein Erwachen, eine spirituelle Befreiung und der Ausstieg aus dem Rad der Wiedergeburten war fast unmöglich, weil die Matrix viel zu stark und festgezurrt war, die Energien zu dicht, die gesellschaftlichen Strukturen zu eng. Die inkarnierten Seelen waren gefangen und ihre Lernerfahrungsbereiche basierten hauptsächlich auf Angst und nicht auf Liebe. Wahre bedingungslose Liebe war praktisch nicht vorhanden und die wenigen echten Lehrer, die diese Liebe auf die Erde gebracht haben, wurden entweder getötet oder vergöttert oder beides, ihre Worte wurden missinterpretiert und es wurden Religionssysteme basierend auf der Verfälschung dessen errichtet, was sie symbolhaft als Vorreiter gelebt und gelehrt haben.

Bedingungslose Liebe auf der Erde gibt es seit sehr langer Zeit praktisch nur zwischen Menschen und geliebten Tieren und zwischen Menschen und Neugeborenen, vielleicht noch bis ins Kleinkinderalter. Doch unter Menschen geht in Wirklichkeit die energetische Beeinflussung des neuen Menschen und seine Kontrolle basierend auf dem Gesellschaftssystem und der Kultur, in die er hineingeboren wird, schon im Mutterbauch los. Individualität und ein Recht auf Glück gab es lange nicht – doch das kommt mit der Transformation der Erde wieder zu uns zurück und wir erwachten Seelen sind diejenigen, die diese Energie und neue Vorlagen für Gesellschaften, Familien und Liebespartnerschaften in die Welt bringen.

Aufgrund der Zyklen der Welten, der Erde, des Sonnensystems und der Seelen selbst kommt diese Zeit der Dunkelheit und Abtrennung vom Göttlichen nun zu einem Ende und es gibt eine Durchlichtung der Welt und der Seelen, damit sie die Chance haben, aus dem Rad auszusteigen und sich endlich weiterzuentwickeln.

Aus diesem Grund wurde die Transformation der Erde eingeleitet, also die Schwingungserhöhung des Planeten. Diese geht einher mit allem anderen in unserem Sonnensystem, mit der Sonne selbst, mit den inkarnierten und sich inkarnierenden Seelen, die als Lichtarbeiter und Sternensaat kommen und die das höhere, erwachte Bewusstsein potenziell in sich tragen und dieses im Laufe ihrer Inkarnation zum Erblühen bringen. Außerdem gibt es viel Hilfe und Begleitung von wohlwollenden Außerirdischen, ich persönlich bin am direktesten in Verbindung mit der Frau von der Venus Omnec Onec und dem Historiker der Venusier Dr. Raymond Keller. Innerlich und über meine geistige Führung bin ich auch in Kontakt mit aufgestiegenen Meistern, mit allen möglichen liebevollen Lichtwesen, die mich inspirieren, beschützen und begleiten und vor allem natürlich immer intensiver mit der liebenden Gottgegenwart, der Schöpferquelle.

Viele Menschen stellen sich die Frage nach dem WIE, also wie soll denn diese Transformation der Gesellschaften und der Erde nun ablaufen, wie kann man sich denn diesen Split der Zeitlinien vorstellen? Was ist mit dem Split der Zeitlinien überhaupt gemeint?

Das Wesentliche für die Beantwortung dieser Fragen liegt in dir selbst. Das intellektuelle Verstehen von etwas derart Großem ist nicht möglich, denn es geht ja um das Überwinden des Verstandes und die Rückeroberung seiner Energie zum Einsetzen dieser als schöpferische Kraft – und diese geht einher mit Liebe und All-Verbundenheit und nicht ohne sie. So lange Wissen nur auf der konzeptionellen Ebene bleibt, ist es nutzlos für das Erschaffen einer neuen Wirklichkeit,

Die genauen Abläufe liegen in höheren Mächten und werden perfekt aus der lichtvollen geistigen Welt gesteuert. Das Wesentliche ist, dass du deinen Weg nach innen gehst und dich hundertprozentig daran erinnerst, wer du bist – nämlich eine liebende Seele, ein Funke Schöpferkraft, ein unsterbliches, geliebtes Wesen, das gerade eine körperliche Erfahrung macht.

Das Denken, das wir Menschen hier auf der Erde seit Tausenden von Jahren nutzen, ist manipuliert und kontrolliert und daher immer nur begrenzt. Vorstellungskraft und Visualisieren sind Schlüssel für die Schöpfung, doch um diese Kräfte wieder zu beherrschen, braucht es erst einmal das Rückerobern des Mentalkörpers und das geht über den inneren Weg, über die Stille, über Selbsterkenntnis und über die Rückverbindung mit dem Göttlichen.

Die komplette Transformation der Erde ist eine große Geschichte, die ein einzelner Kopf meiner Ansicht nach gar nicht erfassen kann. Wir brauchen keinen Lehrer, der uns haarklein erklärt, wie die Systemumwandlung und der Aufstieg der Erde im

Detail funktioniert. Wir brauchen die Einkehr in uns selbst, um mit unserem inneren Lehrer und unserem inneren Kind voller Vertrauen in Resonanz zu gehen und uns von innen heraus führen zu lassen. Aus meiner Sicht ist es meine Aufgabe, mich darum zu kümmern, dass ich glücklich bin, dass ich mich über alle Maßen liebe, dass ich für meinen körperlichen und materiellen Verantwortungsbereich Sorge trage, dass ich mich selbst erkenne und die liebende Gegenwart Gottes täglich und immer mehr in mir bewusst mache und über meine Individualität als geliebtes Kind Gottes zum Ausdruck bringe.

Ich bin sicher, dass die neue Erde genau auf diese Weise entsteht, sie erblüht durch die erblühten Seelen, die Liebe, Gott und Wahrheit in ihren Leben zum Allerwichtigsten machen, die alle Ängste und alles an Trennungsbewusstsein durch Liebe heilen, die wieder wie die Kinder werden, die sich ihrer selbst bewusst werden, die ihre Schöpferkraft und die Macht des Wortes zurückerobern, die ihre Herzen öffnen und sich über das bewusste Aufsuchen innerer Ruhe und Stille der geistigen Führung anvertrauen.

Kapitel 14 – Zwei Entwicklungsrichtungen

Die einen gehen den Weg der Angst weiter, der Unbewusstheit und des Akzeptierens dessen, was für sie real ist, wobei sie in der Identifikation mit dem Ego und damit in der Trennung vom Göttlichen verweilen, wohingegen die anderen den Weg der Liebe, der Freiheit, der Bewusstheit und des Erwachens in ihr wahres Wesen als Schöpfer gehen und sich ihre Welt im Einklang mit dem Göttlichen eigenverantwortlich selbst erschaffen.

Als ich im Sommer 2022 mit meinem Freund Axel einen Ausflug auf den Affenberg bei Salem machte, wo ich seit dem Besuch meiner Freundin Claudi bei mir am Bodensee im Jahr 2015 nicht mehr war, fielen mir zwei Dinge ganz besonders auf: Erstens hatte man dort zu jener Zeit (ob das dauerhaft so ist, weiß ich nicht) die Akzeptanz des Bargeldes abgeschafft und erlaubte den Besuchern nur, mit Karten zu bezahlen. Zweitens standen dort immer noch einige Angestellte mit Corona-Masken herum, selbst draußen, die den Besuchern Auskunft gaben und aufpassten, dass man sich ähnlich ordentlich verhielt wie die Affen.

Das Verhalten jener Menschen, die selbst draußen vehement Masken trugen und tragen, habe ich innerlich für mich in die Kategorien „gehirngewaschen und maximal manipuliert", „voller Angst" und „einem neuen Glaubenssystem zugehörig" eingeordnet. Ich sage bewusst „das Verhalten jener Menschen", denn ich kenne diese Menschen ja nicht und vielleicht ändert ja der eine oder andere noch seine Ansichten. In Ausnahmefällen mag es sogar sein, dass jemand aus allergischen Gründen eine Maske trägt, doch der wäre ja speziell auf einem Affenberg, wo Tausende von

Touristen andauernd herumlaufen und wo Natur drumherum ist, nicht in seiner optimalen Umgebung.

Worauf ich hinaus will ist, dass ich es als ein Zeichen der einen Entwicklungsrichtung oder Zeitlinie sehe, die sogar bewusst von einigen scheinbar ganz normalen Menschen gefördert wird und damit meine ich, dass so ein Ort wie der Affenberg bestimmt nicht staatlich total kontrolliert wird und es wird dort bestimmt niemand gezwungen, kein Bargeld mehr anzunehmen. Die Firmenführung dort muss ja auch aus Menschen bestehen, und irgendjemand oder eine Gruppe von Bargeldabschafffreunden muss entschieden haben, dass sie nur noch Karten akzeptieren wollen.

Die Frage ist, ob sie sich der Tragweite einer solchen Firmenpolitik bewusst sind.

Je mehr Orte sich dafür entscheiden, nur noch überwachte Bezahlung zu akzeptieren, desto mehr wird diese künstliche Zeitlinie gestärkt. Aus diesem Grund glaube ich im Moment nicht, dass ich nochmal zum Affenberg gehen möchte, erstens bin ich sowieso nicht so ein Affenfan, ich mag andere Tiere einfach lieber, aber vor allem möchte ich keine Orte unterstützen, die mir nicht mal mehr erlauben, dort anonym und mit meinem Bargeld einen Besuch abzustatten. Natürlich ist es blöd, wenn man so etwas nicht vorher weiß, aber noch haben wir ja das gute Internet. Man muss tatsächlich vielleicht zukünftig auch auf so etwas achten und im Zweifel sich einen anderen Ausflugsort aussuchen – oder eben bewusst entscheiden, dass man das akzeptiert und mit Karte zahlt.

Hast du dich schon ein wenig mit den Informationen über die Richtung der einen Zeitlinie vertraut gemacht – also mit der Agenda, mit den Symptomen und alldem, was hinter der Entwicklungsrichtung steht, die ich jetzt hier der Einfachheit halber die „Künstliche Zeitlinie" im Unterschied zur „Natürlichen Zeitlinie" nenne?

Künstliche Zeitlinie (2D) und Natürliche Zeitlinie (5D)

Mir sind im Laufe des vergangenen Jahres viele Zusammenhänge noch klarer geworden. Ständig erweitert sich meine Perspektive und verändert sich, darum sieh das, was ich hier teile, nur als eine Momentaufnahme von Anjas Bewusstseinszustand und persönlichen Ansichten – es kann alles auch ganz anders sein und vor allem ist es sicher noch viel umfangreicher und komplexer in Wirklichkeit. Doch eine Wahrheit ist, dass jeder individuell die Verantwortung dafür hat, worauf er seine Aufmerksamkeit lenkt und wie er sich seine Welt erschafft. Es gilt ja generell, dass dir dein Gefühl sagt, was für dich stimmig ist und was nicht.

Es gibt ein Video auf YouTube von Robin Kaiser mit dem Titel „Der Aufbau der Matrix", das ich inzwischen dreimal gehört habe und beim dritten Mal habe ich mir Notizen gemacht. Ich finde es aufschlussreich und toll erklärt und es fügt sich optimal mit alldem zusammen, was ich schon wusste und ahnte, was mir nur in dieser Erklärweise noch nicht klar war.

Seit ich mit dem Konzept der Zeitlinien überhaupt in bewussten Kontakt gekommen bin, seit ich also von der Idee der „Zwei Zeitlinien", in die die Menschheit sich gerade entwickelt, gehört habe – und ich gebe zu, dass ich das Thema nicht in der totalen Tiefe studiert habe, sondern es mehr aus meiner inneren Wahrnehmung betrachte und mit meiner Intuition und meinem inneren Wahrheitskompass anschaue – habe ich es immer so verstanden, dass es mega wichtig ist, sich der Geschehnisse auf der Erde bewusst zu werden und zwar in einer noch viel intensiveren und ausführlicheren Weise als vorher.

Spätestens seit Corona, da kann ich nur „Danke, Corona-Zeit" sagen, ist es für mich durch das eigene Erleben und Drinstecken in diesem Körper zu dieser Zeit offensichtlicher denn je, was hier auf der Erde läuft und dass die Dunkelkräfte im letzten Aufbäumen alle Register zu ziehen scheinen, um noch möglichst viele

Seelen gefangen und an sich gebunden zu halten. Ich wusste das alles, seitdem ich von Omnec die Information über die Transformation der Erde bekommen habe, also seit 1999 ungefähr, doch mit dem Jahr 2020 und der Corona-Geschichte machten sich die Jahre der inneren Vorbereitung bezahlt und ich begann zu sehen und zu erleben, dass das alles wirklich passiert.

In Stichworten gebe ich hier einen Überblick über die Art, wie ich die zwei Entwicklungsrichtungen oder Zeitlinien für mich unterscheide:

Künstliche Zeitlinie (2D)

Übergang von der 3. Matrix (3D) in die 4. Matrix (2D) – Verflachung – Digitalisierung – Technologisierung – Transhumanismus – Manipulation – Vergessen – 2 Strang DNS – Genetische Manipulation – Entmenschlichung – Entseelung – Verausgabung – 3D > 2D – Patriarchat oder Matriarchat (Ungleichgewicht männlich-weiblich) – Lineare Zeit – Matrix – Sklaventum und Kontrolle – Massenbewusstsein – Sozialgefüge – Klassen und Sozialstrukturen – Künstliche Intelligenz (KI/AI) – Negative Kräfte – Dunkelkräfte – Agenda – Seelenlicht-Klau – Mentalkörper-Kidnapping – Bargeldabschaffung – Entbiologisierung des menschlichen Organismus – Gefängnis – Mauern – Angst – Ablenkung – Bewegung – Ego – Urtrennung – Urwunde – Ego – Trennung der Gehirnhälften – Kopf über Herz

Natürliche Zeitlinie (5D)

Übergang von der 3. Matrix (3D) in die 2. Matrix (5D) – Vertiefung – Erleuchtung – Erweitertes Bewusstsein – Höhere Dimensionen – Erinnerung – 12 Strang DNS – Gottmenschsein

– Aufstieg – Verinnerlichung – 3D > 5D – Divine Feminine (Göttliche Weiblichkeit) & Divine Masculine (Göttliche Männlichkeit) – Zyklische Zeit – Gott-Bewusstsein – Hieros Gamos – Unio Mystica – Mystik – Einweihungen – Kundalini – Herzchakra – Drittes Auge – Freiheit – Liebe – Glückseligkeit – Freude – Schöpferkraft – Selbst- und Gottrealisation – Heimat – Seelenpartnerschaft – Zwillingsflammen – Seelengruppen – Paradies – Technologie und Spiritualität als zwei Seiten einer Medaille – Phaistos-Bewusstsein – Aufgestiegenes Atlantis – Wunder – Synchronizitäten – Stille – Raumfahrt – Zeitreisen – Verbindung mit galaktischen Freunden – Heilung – Seele – Höhere Sinne und Fähigkeiten – Herz über Kopf

Chart Nr. 1 – Zwei Entwicklungsrichtungen

Dieses Diagramm habe ich erstellt, nachdem ich dank der Erklärungen von Robin Kaiser ein vertieftes Verständnis über die verschiedenen Existenzebenen oder Schöpfervorlagen bekam, die er als Matrix oder Matrizen bezeichnet. Vorher hatte ich von dem Begriff Matrix vor allem im Zusammenhang mit der kontrollierenden und manipulierenden Welt à la Filmreihe Matrix gehört und im Laufe der letzten Monate wurde mir aufgrund meines eigenen Bewusstseinserweiterungsprozesses auch immer klarer, wo meine eigenen Programmierungen noch stecken und wo ich an mir arbeiten darf, um Liebe und Freiheit zurückzuerobern.

Für mich besonders spannend ist, dass die Erläuterungen von Robin Kaiser sich sehr gut ergänzen mit dem Aufbau der Ebenen des Bewusstseins, so wie ich sie von Omnec Onec kenne – auch darüber habe ich ein Chart gezeichnet, das ich in Kapitel 17 – Die Gottwelten – einfüge.

In diesem Chart kannst du sehen, dass auch die göttliche Ebene als eine Matrix bezeichnet werden kann, und zwar als die Ur-Matrix oder Matrix Nummer 1. In dieser Existenzebene sind alle anderen Entwürfe enthalten. Sie entspricht dem göttlichen Einheitsbewusstsein oder – in Zahlen ausgedrückt – den Dimensionen 1 bis 12. Es gibt nichts Wirkliches außerhalb Gottes, um es in einfachen Worten zu sagen.

Die 2. Matrix bezeichnet Robin Kaiser als die Spiegelwelten. Sie beinhaltet die Dimensionen 1 bis 6. In seinem Video spricht er von dem luziferischen Lebensentwurf, damit ist ein Gegenentwurf zur göttlichen Grundstruktur gemeint. Die 2. Matrix ist also eine spiegelverkehrte Kopie der 1. Matrix und bietet ein duales Lebenserfahrungsspektrum.

In dem Chart Nr. 2 nach den Lehren von Omnec Onec über die Ebenen des Bewusstseins ist es ähnlich dargestellt – da sind die Gottebenen und die Seelenebenen das Einheitsbewusstsein und die darunter liegenden Ebenen des Bewusstseins die polaren Welten. Dazwischen, so hat Omnec es gelehrt, gibt es die ätherische Ebene als eine Grenze zwischen den Welten der Einheit und den Welten der Zweiheit. Der ätherischen Ebene könnte man vielleicht auch die Funktion des Spiegels zuordnen, wobei in der ätherischen Ebene laut Omnec noch andere Qualitäten vorhanden sind, auf die ich im späteren Kapitel zurückkomme, wenn ich detaillierter auf die Gottwelten nach Omnec eingehe.

Die 3. Matrix bezeichnet Robin Kaiser als die satanische Matrix. Sie beinhaltet die Dimensionen 1 bis 3 und ist innerhalb der 2. Matrix enthalten.

Das Besondere unserer jetzigen Zeit ist, dass uns alle Schöpfungsebenen zugänglich sind.

In der Übergangszeit offenbaren sich insbesondere zwei Entwicklungsrichtungen:

1. Entweder der Wechsel in die höhere Ebene der 2. Matrix, also der Existenz in der 5. Dimension (5D)

2. Oder der Verbleib in der 3. Matrix innerhalb derer sich gerade

eine noch stärker verengte und noch begrenztere 4. Matrix aufbaut, die einer zweidimensionalen Existenz entspricht.

„Die 4. Matrix wird gerade installiert. Es ist eine digitale Matrix, die in einer virtuellen Welt funktioniert." (Robin Kaiser)

In anderen Worten – der Mensch hat die Wahl, ob er sich für eine Existenz in einer Welt digitaler Codes entscheidet oder für seine Existenz als biologisch-organisches Wesen mit analogen Lebensprogrammen. Mit dem Eintritt in die 4. Matrix wird die natürlich-organische Biologie verlassen.

In der 4. Matrix sind die Wesen sehr weit abgeschnitten von der Ur-Matrix, vom göttlichen Bewusstsein. Hier werden Gefühle abgeschafft und die Anbindung an das Göttliche ist nicht mehr im Erfahrungsbereich.

Da diese Erfahrungsebene so weit von der göttlichen Ordnung entfernt liegt, hat sie eine noch begrenztere Lebensdauer als die Erfahrungsebene der 3. Dimension.

Der Weg der Befreiung aus der 3. Matrix geht über Bewusstheit, über Unterscheidungskraft, über Erkenntnis.

Die Unterscheidung zwischen der 2. und der 3. Matrix ist wesentlich, um zu erkennen, was in unserer Welt auf welchem Planfeld basiert und welcher Erfahrungsraum damit verbunden ist. (Robin Kaiser).

Bitte beachte, dass alles auch ganz anders sein kann, denn nichts, was ich hier schreibe, repräsentiert eine ultimative Wahrheit. Alles, was ich hier schreibe, sind meine persönlichen Erfahrungen und Gedanken und spiegelt wider, was mir als derzeit logisch und sinnvoll erscheint. Die in dieser Evolutionsphase sich anhebenden Energien verfeinern die Energiesysteme aller Menschen, die sich für das Erwachen entschieden haben, daher reagieren auch die intuitiven Kompasse wesentlich deutlicher auf das, was sich für dich stimmig, neutral oder falsch anfühlt. Das Relevante ist nur, wie du auf etwas reagierst und in welcher Weise du in Resonanz gehst und was du mit den Informationen ganz individuell machst. Wenn sie dein Bewusstsein erweitern, dir eine neue Perspektive eröffnen oder sogar dein Herz zum Schwingen bringen, fühle ich einen Strom des Glücks, wie er zu mir zurückkehrt.

Bild 6: Zwei Entwicklungsrichtungen

Darstellung der Matrizen und der zwei Entwicklungsrichtungen am Ende des 3D-Zeitalters, Chart inspiriert von Robin Kaiser

Die Transformation der Erde

- Zwei Entwicklungsrichtungen am Ende des 3D-Zeitalters -

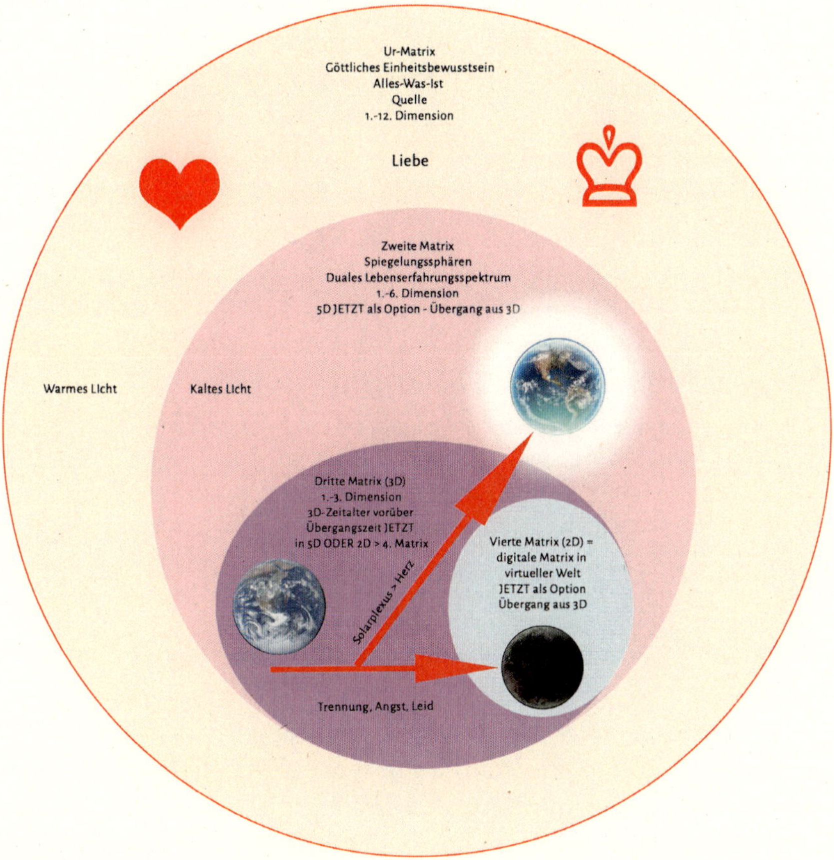

Diagramm von Anja Schäfer venus-spirit.com nach Robin Kaiser YouTube „Der Aufbau der Matrix"

Kapitel 15 – Die Transformation der Erde

Die Erde und die Menschheit geht nun durch einen Transformationsprozess – und alles wird wieder wie vor der genetischen Manipulation. Die Menschen werden sich wieder vereinigen und alle Konflikte beenden.

Es fängt damit an, dass sich die Wahrnehmungsweisen und Ansichten der Menschen ändern. Das ist auch der Grund, warum ich hier bin und darüber informiere. Ich lehre die Menschen, die strukturierten und kontrollierten Vorstellungen zu überwinden.

Wenn ihr hier geboren werdet, werden euch eure Religionen, eure politischen Ansichten und alles Mögliche gegeben. Alles wird euch von klein auf beigebracht – nichts ist euer freier Wille, eure freie Wahl.

Omnec Onec im Interview mit Jo Conrad, 1999[11]

Der Text von Omnec Onec, den ich in dieses Kapitel einfüge, enthält alles Wesentliche, was sie über die derzeit stattfindende Transformation der Erde mitgeteilt hat. Es gibt auch eine ausführlichere Fassung, die in unserem Buch „Einfach Weisheit und Liebe – Venusische Spiritualität" veröffentlicht ist.

Das besonders Faszinierende an Omnecs Geschichte über den Ursprung der Erde, der Menschheit, ihrer Entwicklung inklusive genetischer Manipulation bis hin zur aktuell stattfindenden

11 Dieses Gespräch ist in diesem Buch im Anhang zu lesen sowie auf meinem YouTube Kanal zum Anschauen. Deutsche Untertitel sind vorhanden. https://youtu.be/S1fR26Pn3tg

Transformation in eine höhere Schwingungsfrequenz ist für mich persönlich die Tatsache, dass ich zu Beginn meiner Zusammenarbeit mit Omnec, der gleichzeitig der Anfang meiner Ausbildungsjahre als Vermittlerin für venusische Spiritualität war, diese großen Informationen zunächst nur hörte. Später übersetzte ich Omnecs Vorträge und Workshops, wodurch das Wissen tiefer in mein System und in meine Muttersprache eindrang, so dass ich es auch mit meinem Verstand besser überblicken und integrieren konnte. Noch später transkribierte und veröffentlichte ich Omnecs Lehren, parallel fanden meine eigenen Erfahrungen statt und validierten mir am eigenen Leib und in meinem eigenen Bewusstsein all das, was zu Beginn nur Theorie war.

Es fühlt sich enorm an, wenn man zuerst so große Informationen nur hört und deren Wahrheit dann am eigenen Leib erfährt – man walked dann seinen talk sozusagen.

Zwar spürte ich schon während meiner ersten beiden Einweihungsphasen um das Jahr 2000 herum Aufstiegssymptome wie Herzöffnung, eine Kundalini-Erfahrung, ein geöffnetes drittes Auge, die Wahrnehmung meiner „Micky-Maus-Ohren", also der Chakras links und rechts oberhalb meines Kopfes und vor allem die Erinnerung meiner Selbst als ätherisches, androgynes Lichtwesen mit einer gefühlten Höhe von ca. drei Metern, doch all das verschwand wieder in meinem Inneren, nicht, dass ich es vergessen hätte – es blieb immer die Sehnsucht nach der Rückerinnerung und Rückkehr in diesen himmlischen Bewusstseinszustand in mir – und doch fühlte ich dieses Bewusstsein mehr als zwanzig Jahre lang nicht. So lange brauchte ich, um es zu integrieren und so lange war ich spirituell auch wenig aufnahmefähig – ich war gewissermaßen übersättigt und musste das alles verdauen.

Lineare Existenz – zyklische Existenz – ja, es waren in linearer Zeit mehr als zwanzig Jahre, bis ich in die nächste Phase der Erinnerung meiner Selbst zurückkehrte. In zyklischer Zeit ist es sozusagen gleichzeitig, nur auf einer anderen Ebene, einer tieferen oder höheren Ebene, es ist wie in einer Spirale, und ich bin an demselben Punkt 22 Jahre später wieder vorbeigekommen, damit ich mich erneut erinnere und die Reise nach innen noch tiefer geht.

Offensichtlich waren meine Lichterfahrungen nach mehr als zwei Jahrzehnten so weit integriert, dass ich mit der nächsten Portion Licht fertig werden kann, ohne dass meine Nerven durchglühen und ich meinen Verstand wieder verliere.

Alleine, wenn ich mir diese Perfektion der göttlichen Führung bewusst mache, vergehe ich in Staunen und Ehrfurcht vor der unendlichen Liebe, die Gottes Plan durchdringt. Die Liebe für alle Seelen ist unermesslich groß und die Schwingungserhöhung geht mit absoluter Sanftheit vonstatten, damit den inkarnierten Seelen Zeit gelassen wird, um ihre Erfahrungen zu integrieren, zu verarbeiten und vor allem auch, damit sie sich entscheiden können, welchen Weg sie gehen möchten.

Ich habe erkannt, dass keine Seele verloren geht – auch diejenigen, die sich jetzt aus Unbewusstheit für den Weg in die tiefere Kontrollmatrix entscheiden, werden zu einem späteren Zeitpunkt eine neue Wahl treffen können, so vermute ich es jedenfalls, denn ganz genau weiß ich es nicht, was mit ihnen geschieht. Vielleicht verlieren sich manche auch so tief in den Tiefen der künstlichen Intelligenz, dass sie sich darin auflösen und vollkommen in der künstlichen Struktur des Transhumanismus absorbiert werden. Doch letztlich ist alles Energie und verwandelt sich nur – es gibt in Wahrheit nichts außerhalb des göttlichen Lebensentwurfes, weil das das einzige ist, das existiert. Selbst die tiefste Kontrolle und der am gruseligsten erscheinende Weg der künstlichen Intelligenz sind nur Aspekte der Schöpfung und daher aufgrund ihrer Ferne zum Ursprung zeitlich begrenzt.

Letztlich brauche ich mich mit der Frage der Entwicklungsrichtung der künstlichen Intelligenz nicht weiter zu beschäftigen, weil ich diesen Weg nicht gehe und ihm darum keine weitere Aufmerksamkeit zu geben brauche. Für mich genügt es, mir die Unterschiede der Entwicklungsebenen bewusst zu machen und dann schaue ich sowieso nur in Richtung Licht, Liebe und Gottesbewusstsein. Das ist so, als würde ich an einer Weggabelung ankommen und ich schaue in beide Richtungen. Die eine Richtung fühlt sich kalt und dunkel an, begrenzt und einsam. Die andere Richtung ist voller Licht, Wärme, Freude und liebender Menschen. Na, welchen Weg gehe ich wohl? Ist doch klar, wo ich langgehe, da brauche ich nicht einmal zu zögern. Ich kann vielleicht einen Moment innehalten und mir diesen Jetzt-Punkt richtig bewusst machen, in allen Richtungen um mich herum meinen Blick schweifen lassen, auch zurückschauen, wo ich herkomme und ich kann auch in den Himmel blicken und in meinen Körper hineinfühlen, wenn ich diesen Jetzt-Punkt gerne vollständig wahrnehmen möchte. Es ist immerhin eine besondere Weggabelung und viele Menschen kommen an ihr vorbei und entscheiden sich für den einen oder anderen Weg.

Vielleicht mag ich auch ein Picknick machen und eine Weile das Treiben beobachten, das ist super spannend! Vielleicht mag ich auch als kleines Auskunftsbüro oder Touristen-Info einen Stand aufbauen, um den Pilgern ihre Optionen zu erklären. Vielleicht ist hier auch eine Sammelstelle für all meine Seelenfreunde, von wo aus wir gemeinsam, wenn die Zeit reif ist, in unser Venus-Schiff einsteigen.

Letztlich werde ich natürlich meinen Weg in die warme, helle, freudvolle Richtung mit meinen Seelenfreunden gehen, ganz klar.

Nach dieser Einleitung teile ich Omnec Onecs Worte über die Geschichte und Transformation der Erde mit dir. Omnec hat diese Information in den Neunzigern empfangen und von diesem Zeitpunkt an in Vorträgen weitergegeben. In einer Art Geschichte erzählt, erklärt dieser Text die Ursprünge des jetzigen Zustandes auf der Erde und was jeder Einzelne tun kann, um eine positive Veränderung zu bewirken.

In-Drop Nr. 4 – Die Transformation der Erde nach Omnec

Die unbekannte Geschichte unseres Sonnensystems und die spirituelle Transformation der Erde aus venusischer Sicht – Text von Omnec Onec

Ich hörte zum ersten Mal etwas über die Transformation und die Geschichte des Sonnensystems, als mir bei einem Treffen auf der Astralebene, zu dem ich 1994 eingeladen wurde, und das ich mit Hilfe einer langen Meditation besuchte, die Zusammenhänge klargemacht wurden.

Tausende von Wesen aus verschiedenen Galaxien, menschliche und nicht-menschliche, allesamt intelligente und hochentwickelte Wesen, nahmen an diesem Treffen teil. Es war nur eine von unzähligen Gelegenheiten, bei der sie sich zusammenfanden, um ihre Bemühungen zur Rettung der Erde zu koordinieren. Seit etwa 1930 versuchten sie, die Schwingung Schritt für Schritt zu erhöhen, um eine nochmalige Zerstörung des Planeten zu verhindern.

Vor etwa 40 Millionen Jahren (Diese Angabe ist nicht genau, da Zeit ein menschliches Konzept und in anderen Dimensionen ohne Belang ist; lediglich der Ablauf der Ereignisse ist von Bedeutung.) wurden vier verschiedene menschliche Rassen aus vier verschiedenen Galaxien von der Spirituellen Hierarchie (eine Gruppe von höchstentwickelten Aufgestiegenen Meistern) aufgefordert, in dieses Sonnensystem zu reisen und vier der älteren Planeten zu kolonisieren.

Diese Menschen waren unglaublich weit entwickelt: Sie konnten nicht nur zu anderen Galaxien, sondern auch in andere Dimensionen und in die Vergangenheit und die Zukunft reisen. Sie verständigten sich untereinander und mit allen anderen Lebensformen, wie Engeln und Aufgestiegenen Meistern, Tieren, Pflanzen und Mineralien per Telepathie. Gesprochene Sprache verwendeten sie nur bei der Kommunikation mit weniger entwickelten Lebewesen. Die Technik, die ihnen zur Verfügung stand, funktionierte in völliger Harmonie mit den Naturgesetzen. Diese Menschen hatten die Konzepte der Schöpfung kraft ihrer Gedanken verstanden und gingen verantwortungsbewusst damit um, indem sie diese Kräfte für positive und konstruktive Dinge einsetzten. Auf dieser hohen Stufe der menschlichen Evolution gibt es weder Egoismus noch Streben nach Macht und Reichtum.

Sie wussten alles über die Schöpfung und den Schöpfer, ebenso über ihre eigene Existenz als unsterbliche Seele, die nicht auf den physischen Körper beschränkt ist. Für sie gab es dementsprechend keinen Tod, lediglich den Übergang von einer Dimension in eine andere. Sie wählten ihre Lebensspanne selbst aus, je nach den Erfahrungen, die sie zu machen wünschten oder den Aufgaben, die sie erfüllen wollten.

Sie kamen in dieses Sonnensystem, um die menschliche Rasse hier anzusiedeln und als Hüter allen Lebens auf den verschiedenen Planeten. Die gelbe Rasse kolonisierte den Planeten, den Sie als Mars kennen, die rote Rasse siedelte auf dem Planeten Saturn, die schwarze Rasse auf Jupiter und die weiße Rasse auf der Venus. Insgesamt 12 Planeten umkreisen die Sonne, von denen bisher nur 9 bekannt sind.

Die Erde war zu dieser Zeit noch ein Komet, der erst später eine Bahn um die Sonne einschlug und zu einem wunderschönen Planeten mit vielen Meeren wurde. Es gab zwei Monde, die die Erde umkreisten und für ausgeglichene Wetterbedingungen sorgten. Aus weit entfernten Galaxien brachten die vier ursprünglichen Rassen eine Vielzahl von Tieren, Pflanzen und Mineralien hierher und schufen ein Paradies, in dem alle Lebewesen in Harmonie miteinander lebten.

In anderen Sonnensystemen gab es weniger hochentwickelte Zivilisationen, die ebenfalls die Raumfahrt beherrschten, sich aber noch auf dem Niveau von Aggression und Eroberung befanden. Als sie Kenntnis von dem wunderschönen neuen Planeten erhielten, reisten sie zur Erde, um sie auszubeuten. Diese ersten

Bewohner waren intelligente Wesen, die wie Menschen aufrecht auf zwei Beinen gingen, aber einer dinoiden und reptiloiden Rasse angehörten. Sie waren aggressiv und hielten sich für allen anderen Wesen überlegen. Sie kamen, um sich die Mineralien und wertvollen Edelsteine anzueignen.

In kürzester Zeit bekämpften sie sich untereinander mit Atom- und Laserwaffen, wie Sie sie aus Science-Fiction Filmen kennen. Sie erhielten Verstärkung von ihren Heimatplaneten, und eine Partei führte den langen Krieg von einem der Monde aus. Dieser wurde im Laufe der Auseinandersetzungen völlig zerstört, ebenso wie die Oberfläche der Erde. Die meisten Lebensformen waren bereits der radioaktiven Verseuchung zum Opfer gefallen, und die Verwüstungen machten den Planeten für lange Zeit unbewohnbar. Die Dinoiden und Reptiloiden verließen die Erde, für die sie keine Verwendung mehr hatten, und ließen sogar ihre Verwundeten zurück.

Die vier Rassen, die auf den vier älteren Planeten lebten, sandten einige Freiwillige zur Erde, um den Verwundeten zu helfen und um das Ausmaß der Zerstörung festzustellen. Sie wollten die Erde so schnell wie möglich instand setzen, mussten aber feststellen, dass dies nicht möglich war. Die Freiwilligen konnten nicht einmal mehr die Erde verlassen, weil sie bei ihrer Rückkehr ihre Heimatplaneten radioaktiv verseucht hätten.

Aufgrund der Strahlung mutierten die Dinoiden und Reptiloiden zu den Dinosauriern und riesigen Reptilien, die Sie aus der Erdgeschichte kennen. Die Menschen, die dort bleiben mussten, mutierten zu der Rasse, die Sie als Neandertaler kennen.

Für Jahrhunderte blieb die Erde verwüstet, und die spärliche Vegetation reichte kaum zur Ernährung der riesigen Echsen. Dann schlug ein großer Komet in eines der Weltmeere ein, der zusätzlich zu der radioaktiven Wolke, die die Erde umgab, einen Mantel aus Staub verursachte und sie in völlige Dunkelheit hüllte. Die Wärmestrahlung der Sonne konnte nicht hindurch dringen, und es kam zu einer Eiszeit, die die mutierten Lebensformen auslöschte. Dadurch erhielten die vier Rassen die Möglichkeit, die Erde mit Hilfe ihrer Technologie und ihrer Energie zu heilen.

Wieder siedelten sie die verschiedensten Lebensformen an und schufen ein neues Paradies.

Bedingt durch den einen Mond herrschten jetzt jedoch extreme Wetterbedingungen, starke Meeresströmungen und große Unterschiede bei Ebbe und Flut.

Weil die vier alten Planeten in dieser Zeit in ihrem Lebenszyklus eine Ruhephase erreichten, in denen sie kein physisches Leben beherbergen können, entschlossen sich die vier Rassen, auf die Erde zu übersiedeln. So entstanden die ersten Kolonien, die Sie als Atlantis und Lemuria kennen.

Besorgt darüber, dass der Mond alle möglichen Probleme wie Stürme, Vulkanausbrüche und Erdbeben verursachten, suchten sie Rat bei der Spirituellen Hierarchie und wurden angewiesen, zwei Schutzschilde aus Eispartikeln um die Erde zu bauen. Diese Konstruktionen, Firmamente genannt, wurden mit Hilfe von besonderen Kristallstrukturen verankert, die sie entlang des Äquators installierten. Auf der ganzen Welt herrschte damals ein angenehmes, subtropisches Klima. Wüsten aus Sand oder Eis gab es nicht.

Da die Erde zu klein war, um alle Menschen von den vier alten Planeten zu beherbergen, wurde beschlossen, nur die junge Generation in Begleitung einiger spiritueller Lehrer und alten Weisen dorthin zu bringen. Die übrige Bevölkerung würde zusammen mit ihren Planeten untergehen und sterben. Sie sahen ihrem Schicksal gelassen entgegen, da sie keine Furcht vor dem Tod kannten. Die Spirituelle Hierarchie veranlasste jedoch, dass sie ihr Leben auf einer höheren Dimensionsstufe fortsetzen konnten. Sie konnten ihre Kultur beibehalten und wurden zu Beschützern der Menschen auf der Erde.

Auf Anraten der Spirituellen Hierarchie bauten die Menschen auf der Erde besondere Tempel, die als Dimensionstore verwendet werden sollten. Damit hatten die Menschen die Möglichkeit, in der Meditation andere Dimensionen und die Aufgestiegenen Meister zu erreichen. Zu ihrem Schutz sollten diese Tempelanlagen jedoch gut verborgen werden. Für die Zukunft der Erde hätten sie eine besondere Bedeutung.

Die Dunklen Kräfte, eine ebenfalls menschliche Rasse mit einer anderen genetischen Struktur, lebten in einer Galaxie in der Nähe unseres Sonnensystems. Sie besuchten die Erde in der Hoffnung, Kenntnisse über fortschrittliche Technologien zu erhalten. Da ihr Bewusstsein damals jedoch noch nicht sehr fortschrittlich war, und diese Menschen ihre Kräfte nicht im Sinne der kosmischen Gesetze zum Wohle aller einsetzten, wurden ihnen diese Informationen verweigert.

Daraufhin erklärten die Dunklen Kräfte den ersten Kolonien den Krieg. Diese verteidigten sich nicht, sondern versteckten sich an verschiedenen Stellen der Erde. Eine Gruppe zog sich ins Innere der Erde zurück, wo sie heute noch lebt. Dann zerstörten sie die Kolonien, damit sie nicht in die Hände der Dunklen Kräfte fielen. Atlantis, Lemuria und die anderen Kolonien wurden von ihren Bewohnern zerstört, um ihr Wissen und ihre Technologie vor Missbrauch zu schützen.

Hierbei wurden auch die Kristallstrukturen, die Verankerung der Firmamente, beschädigt. Die Spirituelle Hierarchie warnte die Menschen, die sich auf der Erdoberfläche verborgen hielten, vor einer großen Flut. Die Firmamente würden auf die Erde stürzen und durch das Schmelzen der Eispartikel ungeheure Wassermassen freisetzen. Sie wurden angewiesen, große Schiffe zu bauen und so viele Lebensformen zu retten, wie sie nur konnten. Es gab Hunderte von Archen, nicht nur die eine, von der in der Bibel die Rede ist.

Ebenso wie die Menschen warteten auch die Dunklen Kräfte auf den Rückgang der Flut. Sie kehrten zur Erde zurück, nahmen die Menschen gefangen und folterten sie, um Informationen über die verborgenen Tempel und über die fortschrittliche Technologie zu erhalten. Die Dunklen Kräfte wussten, dass die Menschen die Erde immer wieder aufbauen konnten, solange sie in Kontakt mit den anderen Dimensionen standen. Deshalb durchtrennten sie bei ihren Gefangenen die Verbindungen zwischen den Gehirnhälften. Die Menschen verloren die Fähigkeit, mit anderen Dimensionen zu kommunizieren und sich an vergangene Leben zu erinnern. Sie vergaßen die spirituellen Gesetze und ihre technologischen Fähigkeiten, wussten nichts mehr von den verborgenen Tempeln und den Aufgestiegenen Meistern.

Die Dunklen Kräfte manipulierten sie so vollständig, dass die Menschen sich nicht mehr an ihre Vergangenheit erinnern konnten. Die vier ursprünglichen Rassen bekämpften einander und verehrten die Dunklen Kräfte als Götter der neuen Religionen, die diese zur Ausübung von Macht und Kontrolle eingesetzt hatten. Es gab unzählige Kriege um Macht, Geld und Technologie. Diese Entwicklung dauert bis zum heutigen Tag an, inzwischen auf einer so subtilen Ebene, dass dies den Menschen meist nicht bewusst ist. Tief in ihrem Inneren fühlen sie jedoch, dass ihr Leben hier nicht in Ordnung ist und haben eine unbestimmte Sehnsucht nach ihrer ursprünglichen Heimat. Das ist natürlich ihre Seele, die sich an ihren wahren Ursprung erinnert.

Transformation bedeutet nun nichts anderes, als dass die Spirituelle Hierarchie in Zusammenarbeit mit allen Wesen, die an der Manipulation beteiligt waren, die Fehler der Vergangenheit korrigieren wollen. Als ersten Schritt sorgten sie dafür, dass die Menschen wieder Kenntnisse von den spirituellen Gesetzen erhielten. Die Regierungen der verschiedenen Länder auf der Erde wurden kontaktiert, verweigerten aber die Zusammenarbeit, weil sie ihre Macht nicht verlieren wollten und im Geheimen weiter an Dingen wie Genmanipulation arbeiten. Durch die Erfindung der Atombombe besteht zudem wieder die Gefahr, den ganzen Planeten zu zerstören. Dies hätte unübersehbare Auswirkungen, nicht nur für unser Sonnensystem, sondern für das ganze Universum, und es würde zahllose Lebewesen beeinträchtigen.

Die Galaktische Bruderschaft (eine Vereinigung von unzähligen hochentwickelten Wesen aus verschiedenen Dimensionen) hat deshalb beschlossen, diesen Missbrauch zu beenden. Sie arbeiten seit Jahrzehnten daran, die Frequenz der Erde so zu verändern, dass die heute bekannten Technologien eines Tages nicht mehr funktionsfähig sind.

Die Erhöhung der Schwingung geht sehr langsam vor sich, und erst seit 1993, nachdem die verborgenen Tempel reaktiviert worden waren und Energie aus anderen Bereichen durch sie hindurch auf die Erde gelangen konnte, steht fest, dass dieses Unternehmen erfolgreich sein wird.

Rund um die Erde wurden riesige Raumschiffe installiert, die für das menschliche Auge unsichtbar und auch nicht mit Hilfe von Radar zu entdecken sind. Sie senden ihre Schwingungsenergie unablässig auf die Erde. Alle Tiere, die auf der Erde leben, wurden angewiesen, ihre Schwingungen zu erhöhen. Die Menschen, die sich ihres kosmischen Erbes und ihrer wahren Herkunft wieder bewusst werden, tragen ebenfalls auf verschiedene Weise zur Steigerung der Frequenz bei. Je mehr Lebewesen sich daran beteiligen, desto schneller wird die Veränderung stattfinden.

Die Transformation ist ein langsamer Prozess, der in kleinen Schritten abläuft, damit die menschliche Zellstruktur nicht beschädigt wird. Es wurde ein künstliches Chakra-System geschaffen, mit dessen Hilfe die beiden Gehirnhälften synchronisiert werden, um so Fähigkeiten wie Telepathie, Intuition, Erinnerungen an frühere Leben und persönliche Kontakte zu den Meistern wieder zu erwecken. Chakren sind winzige Dimensionstore, durch die wir Kontakt mit der Energie der jeweiligen Dimension aufnehmen. Kinder, die nach 1993 auf die Welt kamen, werden bereits mit dem neuen Chakra-System und einem neuen Bewusstsein geboren.

In dieser Übergangszeit können verschiedene körperliche Symptome auftreten: kurze, schmerzhafte Stiche, als würde jemand eine Nadel in den betroffenen Körperteil stechen, hohe Quietschtöne in den Ohren, plötzlich auftretende Sehstörungen, die ebenso schnell wieder verschwinden, plötzliche Herzrhythmusstörungen. Manchmal fühlen Sie sich müde, obwohl Sie ausreichend Schlaf hatten, dann wieder kommen Sie mit wenigen Stunden Schlaf aus und fühlen sich sehr energiegeladen. Ihr Appetit wird schwanken, mal essen Sie kaum etwas, dann wieder sind Sie ständig hungrig, egal, wie oft Sie etwas zu sich nehmen. Auf jeden Fall ist es wichtig, in dieser Zeit viel Wasser zu trinken, um den Körper bei der Umstellung zu unterstützen und Schadstoffe auszuscheiden.

Es ist sehr wichtig, diese Information an alle Menschen, die dafür offen sind, weiterzugeben, denn je mehr Menschen bewusst und aktiv an der Transformation teilnehmen, desto schneller wird sie zum Erfolg führen.

Kapitel 16 – Spirituelle Praktiken

ICH BIN LIEBE.

In diesem Kapitel möchte ich einige Übungen und Gedanken mit dir teilen, die ich mir zu einer Gewohnheit gemacht habe und von denen ich überzeugt bin, dass sie mich bei ihrer Anwendung und auch in den Phasen, wenn ich gerade nicht an sie denke, in meiner Balance halten und auf meinem Weg nach innen und in die Gegenwart wertvolle Begleiter sind.

Ich hoffe, dass sie dich inspirieren, sie selbst anzuwenden und dich auf die Suche zu machen nach weiteren Impulsen, die für dich persönlich die besseren oder hilfreichsten sind.

Der spirituelle Weg oder der Pfad der Erleuchtung ist individuell – und sicher auch genau aus diesem Grund wird er in unseren Gesellschaften nicht gelebt und gelehrt oder hast du schon einmal in der Bild-Zeitung, in einem Mainstream-TV-Sender, in der Schule oder im Normalo-Bekanntenkreis und Arbeitsumfeld – einfach irgendwo in der 3D-Welt etwas von der ernsthaften Beschäftigung mit Praktiken gehört, die in die Gegenwart und damit in die Erleuchtung führen?

Ich erinnere mich gut daran, dass ich in der Endphase meiner Teenagerzeit, nachdem ich mich über Berufsinformationszentren und die Schule und als bereits in diesem System inkarnierte Seele seit fast zwanzig Jahren voll bewusst erkannte, dass das, was mich WIRKLICH interessiert, in unseren Gesellschaften, Universitäten oder Ausbildungszentren nicht existiert. Was mich nämlich WIRKLICH interessierte, waren Themen wie Esoterik, Astrologie, Tarot, Selbsterkenntnis, Seele, Mystik und Erleuchtung. Na ja, mittlerweile dürfte uns allen klar sein, warum das so ist und dass es an der Zeit ist, dass wir den wahren Themen des echten

Lebens echte Aufmerksamkeit geben und so endlich das Zepter der Schöpferkraft und Selbstermächtigung in unsere Hände zurückholen, wo es hingehört – so wie auch die eigene Krone auf den eigenen Kopf gehört als Symbol der Anerkennung meiner Selbst als geliebte, göttliche Tochter oder als geliebter, göttlicher Sohn einer unendlichen liebenden Schöpferkraft.

Um genau das Erkennen dieser göttlichen Gegenwart geht es in diesem Kapitel, und da die meisten von uns alleine durch die Geburt und das langjährige Verwobensein mit den Strukturen der drittdimensionalen Matrix vergessen haben, dass sie unendlich geliebte, unsterbliche Seelen sind und wie sie sich daran erinnern können, sind Texte von Lehrern, deren Vorträge und auch spirituelle Übungen so immens wichtig.

Letztlich braucht es nur EINE Übung – das ist das SEIN IM JETZT.

Aber ich bin selbst durch meinen Mentalkörper und vielleicht auch im Zusammenhang mit meiner eigenen Seelenaufgabe als Vermittlerin venusischer Spiritualität nicht so einfach gestrickt, jedenfalls mein Ego oder wer auch immer ICH hier ist – ich persönlich brauche es, mir mein Gehirn auf verschiedene Weisen zu waschen und das mache ich seit Jahrzehnten. Leider bin ich diesbezüglich wirklich zu kompliziert gestrickt, als dass ich einfach nur EINE Übung, EINE Praxis gefunden und seit Jahrzehnten anwenden könnte, wenn ich das täte, wäre ich vielleicht schon auf der Venus oder noch weiter weg.

Doch offenbar soll es nicht so sein, dass ich durch eine Spontanerleuchtung im Dauerzustand einfach so abdüse – in meinem individuellen Fall mache ich Schlenker in meinem Bewusstsein, ich durchreise Zyklen des Erwachens und des wieder etwas Einschlafens – ich entwickle mich selbst spiralförmig, immer mal wieder ein Riesen-Download und dann eine Phase der Integration und des Ausbalancierens – und in diesen Phasen stabilisiere ich mich selbst durch alle möglichen Praktiken, die da sind verschiedene Gedanken, Affirmationen, Gebete und das Lesen und Anhören von Texten.

Im Folgenden gebe ich dir eine Auswahl der Praktiken, die ich wirklich gewohnheitsmäßig anwende und hoffe, dass das eine oder andere für dich dabei ist. Vieles sind Inspirationen von anderen Lehrern und soweit ich sie noch weiß, nenne ich sie mit Dank, Liebe und Anerkennung als Quelle. Um nicht zu viel drum herum zu ergänzen, gebe ich hier nur die Kurzform ohne weitere Erklärung – du fühlst selber, was für dich sympathisch ist.

Als Anregung kann ich noch sagen, dass diese Worte in der Übungsphase am intensivsten wirken im Rahmen eines tiefen, entspannten Atmens und wenn du sie laut aussprichst. Natürlich wirken sie auch im reinen Geist und überall und jederzeit – Hauptsache dran denken und anwenden.

Manche Gedanken oder Affirmationen habe ich ursprünglich auf Englisch kennengelernt und übe sie daher auch auf Englisch. In diesem Fall schreibe ich hier mein englisches Original und eine mögliche deutsche Übersetzung. Wenn du das Englische magst und verstehst, überlege dir gerne deine eigene deutsche Version.

Autogenes Training à la Anja

ICH BIN ganz ruhig und entspannt.
Mein Körper sitzt (liegt, steht, geht) hier angenehm schwer und warm.
Mein Atem fließt ruhig und regelmäßig.
Mein Herz schlägt ruhig und gleichmäßig.
Mein Sonnengeflecht ist strömend warm.
In meinem Hara bin ich eins mit dem Sein.
In meiner Basis bin ich stabil, versorgt, ruhig und sicher.
Meine Stirn ist angenehm kühl und frisch.
Mein Kopf ist klar und frei.

ICH BIN ganz ruhig und entspannt.

Heilgebet nach Boris Lukacs

Gott, Du bist die Liebe in mir
Du bist das Lebendige in mir
Aus Dir empfange ich Hilfe und Heil.
Ich erkenne Dich in mir an
Denn Du bist meine Quelle und das Leben.

Gott, ich rufe deine Liebe an
Bitte heile mich
Bitte sende mir die Engel der Heilung
Zum Trost und zum Segen
Für meinen Körper, für meine Seele und für meinen Geist.

Kurz im Bewusstsein ruhen nach Jen McCarty

Rest as awareness for a short moment

Einfach einen Moment mit dem Denken aufhören
Stop thinking

Spring vom Gedankenzug runter
Jump off the thought train

Yin und Yang Gedankenstops nach Eckhart Tolle

Ich verweigere jedem Gedanken radikal, in meinem Hafen anzulegen.

Ich weigere mich radikal, Gedanken zu hegen.
I radically refuse to harbour thoughts.

Ich habe keinerlei Beschwerden.
I have no complaint whatsoever.

Morgengedanken nach Viviane Chauvet

Es gibt keinen größeren Dienst, als im Licht zu sein. Jeden Tag, wenn ich aufwache, wenn ich in meinen Körper zurückkomme, atme ich tief ein und sage: „Welch Segen dieser Tag hält! Wie kann ich dem Licht dienen?"

There is no greater service than to be of the light. Everyday, when I wake up, when I come back to my body, I take a deep breath, and I say: "What blessing hold this day, how can I be of service to the light?"

Herzstern-Meditation nach Peter Mount Shasta

In meinem Herzen taucht ein Stern auf wie am dämmrigen Abendhimmel. Ich lenke meine ganze Aufmerksamkeit auf diesen Stern. Er wird immer heller und durchleuchtet meinen ganzen Körper, den ich mir wie Kristall vorstelle, wie ganz klaren Bergkristall. In diesem Licht sitze ich. Ich nehme die Stimme des Sterns wahr, die spricht: „Ich bin Licht. Ich bin Liebe. Ich bin Gott. Ich bin du. Ich bin das ich bin."

Kopf-ins-Herz-Tropfen nach Q

Ich befehle meinem Geist, die Gedanken aus meinem Kopf zu nehmen und sie in mein Herz zu legen.
5-4-3-2-1
Und so ist es.

I command my spirit to take the thoughts out of my head and put them in my heart.
5-4-3-2-1
And so it is.

Ich befehle meinem Geist, die Gedanken aus meinem Kopf zu nehmen und sie in mein Herz tropfen zu lassen, um mir Frieden zu bringen.
10-9-8-7-6-5-4-3-2-1

I command my spirit to take the thoughts from my head and drop them into my heart to bring me peace.
10-9-8-7-6-5-4-3-2-1

Affirmationen

Dies ist eine Auswahl meiner Lieblings-Affirmationen. Viele Affirmationen lese oder höre ich auf Englisch und dann bewahrt sich das so meistens in mir. Übernimm gerne für dich selbst, was mit dir in Resonanz ist.

Diese Affirmationen sind inspiriert von Jen McCarty, Viviane Chauvet, Abraham Hicks, Lehrern der ICH BIN-Gegenwart wie

Boris Lukacs, Peter Mount Shasta und Saint Germain – und natürlich fällt mir auch von Zeit zu Zeit eine Eigenkreation ein.

I am now aligned with the divine.
I have now arrived as the truly healed version of myself.
I am now plugged in to the God source within.
I am the object of attention of Source energy.
I AM LOVE, I AM LIGHT, I AM GOD, I AM YOU, I AM THAT I AM.
I AM guided by the light.
I choose to let go of all fears and all expectations now.
May higher truths be revealed to me now from the realms of illumination and enlightenment.
I choose to be the sacred embodiment of light.

Ich bin jetzt auf das Göttliche ausgerichtet.
Ich bin jetzt in der heilen Version von mir selbst angekommen.
Ich bin jetzt an die göttliche Quelle in mir angeschlossen.
Ich bin das Objekt der Aufmerksamkeit der Quelle.
ICH BIN LIEBE, ICH BIN LICHT, ICH BIN GOTT, ICH BIN DU, ICH BIN DAS ICH BIN.
Ich bin geführt vom Licht.
Ich entscheide mich, jetzt alle Ängste und Erwartungen loszulassen.
Mögen mir jetzt höhere Wahrheiten aus den Bereichen der Erleuchtung und des Lichts offenbart werden.
Ich entscheide mich, die heilige Verkörperung des Lichts zu sein.

Kapitel 17 – Die Gottwelten

Wenn du dir eine Zentrifuge vorstellst und Steine, Sand und Wasser hineingibst, wirst du beobachten, dass sich das dichteste Material, die Steine, außen ansammeln, dann kommt der Sand, dann das Wasser und im Zentrum ist pure Energie. So kannst du dir das Zentrum der Schöpfung vorstellen, das wir Gott nennen.

Die „Gottwelten-Illustration" habe ich im Jahr 2010 für Omnec Onecs Buch „Die venusische Trilogie" erstellt. Für mich ist es immer einfacher, mir große Zusammenhänge bewusst zu machen, wenn ich sie auch visuell vor Augen habe und sie mir so besser vorstellen kann.

In diesem Chart siehst du den Aufbau der Ebenen des Bewusstseins, so wie Omnec Onec sie basierend auf ihren venusischen Lehren weitergegeben hat. Genau genommen sind es universelle Lehren, es gibt kein Copyright auf die Wahrheit.

Vielleicht hast du schon einmal von Eckankar gehört. Eckankar ist der Name einer mittlerweile weltweit operierenden spirituellen Organisation, die dieselben Lehren wie Omnec für die Neuzeit wieder in die Welt bringt. Da es sich hier um eine organisierte Gesellschaft handelt, muss ich ergänzen, dass Omnec und ich nie Mitglieder dieser Gruppierung waren. Der Gründer von Eckankar war Paul Twitchell. Er und Omnec trafen Ende der sechziger Jahre zusammen, denn es war eine Seelenverabredung mit dem Grund des Wiedererkennens der beiden, damit Omnec die Inspiration und den Anstoß erhält, mit dem Sprechen und Lehren zu beginnen. Diese Begegnung im Körperlichen auf der Erde war durch die Meister und die Seelen geplant und Paul hatte mit seinem Meister Rebazar Tarzs während einer Seelenreise auf die astrale Ebene der Venus das Venus-Kind Omnec schon gesehen und erfahren, dass er sie später auf der Erde wieder erkennen würde und dass die beiden eine Aufgabe zusammen hätten. Bis zu Pauls plötzlichem Tod im Jahr 1971 wirkten sie auch tatsächlich zusammen, worüber auch Omnecs Ex-Ehemann Stanley Schultz zu berichten weiß, denn er war damals dabei und sogar der Initiator der ersten Begegnung zwischen Omnec und Paul.

Was die Übersicht über die Ebenen des Bewusstseins betrifft, so gibt es in Paul Twitchells Buch „Spirituelle Aufzeichnungen" eine Übersicht dieser Gottwelten. Diese Übersicht entspricht dem, was Omnec später als Lehrerin in ihren eigenen Büchern und Workshops weitergab. Du findest die Details über diese Informationen in allen Büchern von Omnec, daher möchte ich sie hier nicht explizit wiederholen. Wenn du dir die Illustration in Ruhe anschaust, bekommst du ein gutes Gefühl über die Zusammenhänge.

> *Wir kamen als Seele nur aus einem Grund in die polaren Welten: Erfahrungen zu sammeln, die uns dazu führen, ein bewusster Mitarbeiter der höchsten Gottheit zu werden – der ECHTEN LIEBE. Echte Liebe ist die Energie, die vom Schöpfer fließt und alle Formen des Lebens unterstützt. Ohne sie kann nichts existieren. Folglich sind wir alle universelle Wesen und nicht auf eine Existenz beschränkt. Es gibt keine Grenzen für Liebe.*
>
> *– Omnec Onec*

Chart Nr. 2 – Die Ebenen des Bewusstseins

Bild 7: Die Gottwelten

Die Ebenen des Bewusstseins nach den Lehren von Omnec Onec

In Stichworten gebe ich hier in meinen Worten eine Ergänzung zur Illustration:

Anami Lok oder die Dimension des Göttlichen ist die Welt der Einheit, des Einheitsbewusstseins, die Quelle der Schöpfung oder das, was wir einfach als Gott bezeichnen. Natürlich ist damit kein kirchlicher oder religiöser Gott oder Allah gemeint, sondern die Quelle allen Seins, die pure Liebe ist. Es gibt nichts Wirkliches außerhalb dieser Gottebene – alles, was existiert, ist aus ihr erschaffen.

Die Seelenebene entspricht der Dimension, in der die Seelen in Gruppen erschaffen werden und von wo aus sie ihre Reise durch die Ebenen des Bewusstseins, also in die polaren Welten, unternehmen.

Die ätherische Ebene ist die Grenze zwischen den Einheits- und den Zweiheits – oder Spiegelwelten. Laut Omnec ist es außerdem die Ebene der Meister und Engel und des Wissens der individuellen Seele, dass sie ein Aspekt Gottes ist. Es ist auch die Ebene der Einweihungen und Erkenntnisse.

Die mentale Ebene ist die Ebene des Denkens und des bewussten Erschaffens durch die Kraft der Vorstellung. Aus dieser Ebene heraus gab es die Manipulation des Bewusstseins, mit der die Menschen auf der Erde seit dem Fall in die polaren Welten ihre Erfahrungen machen. Die Rückeroberung der eigenen Mentalkräfte ist daher ein wesentliches Element der Rückkehr in das Einheitsbewusstsein und in das Erwachen als bewusste Seele.

Die kausale Ebene ist die Ebene des Erinnerns. Hier werden alle Erfahrungen der Seelen gespeichert und sind über die Akasha-Chronik abrufbar.

Die astrale Ebene ist die Ebene der Emotionen und Gefühle. Sie entspricht der Dimension auf der Venus, auf der Omnec lebte, bevor sie sich einen physischen Körper manifestierte und als Kind auf die Erde gebracht wurde. Die astrale Ebene kann man auch als fünftdimensionalen Bewusstseinsebene bezeichnen, in die die Erde und die Menschen, die sich für diesen Bewusstseinsaufstieg entschieden haben, sich derzeit hineinentfalten. In ihrer Autobiographie „Ich kam von der Venus“ schildert Omnec, wie die Venusier vor langer Zeit dasselbe erfahren haben wie die Menschen auf der Erde heute und wie sie diesen Aufstieg gemeistert haben.

Die physische Ebene ist die Ebene der physisch-sinnlichen Erfahrungen, die Ebene des organisch-biologischen Menschen und anderer Lebensformen, in die sich Seelen inkarnieren können, wie Mineralien, Pflanzen, Tiere und auch andere Wesen, die uns auf der Erde noch nicht wieder so offenbar sind.

Erst kürzlich habe ich durch die Information von Robin Kaiser in seinem Video „Der Aufbau der Matrix“ erkannt, dass es unterhalb der physischen Ebene noch eine stärker verdichtete Dimension gibt und die gerade im Aufbau ist, die er als 4. Matrix bezeichnet. Ich kann das natürlich auch unvollständig oder falsch sehen, ich beschreibe es hier nur in meinen Worten so, wie ich es momentan verstehe. Aus dieser Perspektive entspricht diese noch dichtere Ebene einer noch weiteren Abtrennung vom Göttlichen durch die Einkehr in eine digitale Welt, in der künstliche Intelligenz die Kontrolle über das Bewusstsein hat. In dieser Dimension endet das organisch-biologische Leben.

In der Illustration siehst du einige Zeichnungen, Farben, Mantras und Klangentsprechungen, die laut Omnec diesen Ebenen entsprechen und deren Bewusstmachung, Visualisierung und Tönen das Reisen in die jeweilige Welt erleichtert. Zu den Herrschern kann ich nichts weiter sagen, weil ich mich mit ihnen nie tiefer beschäftigt habe. Ich weiß nur, dass SUGMAD ein Name des Göttlichen ist und dass SAT NAM der Herrscher der Seelenebene ist[12]. Ich habe die Herrscher-Namen vor allem der Voll-

12 Es gibt eine Visualisierungsübung in Omnecs Trilogie und in unserem Buch „Einfach Weisheit und Liebe – Venusische Spiritualität“, die von der Seelenebene ausgehend das Öffnen eines Brunnens beschreibt. Es heißt, dass vom Schöpfer (SUGMAD) ausgehend und ausgeführt durch den Herrscher Sat Nam ein Tor in die niederen Welten geöffnet wurde,

ständigkeit halber mit in dieses Chart übernommen. Wenn dich diese Thematik interessiert, findest du bei Recherche weitere Informationen.

In den Neunziger Jahren entstand eine sehr schöne Meditations-CD im Tonstudio gemeinsam mit Omnecs damaligem Manager und Musikproduzenten Wulf Wemmje. Diese Meditations-CD ist dafür gemacht, damit du eine Seelenreise durch die Ebenen des Bewusstseins machen, deinen Geist loslassen und mehr über dich erfahren kannst. Du erfährst mehr über diese CD, die es auch als Download gibt, hinten in diesem Buch unter Empfehlungen.

---

damit die Seelen, die in den polaren Welten gefangen sind, befreit werden und ihren Weg zurück in die Einheit finden.

Kapitel 18 – Venus-Botschafter Omnec und Cosmic Ray

Als ich auf dem Planeten Venus in einer anderen Dimension geboren wurde und als kleines Kind auf euren Planeten kam, konnte ich das Wissen und die Informationen, die ich als Seele durch viele Inkarnationen und Leben gesammelt hatte, behalten. Ich kann diese Informationen intakt halten, und was ich die Menschen lehre ist tatsächlich das, was Ich WEISS, und nicht worüber ich gelesen oder wovon ich gehört habe, also was ich durch viele verschiedene Lebenszyklen auf der Erde und in anderen Dimensionen erlebt habe.

– Omnec Onec

Der Planet Erde durchläuft derzeit einen dimensionalen Aufstieg. Damit sich die Erdbewohner mit dem Transformationsprozeß mit bewegen können, müssen sie durch die Anhebung ihrer eigenen Schwingung ihr Bewusstsein erweitern. Das Erleben des individuellen Himmels hängt nicht davon ab, was der Mensch während seines Lebens erreicht oder nicht erreicht hat, sondern davon, wie sehr er sich der unendlichen Liebe der göttlichen Gegenwart geöffnet hat. Gott ist Liebe und ebenso wie die Erde ist die weiter entwickelte Venus ein Teil des göttlichen Planes und des himmlischen Königreichs. Als Schwesterplanet der Erde unterstützt die Venus den inneren Aufstieg des Menschen durch ihre harmonische Strahlung, die sie kontinuierlich zur Erde und in die Herzen der Menschen sendet.

Auch das scheinbar Kleine ist bedeutsam.
Even the seeming small is significant.

– Dr. Raymond Keller „Cosmic Ray“

Dieses Kapitel widme ich in Liebe und Dankbarkeit meinen Freunden und Lehrern Omnec Onec und Dr. Raymond Keller, der auch als „Cosmic Ray“ bekannt ist. Ich hoffe, dass dich diese Zeilen inspirieren, ihre Werke zu lesen und ihre Videos anzuschauen, denn in den Videos kommt noch einmal eine andere Qualität ihrer liebevollen, ruhigen Präsenz herüber als über das Studieren ihrer Bücher. Ich selbst habe mich mein Leben lang immer multimäßig mit den Energien gefüttert, die mit mir in Resonanz gegangen sind und daher bin ich auch sehr froh und dankbar für die moderne Technologie mit ihren Möglichkeiten der Multimedialität.

Denk einmal kurz an die Zeit vor der Technologisierung, da hatten die Menschen nur den persönlichen Kontakt miteinander. Später kam die Möglichkeit des Lesens, doch das erforderte ja schon eine Bildung und aufgrund des patriarchalischen Systems und in vielen Ländern auch der Glaubenssysteme, die Frauen Bildung vorenthielten – ich denke gerade an den Film Yentl mit Barbra Streisand, in dem sie sich als junger Mann verkleidete, um studieren zu können – stand das Lesen und Schreiben nicht allen Menschen offen. Und wenn Menschen lesen und schreiben konnten, dann hatten sie oft nicht den unbeschränkten Zugang zu allen Wissensquellen und zu allem, was sie wirklich interessierte. Das dunkle Zeitalter hat wirklich ganze Arbeit geleistet, um die inkarnierten Seelen klein zu halten, das Bewusstsein zu kontrollieren und gefangen zu halten.

Ein Glück geht das nun dem Ende entgegen – und darum ist es so super wichtig, sich wirklich für das Licht und die Wahrheit zu öffnen und die inneren Tore aufzumachen, damit Licht und Liebe wieder aufsteigen können.

Genau darum sind Omnec Onec, Dr. Raymond Keller und sehr viele weitere große Seelen im Moment auf der Erde. Ich fühle mich unendlich gesegnet und dankbar, dass ich diesen wundervollen Menschen begegnet bin und ich dank ihrer Präsenz in meinem Leben mich an so viel erinnern konnte und stetig weiter wachse und gedeihe.

Letztlich ist es natürlich meine eigene Seele, also ich selbst, die all diese Erfahrungen gewählt und gemanagt hat im Zusammenspiel mit den anderen Seelen und dem göttlichen Ganzen. Je mehr ich meiner Selbstermächtigung Raum gebe, desto klarer wird auch diese Wahrheit, nämlich dass aller Dank auch mir selbst gebührt, denn ich bin das alles. Nur in diesem Leben habe ich mich dafür entschieden, selbst in ein Feld des Vergessens zu inkarnieren mit der Option, im Laufe meines Lebens zu erwachen. Vielleicht war und ist es sogar mehr als eine Option, es ist vielmehr ein Lebensplan, der erfüllt wird. Dagegen habe ich mich auch nie gewehrt, doch meine eigenen Verwobenheiten mit dem etablierten System, mein eigenes Ego und meine eigenen Verwundungen musste ich natürlich konfrontieren – ich konnte nicht einfach erwachen und seitdem als Lichtgestalt wie der Narr im Tarot als Vagabundin oder unter einem Bodhi-Baum sitzend vor mich hin leuchten – das war nicht mein Lebensentwurf. Mein Lebensplan besteht darin, nach und nach mein Bewusstsein auszudehnen, dafür begegne ich in zyklischen Zeitabständen neuen Auslösern, die mich in weitere Dimensionen meines Bewusstseins ausdehnen.

Zwei dieser Auslöser in meinem Leben waren Menschen, nämlich Omnec Onec und Dr. Raymond Keller, und einer dieser Auslöser war ein Artefakt, nämlich der schon beschriebene Diskus von Phaistos. Es gibt noch einen weiteren Auslöser für die nächste Phase meines Erwachens und das ist die Realisierung meiner Selbst durch die Begegnung mit meiner Zwillingsflamme. Über das Thema Zwillingsflammen schreibe ich im letzten Kapitel dieses Buches als krönendes Sahnehäubchen.

Es ist hier nicht meine Absicht, Biographien über Omnec und Ray zu schreiben, ich möchte dir die beiden lediglich aus meiner persönlichen Erfahrung und Perspektive vorstellen.

Besonders über Omnec, unser Kennenlernen und ihre einschneidende Wirkung für meinen Lebensweg habe ich schon recht ausführlich geschrieben. Natürlich gibt es noch unendlich mehr zu erzählen, ich könnte viele Geschichten erzählen, und vielleicht soll das auch in der Zukunft noch geschehen. Doch, wenn du dich an den Auslöser für das Schreiben dieses Buches erinnern möchtest, schreibe ich es ja aus der möglichen Perspektive einer Art letzten Akts vor einer größeren Transformation, wie auch immer die aussehen mag. Es war ja nur mein Auslöser, mein Triggergedanke, die Überlegung, was ich noch machen wollen würde, wenn ich wüsste, dass ich nur noch ein paar Monate hier auf der Erde sein würde. Ausgelöst von dieser Überlegung schreibe ich hier während meines Türkeiaufenthaltes, der übrigens morgen endet und während dem ich enorm viel Zeit und Ruhe habe, dieses Buch und packe alles rein, was ich im Moment gerne mitteilen möchte.

Doch noch einmal in Kurzform zusammengefasst, damit ich eine gute Überleitung zwischen Omnec, der Frau von der Venus und Ray, dem Mann von der Venus, hinbekomme:

Omnec Onec als Person, als Überbringerin der göttlichen, bedingungslosen Liebe und als spirituelle Lehrerin war von 1994 bis 2021, als ich Ray zunächst virtuell über den Facebook-Messenger kennenlernte, meine Hauptinformationsquelle für meinen Weg als erwachende Seele.

Anders ausgedrückt, ich wusste intuitiv immer, dass Omnec und ihre Lebensgeschichte authentisch sind und ich wusste auch, dass die spirituellen Lehren, die sie vermittelte, in der Essenz wahr sind, wenn auch über Omnec als ganz normalen Menschen in eine Form verpackt, die einigermaßen überschaubar und verdaulich ist, also nicht übermäßig kompliziert, wenn auch sehr komplex.

Dieser Hintergrund bedeutete für mich, dass ich nie aktiv nach anderen Informationsquellen suchte oder das, was ich von Omnec wusste, vergleichen wollte. Wenn ich mit anderen Lehren und Lehrern in Kontakt kam, dann immer als Ergänzung oder weil ich persönlich für meinen eigenen Heilungsweg etwas Bestimmtes brauchte, wie zum Beispiel die Beschäftigung mit Saint Germain und seinen Lehren, die Beschäftigung mit Meditationspraktiken, mit Heiler-Ausbildungen und anderes mehr.

Doch was zum Beispiel in irgendeiner Form gegen Omnec als Person oder ihre Lehren war, das stimmte von der Frequenz her dann für mich nicht und ich nahm Abstand davon. Natürlich gab und gibt es viele Menschen, für die Omnec ein Fake ist, eine Person, die sich ihre Geschichte nur ausgedacht hat oder die irgendeinen Vogel hat. Besonders fällt mir in diesem Zusammenhang ein Buch eines Astrologen ein, bei dem ich mich für eine Ausbildung angemeldet hatte und von der ich radikal Abstand nahm, nachdem ich in einem seiner Bücher eine Abbildung von Omnec sah mit einem dazugehörigen Text, der von neptunischer Verblendung sprach. Mit anderen Worten, dieser Lehrer sah Omnec als eine Traumblase an und alle Menschen, die ihr zuhörten, waren der Illusion der Planetenenergie Neptun verfallen. Als ich das las, wusste ich, dass ich bei diesem Astrologen nichts zu suchen hatte und schrieb eine E-Mail, in der ich meine vorherige Anmeldung zu einer Seminarreihe bei ihm zurückzog.

Das Besondere, was Omnec in mein Leben brachte, war die Liebe, die göttliche Liebe. Ausgelöst durch die Erkenntnis dieser göttlichen Liebe und meiner ersten Selbstrealisation, so fühle ich es rückblickend, wurde ich für dieses Leben erst so richtig eingenordet, das heißt, ich fand meine Spur und wusste von dieser Zeit an, dass mein Sein hier einem Plan folgt und dass alles einen Sinn hat, auch wenn ich ihn nicht immer gleich sehen kann.

Omnecs Liebe in meinem Leben gab mir das Becken, in dem ich schwimmen konnte. Vorher gab es das nicht, vorher hatte ich keine Ahnung und schwebte nur suchend in der Gegend umher, vielleicht wie ein kleiner Fisch in einem riesigen Ozean, der sich verschwommen hat und irgendwie sein Zuhause wieder sucht.

Durch Omnecs Präsenz in meinem Leben wusste dieser kleine Fisch plötzlich, dass es ein Zuhause gibt und dass es noch andere verwandte Fische gibt – mein ganzes Erlebnisfeld bekam eine ansatzweise Ordnung.

Von Omnec habe ich so viel gelernt, doch vielleicht ist es richtiger zu sagen, dass ich mich durch sie an sehr vieles erinnert habe, was immer in mir war, doch was ich vergessen hatte. Wenn du ihre Bücher liest und ihren Worten lauschst, wenn also die venusische Spiritualität in dir Anklang findet, dann wirst du sicher ähnliche Erfahrungen machen und vieles wiederentdecken, was du nur ahntest und nun findest du Gewissheit.

So ging es nicht nur mir, sondern sehr vielen Menschen, dass sie durch Omnecs Lehren und Präsenz Bestätigungen gefunden haben für das, was sie immer fühlten, nämlich die Realität außerirdischen Lebens, mehrerer Dimensionen, eines liebenden Schöpfers, der wundervollen Kraft der Liebe als einzige Wirklichkeit und der kreativen Vorstellungskraft als Schlüssel für das Erschaffen von Wirklichkeit. Die Reise der Selbstentdeckung hat durch Omnec in meinem Leben praktisch erst so richtig Fahrt aufgenommen. An ihrer Seite und ihren Rücken stärkend formierte sich immer mehr meine Rolle und Funktion als Assistentin und als Sprachrohr für sie, nicht nur im deutschsprachigen Raum, sondern seit 2014 auch mehr und mehr international, denn da waren wir zum ersten Mal zusammen in Norwegen auf einer UFO-Konferenz.

Doch erst seitdem ich Dr. Raymond Keller im Jahr 2021 kennenlernte, der eine neue Dimension der Venus in mein Leben brachte und mir wiederum neue innere Universen öffnete, begann ich langsam zu begreifen, dass ich auch in einer Art Ausbildung der Venusier bin. Für mich war es mein Leben lang richtig, Omnec zu unterstützen und das tue ich auch heute noch, doch seit der Zeit ihres Schlaganfalls im Jahr 2009 zog sie sich immer mehr von der Öffentlichkeit zurück und mehr und mehr kristallisierte sich heraus, dass ich vermutlich für den Rest meines

Lebens die Funktion haben würde, ihre Lehren zu hüten und weiterzuvermitteln, so gut es mir eben möglich ist.

Ich meine damit, dass die Integration dieses Wissens und das eigene Anwenden dessen ein langwieriger Prozess ist, es ist keine Ausbildung, die man in einem oder zwei Jahren absolviert und dann ist man ausgelernter Meister seines Fachs. So funktionieren irdische Ausbildungen, doch um ein Meister zu werden, braucht es sehr viel Erfahrung und sehr viel Praxis.

In einer anderen Dimension und doch vergleichbar läuft eine Ausbildung zu einem Venus-Vermittler oder Venus-Lehrer, denn es ist ein echter Weg der spirituellen Meisterschaft.

Auf Dr. Raymond Keller bin ich durch zwei Freunde aufmerksam gemacht worden, nämlich durch Robert Potter, einen Uralt-Fan von Omnec Onec, der durch mich seine erste Private Session mit ihr per Skype irgendwann um 2014 herum hatte und der schon eine Ewigkeit lang ihr Buch kannte und sie persönlich kennenlernen wollte. Rob organisiert auch die Mount Shasta Sommerkonferenzen, wo Omnec bisher zweimal anwesend war, einmal im Jahr 2015 mit mir zusammen und einmal im Jahr 2018, wo sie mit ihrer Tochter Tobi war und wo sie auch erstmalig Ray begegnet ist.

Der andere Freund, den ich bisher persönlich noch nicht getroffen habe, der aber schon seit Jahren den Kontakt hält und der mir auch beim Korrekturlesen meines englischen Buches „Simply Wisdom and Love – Venusian Spirituality“ geholfen hatte, ist Brad Markus.

Rob und Brad erwähnten mir gegenüber gelegentlich, dass ich unbedingt Rays Bücher lesen müsse. Wie ich vormals schon angedeutet hatte, war ich spirituell-venusisch betrachtet über Jahrzehnte gesättigt und schenkte diesen Aufforderungen von Brad und Rob wenig Aufmerksamkeit.

Bild 8: Dr. Raymond Keller „Cosmic Ray“ und Omnec Onec

Der Historiker der Venusier und die Frau von der Venus. Dieses Foto entstand auf der Mount Shasta Sommerkonferenz 2018

Doch da sie immer wieder von Ray sprachen, musste ich dann doch eines Tages mal genauer schauen und plötzlich schrieb ich Ray aus einem Impuls heraus über den Facebook-Messenger an. Ich stellte mich kurz vor, schickte das Foto von Omnec und mir aus unserer Anfangszeit in meinem Buchladen mit und sagte eigentlich hauptsächlich nur mal Hallo. Ray antwortete schnell total lieb und interessiert und es entstand eine Verbindung zwischen uns, die bald zu einem ersten Kennenlernen per Zoom führte.

Während dieses ersten Gesprächs erwähnte Ray mir gegenüber, dass er als junger Mann in Donzdorf bei Göttingen stationiert war und sehr gerne wieder einmal nach Deutschland kommen würde. Auch erzählte er mir auf meine Nachfrage zu seiner eigenen Venus-Erfahrung, dass diese physisch gewesen sei, was mich sehr erstaunte und auch neugierig machte, denn bis zu diesem Zeitpunkt hatte ich nur die Informationen von Omnec, dass es auf der Venus Leben auf der astralen Ebene geben würde, doch von der physischen Ebene war mir nichts bekannt.

Doch ich fühlte von Anfang an mit Ray dasselbe wie mit Omnec, nämlich seine Authentizität. Ich wusste einfach, dass er die Wahrheit erzählt oder zumindest eine Wahrheit, die mit mir in Resonanz ist.

Es entstanden weitere Gespräche zwischen Ray und mir und schnell entschieden wir gemeinsam, dass er nach Deutschland kommen würde, was mich zu dem nächsten Frage führte, nämlich, dass wir von ihm nichts auf Deutsch anzubieten haben, weder ein Video, noch ein Buch, noch einen Text, gar nichts.

Meine erste Idee war, dass ich ein eigenes kleines Buch über die Venus schreibe, eine Art Zusammenfassung oder dergleichen, denn als mir Ray sein erstes Buch „Venus Rising – A Concise History of the Second Planet“ schickte und ich es zu lesen begann, da ahnte ich schon, dass das eine Riesenaufgabe wäre, dieses Buch ins Deutsche zu übertragen und ich suchte in mir nach einer Alternativlösung, die ich jedoch nicht fand.

Angesichts der geplanten Reise von Ray nach Deutschland im Mai 2022 und der Tatsache, dass ich dafür eine kleine Tour mit Vorträgen für ihn organisieren wollte, blieb mir etwa ein halbes Jahr Zeit, um die Veranstaltungen zu planen und um ein Buch zu veröffentlichen. Als ich im Herbst 2021 für einige Wochen in Spanien war, dachte ich die ganze Zeit über eine Lösung dieses Dilemmas nach und entschied letztlich, dass ich das Schreiben eines eigenen Buches zu jener Zeit noch nicht bewältigt bekommen würde, dass ich also Rays erstes Buch ins Deutsche übertragen und anlässlich seines Besuches in Deutschland veröffentlicht haben möchte.

Mit dieser Entscheidung ging meine Ausbildung als Venus-Vermittlerin in die nächste Phase. Die Arbeit an diesem Buch stellte sich als meine persönliche Doktorarbeit heraus und das hing mit allen möglichen Faktoren zusammen, nicht alleine mit dem Umfang und der Sprache, es gab auch enorme organisatorische und technische Komponenten, an denen ich teilweise fast scheiterte. ich musste innerhalb kürzester Zeit eine neue Schulung in Word, in Sachen Layout mit InDesign, in Kommunikation mit Lektoratshelfern, in Urheberrechtssachen, in Fragen nach Bildmaterial und deren Verwendung und dann auch noch rein energetisch durchmachen, denn die Energie in Rays Büchern ist für mich persönlich in einer Frequenz, die mein ganzes Bewusstsein in eine neue Dimension des Erinnerns und des Erwachens führt. Parallel organisierte ich die Tour, was mich in eine neue Dimension der Vernetzung mit Menschen führte, sowohl was die Regionalveranstalter betrifft als auch die potentiellen Besucher – insofern hatte ich auch sehr viel mehr an Kommunikation und Vertiefung mit Menschen als in den Jahrzehnten davor. Es ging insgesamt für mich in eine neue Ebene der Verbindungen, des Austauschs und ich lernte viele neue Menschen kennen und verband mich auf einer neuen Ebene mit einigen, die ich am Rande schon lange kannte, doch die durch diese monatelangen Aktivitäten und Planungen plötzlich näher in mein Bewusstseinsfeld traten. Auch lernte ich einige neue Menschen kennen und knüpfte neue Verbindungen. In all das gehörte noch einiges mehr, zum Beispiel entstand eine neue Internetseite in dieser Vorbereitungszeit auf Rays Besuch, ich begann mit dem Übersetzen von Artikeln von Ray für die UFO-Nachrichten.

Bild 9: Anja Schäfer und Dr. Raymond Keller „Cosmic Ray"
Dieses Foto entstand am 5. Juni 2022 am Fuße des Untersbergs in Österreich, als wir nach unserer schönen Veranstaltung im Rahmen der „Von der Venus mit Liebe Tour" mit einer kleinen Gruppe einen Ausflug unternahmen.

Ich könnte noch so vieles mehr berichten über die intensiven Monate durch und mit Ray, doch aus der reinen Perspektive seiner Präsenz in meinem Leben nach Jahrzehnten reiner

Omnec-Energie kann ich zusammenfassend sagen, dass er für mich eine männliche Venus-Komponente transportiert, während Omnec die weibliche Venus-Komponente gebracht hat. Das sind nur Begriffe, die sicher nicht die vollumfängliche Wahrheit darstellen können, sie beschreiben nur versuchsweise die Dimensionen meines Erlebens und des Erfahrens.

Vielleicht hilft es ein wenig, wenn ich sage, dass Omnec in erster Linie die spirituelle Lehre, die Liebe, die Essenz des Geistigen transportiert hat und Ray in erster Linie die Wissenschaftlichkeit, die Geschichte, die Verbindung des Spirituellen mit dem Physischen durch seine enormen Recherchen, seine bisher sieben intensiven Bücher und zahlreichen Artikel und all das ist durchwoben von seinen eigenen Erfahrungen des Erwachens inklusive eines eigenen Aufenthaltes auf der Venus für 10 Wochen.

Sowohl Omnec als auch Ray sind für mich persönlich zwei der sanftesten, liebevollsten, weisesten Seelen, die ich in meinem engen Feld habe, und das sage ich ganz bewusst so, denn es gibt natürlich noch andere liebevolle, weise Seelen. Einige davon erkenne ich als echte Lehrer an, deren Werke ich gerne lese und deren Stimmen ich gerne höre, doch sie alle sind in meinem eigenen Leben nicht so eng mit mir verbunden wie Omnec und Ray, die beide absolute Repräsentanten der Venus und deren Botschafter sind und mit denen ich in regelmäßigem, vertrautem, freundschaftlichem Austausch bin.

Mit dem Eintritt von Ray in mein Leben begann eindeutig ein neues Kapitel auf dem Weg meines eigenen spirituellen Entwicklungsweges. Nicht nur, dass ich durch seine Präsenz und sein Wissen einen Riesenschub an neuen Erkenntnissen und Erfahrungen gemacht habe – hinzu kommt der Anfang der Vollendung meines Aufstiegsprozesses durch die Begegnung mit meiner Zwillingsflamme. Über diese spezielle „Straße des Erwachens" schreibe ich im letzten Kapitel dieses Buches.

Nun – da es bekannterweise keine Zufälle gibt, sondern nur Seelenverabredungen und Seelenpläne, wird immer klarer, dass ich mir als Verbindungsfeld zwischen Omnec und Ray genau diese beiden Lehrer gewählt habe, um in mein volles Bewusstsein zu erwachen und ab irgendeinem Punkt selbst die venusische Spiritualität zu verkörpern und weiterzugeben.

Vielleicht mache ich das sogar schon, doch vollständig erwacht fühle ich mich im Moment nicht, ich fühle durchaus noch Turbulenzen – aber vielleicht ist auch das völlig menschlich und einfach ein Zeichen dieser Zeit der Transformation, dass auch Seelen auf dem Erwachensweg mit Herausforderungen konfrontiert sind und nicht innerhalb jedes Atemzugs vollständig tiefenentspannt heiter und gelassen in ihrer Mitte ruhen. Es geht ja schließlich auch um das Durchlichten der niederen Körper und Frequenzen, es geht auch um die Auflösung von Bindungen und um die Heilung des Ur-Traumas der Ur-Trennung vom Göttlichen – das ist nicht im Handumdrehen erledigt, sondern ein Prozess.

Während ich diese Zeilen schreibe, blicke ich in die letzten Stunden meines Türkeiaufenthaltes. Aus meinem Hotelzimmerfenster sehe ich Wolken und einen sich aufklärenden Himmel, nachdem es seit einigen Tagen viel geregnet hat. Ich höre die schöne Musik von Gioari „Mountain of Illumination“ – passend zum Thema, über das ich gerade geschrieben habe. In den zwei Wochen meines Aufenthaltes hier habe ich ganz schön geschlemmt, die Süßigkeiten hier im Hotel sind der absolute Hammer, noch besser als all das andere Essen, das auch sehr gut ist. Aber die Kuchen und Leckereien – krass verführerisch – ich bin froh, dass das morgen wieder vorbei ist, wenn ich zurück bin in Deutschland.

Mit diesen Worten schließe ich dieses Kapitel ab und wenn du näher in die Lehren und Energien der wundervollen Seelen Omnec Onec und Dr. Raymond Keller eintauchen möchtest, dann schau einmal in die Empfehlungen hinten im Buch hinein, es gibt auch Playlisten auf meinem YouTube Kanal mit Videos mit den beiden.

Kapitel 19 – Omnec's Oasis

Die Oasis ist ein Platz der Zukunft, der durch das Zusammenwirken aller unterstützt wird. Ein Ort, der noch lange nach der Transformation der Erde Bestand haben wird. Es wird ein Ort der Liebe und der Unterstützung und des Respekts für alle lebenden Wesen sein, so wie es der Schöpfer beabsichtigt hat.

– Omnec Onec

Bild 10: Haupthaus der Oasis

Omnec's Oasis – Ein Ort im Einklang mit dem Universum. Zeichnung nach einer Vision von Anja Schäfer.

Seitdem Omnec und ich mit ihrer letzten Reise nach Deutschland im Jahr 2016 die aktive und öffentliche Arbeit für die Verwirklichung der Oasis eingestellt haben, habe ich über dieses Projekt nicht mehr gesprochen oder geschrieben. Doch für dieses Buch möchte ich es aufleben lassen, denn noch sind wir mitten in der Transformation und ich finde es sinnvoll, dieser Art positiver Zukunftsvisionen viel Liebe und Aufmerksamkeit zu schenken, auch wenn die konkrete Realisierung der Oasis, so wie wir sie visualisiert haben, im Moment immer noch in den Bereich der Utopie gehört und damit durchaus in die fünftdimensionale Erde, in die wir ja gerade hineingehen und die uns mit Siebenmeilenstiefeln entgegenkommt.

Es ist interessant, dass ich diese Formulierung so jetzt wähle, denn Ende der Neunziger Jahre, als ich die Oasis-Vision empfing, habe ich noch nicht in diesen 5D-Begrifflichkeiten gedacht oder gesprochen, aber jetzt sehe ich es wirklich so und verstehe noch besser, warum Omnec sagte, sie glaube, dass die Oasis erst real sein wird, wenn die Transformation der Erde abgeschlossen ist. Vor diesem Hintergrund dieser Erkenntnis mussten wir die aktive Arbeit an dem Projekt im Jahr 2016 wirklich einstellen, weil die Zeit für die Realisierung schlicht noch nicht gekommen war und weitere Bemühungen aus dreidimensionaler Sicht nichts als Zeit, Energie und Geld gekostet hätten, die die Boden-Crew hier für anderes brauchte.

Der Segen, mit dem Omnec damals aus den USA nach Deutschland kam und den sie uns übermittelte, bestand darin, dass die Oasis auf einer höheren Ebene fertig ist. Ich glaube rückblickend, dass die meisten der damals aktiv im Oasis-Team involvierten Personen diesen Segen gar nicht als so tief beglückend empfanden wie ich und teilweise eher enttäuscht waren, dass wir es scheinbar aufgaben, an der Oasis weiter zu arbeiten.

Für mich war es so, dass ich klar fühlte, es ging wirklich noch nicht weiter. Die Erschaffung der Mittel und der irdischen Voraussetzungen war weder mir noch dem Team mit herkömmlichen 3D-Maßnahmen möglich und es fühlte sich auch nicht als meine Aufgabe an, hier in einer Weise tätig zu sein, die nicht meinem Seelenplan entspricht. Ich wurde sozusagen abgezogen, um mich anderem zu widmen und das war auch total stimmig und eine Riesen-Erleichterung. Trotzdem hatte ich den Segen des Loslassens gebraucht, denn das Oasis-Thema hatte mich zwar mehr und mehr belastet, doch gleichzeitig fühlte ich die Bedeutung dieses Projektes – darum steckte ich eine Weile in einem Dilemma, welches Omnec mit dem Segen von oben löste, so dass ich die äußere Arbeit an der Oasis loslassen durfte.

Mit der Visualisierung und dem Beginn der Gruppierungen um diese Vision herum setzte ich mich einige Jahre sehr für die Oasis ein. 2016 hatte die Oasis sozusagen ausreichend feinstoffliches Material durch Gedanken, Wünsche und Visualisierungen um sich herum gesammelt – alles Weitere lag und liegt in Gottes Plan und nicht mehr in unseren Händen. Ich glaube, wir werden uns mit der Schwingungserhöhung der Erde nach und nach weiter annähern. Die Oasis und ähnliche Projekte dieser Art kommen uns aus der feinstofflichen Welt entgegen und wir gehen ihr durch die Anhebung unserer eigenen Schwingungen weiter entgegen.

Ich füge die Vision und die Information über dieses Zukunftsprojekt hier ein, obwohl ich sie schon in unserem Buch „Einfach Weisheit und Liebe – Venusische Spiritualität" veröffentlicht habe und auf Omnec Onecs Internetseite ist sie auch enthalten. Die Kernvision liebe ich nach wie vor und ich finde, sie ist es wert, auf diesem Wege noch einmal in einige Herzen und Visionsträger ihren Weg zu finden, damit sie einen neuen Visualisierungsschub bekommt.

Omnec lädt zur Beteiligung an der Oasis ein

Omnec Onec hatte erstmalig im Jahr 1992 die Idee zur Oasis, als sie gerade mit einem Freund das Hancock Gebäude in Chicago besuchte und mit ihm über Unarius, eine „Universelle Schule" in Kalifornien, sprach.

Omnec sagte zu ihrem Freund, dass sie auch gerne universelle Lehren weitergeben würde und am liebsten ebenfalls so eine Schule hätte. Während die beiden die überwältigende Aussicht über Chicago vom Dach des Hancock Gebäudes genossen, ließen sie ihren Gedanken freien Lauf und plauderten in leichter, humorvoller Atmosphäre über alles, was ihnen im Zusammenhang mit dieser spontanen Idee einfiel.

Jetzt übermittelte Omnecs Onkel Odin ihr telepathisch eine Botschaft: „Omnec, du wirst einen Ort errichten, an dem alle Menschen Wissen und spirituelle Wahrheiten bekommen. Du hast diesen Ort bereits erschaffen, indem du ihn visualisiert hast. Es soll ein sicherer Ort sein, der jedoch nicht mit bereits bestehenden schulischen Konzepten oder Religionen auf der Erde identifiziert wird."

Dann fiel Omnec das Wort „Oasis" ein und sie fühlte eine große Freude, denn sie wusste, dass eine Oase von der Bedeutung her dasselbe und etwas Wunderbares ist. Später sah sie das Wort „Oasis" überall: „Oasis Reisen, Oasis Restaurant, Oasis Esoterik Geschäft, usw." Omnec dachte, dass sie sich eine andere Bezeichnung einfallen lassen müsste. Dann hörte sie die Stimmen von zweien ihrer Meister, Fubbi Quantz und Rebazar Tarzs, die ihr den Begriff „Omnec's Oasis!" übermittelten. Omnec sagte zu ihnen: „Was? Wieso mit meinem Namen?" und erhielt die Antwort: „Weil du das Wissen um die Seele, die wahre Essenz des Lebens, lehrst und deine Lehren, die so alt wie die Menschheit sind, dafür bekannt sind, dass sie wahr sind."

Omnec war ganz aufgeregt und konnte es gar nicht abwarten, diese Information mit ihrem Freund zu teilen. Er jedoch sagte zu ihr: „Nein, dieser Ort sollte nicht deinen Namen tragen! Das ist viel zu egoistisch!" Also erwiderte sie nur: „Ja, ‚Oasis'genügt als Name, stimmt."

Später, als Omnec ihren engsten Freunden zum ersten Mal von dieser Idee berichtete, sagten sie zu ihr: „Woher soll man denn wissen, dass nicht nur ein Restaurant oder Geschäft gemeint ist? Dieser Ort sollte deinen Namen haben!"

Von da an sprach Omnec öffentlich auf Workshops mit den Menschen über die Idee zu „Omnec's Oasis".

Dieses hier folgende Schreiben von Omnec entstand Anfang 2001, als wir zum ersten Mal alle Menschen, die in der damaligen Omnec Onec Adressdatenbank gespeichert waren, anschrieben:

> *Ich möchte alle Interessierten dazu einladen, sich an Omnec's Oasis zu beteiligen. Es soll ein spirituelles Zentrum sein, welches nicht auf einer bestimmten Lehre basiert, sondern alle einschließt.*
> *Es wird weder eine bestimmte Religion, Rasse oder Kultur bevorzugt noch ausgeschlossen – stattdessen soll jeder die Möglichkeit haben, sich selbst als ein Individuum oder als Gruppe zum Ausdruck zu bringen.*
> *Die Türen sollen stets offen sein – 24 Stunden lang rund um die Uhr – jederzeit soll jemand dort sein, um Zeit mit dir zu verbringen oder dir das Gefühl der Akzeptanz zu geben.*
> *Entsprechend deinen persönlichen Möglichkeiten gibst bzw. nimmst du.*
> *Natürlich musst du entweder Geld oder Zeit beitragen, um bestimmte Aufgaben zu erfüllen, die der Aufrechterhaltung der Oasis nützen.*
> *Es wird einen Musikraum mit Instrumenten und einem Klangsystem geben und du kannst auch dein eigenes Musikinstrument mitbringen.*

Es wird einen Meditationsraum geben und auch Plätze zu essen, trinken und zu rauchen. Wenn du Einsamkeit brauchst, ist auch das möglich.
Es werden viele verschiedene Arten der Heilung angeboten sowie auch bestimmte Themen und Workshops. Natürlich kannst du deinen Schlafsack mitbringen oder ein Zimmer mieten. Eine Reservierung wird nicht notwendig sein.
Es wird bestimmte Richtlinien oder Ethiken geben, die einzuhalten sind.
Das Schild über dem Eingang bringt das Motto des Ortes „HIER WIRST DU NICHT VERURTEILT" zum Ausdruck.
Kunst und Skulpturen werden ausgestellt und hier auch hergestellt.
Du kannst dich hier selbst zum Ausdruck bringen oder deine Talente mit anderen teilen. Es wird ein Ort vereinter Kräfte sein, der allen zur Verfügung steht, die ihren Beitrag leisten möchten.
Es ist ein Platz der Zukunft, der durch das Zusammenwirken aller unterstützt wird. Ein Ort, der noch lange nach der Transformation der Erde Bestand haben wird.
Es wird ein Ort der Liebe und der Unterstützung und des Respekts für alle lebenden Wesen sein, so wie es der Schöpfer beabsichtigt hat.
Wenn du die Realisierung dieses Ortes unterstützen möchtest oder durch ein eigenes Projekt Mittel beitragen möchtest, so ist dies herzlich willkommen.
Ich selbst werde zu bestimmten Zeiten auch selbst dort anwesend sein.
Danke für eure Unterstützung meiner Mission auf der Erde.
Liebe und Segnungen

Omnec Onec

Anjas Visionstexte der Oasis

Die hier folgenden Visionstexte schrieb ich im Jahr 2006, als ich die erste Internetseite über die Oasis erstellte. Bitte sieh diese Texte im Gesamten als Impulse und „geistige Samen" an. Sie sind aus einer inneren Ebene empfangen und bis auf grundlegende Korrekturen in ihrer Urform so belassen.

Sofern Wiederholungen vorkommen, sind sie beabsichtigt, um die Energie zu verstärken und die Visualisierung zu vertiefen.

Oasis Vision

Die Oasis ist ein Ort in vollkommener Harmonie mit der Natur.

In der Oasis leben, arbeiten und verweilen Menschen so lange sie möchten. Der Ort ist 24 Stunden an jedem Tag geöffnet für Besucher und Menschen, die einen Platz der Erholung für unbestimmte Zeit brauchen.

In der Oasis herrschen Frieden und Ruhe. Regelmäßig finden alle möglichen Veranstaltungen statt. Alles in der Oasis ist freiwillig, es gibt aber auch Regeln und Ordnung.

Die Oasis ist ein Ort des ausgeglichenen Gebens und Nehmens. Jeder Besucher, längerer Gast oder fester Bewohner trägt seinen Teil zur Erhaltung des Ortes in der ihm möglichen und angenehmen Form bei. Die innere Ordnung der Oasis resultiert und bewahrt sich aus dem intuitiven Sinn des Menschen selbst sowie aus friedvollen Treffen des Kerns, der sich aus Menschen zusammensetzt, die in der Oasis leben. In diesen Zusammenkünften werden alle Punkte besprochen, die zu klären sind sowie Entscheidungen gefällt.

In der Oasis wird die Kommunikation des Herzens angewandt. Das heißt, dass jeder Mensch aussprechen darf, was ihn beschäftigt, während alle anderen Menschen hinhören.

Ein wesentlicher Inhalt der Oasis lautet „Hier wirst Du nicht verurteilt." Liebe und Akzeptanz ersetzen das Urteilen und Kritisieren.

Das Fundament der Oasis ist der Planet Erde selbst. Das Leben in der Oasis pulsiert in Harmonie mit der Erde und wird vollkommen von ihr getragen und unterstützt. Die Versorgung der Oasis funktioniert im Einklang mit der Natur.

Der Ort als Ganzes bietet Raum für Frieden, Heilung, Kreativität und Lernen.

Die Gärten sind voller Schönheit und werden für das Pflanzen, Säen, Pflegen und Ernten von Obst, Gemüse und Kräutern genutzt.

Der Kern der Oasis, welcher aus jenen Menschen besteht, die im Sinn der Oasis sind und leben, ist das Herz des Ortes. Alle Themen, die das alltägliche Leben in der Oasis betreffen, werden von dem Kern ausgehend gelenkt. Egal, welche Frage sich neu bildet, sie wird mit dem Kern besprochen; es wird also das Herz gefragt, so wie jeder einzelne Mensch in der Oasis gleichfalls in allen Angelegenheiten sein eigenes Herz fragt. Alle Menschen und Wesen, welche nicht in erster Instanz ihr Herz fragen, können sich somit aufgrund mangelnder Resonanz in der Oasis nicht oder nicht lange wohlfühlen.

Das Herz der Oasis ist eine sehr starke, lebendige Kraft, die in Harmonie mit der Erde und dem Sonnensystem schwingt. Dieser Ort ist ein sicherer Ort, da es im Sinne des großen Ganzen ist, dass er entsteht und gedeiht. Das große Ganze schützt den Ort und seine Bewohner.

Das Essentielle der Oasis ist ihre harmonische Energie, in der Heilung, Freude und Frieden sein dürfen.

Die Oasis ist auf einem Akupunkturpunkt der Erde errichtet. Andere Orte wie dieser existieren bereits, bilden sich gerade und werden noch entstehen. Alle diese Orte des Friedens, der Heilung und der Harmonie sind über die Meridiane der Erde miteinander vernetzt. Ein kraftvolles Schutznetz umgibt somit den Planeten und stabilisiert die globale Schwingungserhöhung.

Oasis Areal

Das Areal, auf dem sich die Oasis befindet, ist großzügig und weiträumig, jedoch überschaubar.

Die Oasis besteht aus einem Haupthaus, einem Wohnhaus, Appartements/Bungalows, einem Haus für Tiere und einem Campinghaus.

Alle Häuser sind über Sandwege miteinander verbunden und leicht zu Fuß zu erreichen.

Zwischen den Häusern sind Gärten und Wiesen.

Im Bereich des Campinghauses befindet sich ein See. In der Gegend des Wohnhauses, des Tierhauses und der Bungalows schlängelt sich ein kleiner Fluss entlang.

Vor dem Haupthaus ist ein großes Rondell mit Wiese, Blumenbeeten und Brunnen.

Einen Parkbereich gibt es vor dem Areal der Oasis. Das Gelände der Oasis ist frei von Autos. Wenn überhaupt, gibt es nur Maschinen und Autos, die für Transporte und zum Arbeiten notwendig sind.

Die Oasis ist nur nach vorne in die Welt der Straßen geöffnet, ringsherum um das Gelände befindet sich Natur. Weiter um die Oasis herum sind Wälder, Felder und Wiesen. In der Ferne sind Berge zu sehen.

Alle Häuser sind rundlich gebaut, auch die Zimmer enthalten abgerundete Ecken. Alle Gebäude wirken weich, freundlich und schön. Es gibt Säulen und überdachte Außenbereiche.

Das Haupthaus der Oasis ist wunderschön. Einige großzügige Stufen führen zum Haupteingang hinauf. Ein Außenbereich mit herrlichen Säulen lädt zum ersten Verweilen mit Blick auf das

Rondell mit dem hohen Brunnen und Spüren der friedvollen Energie des Ortes ein.

Der Eingang ist hoch und rundlich. Sofern die Witterungsbedingungen es erlauben, sind die Türen geöffnet.

Über der großen Eingangstür ist ein kreisförmiges großes Mosaik aus farbigem Glas eingelassen. Darüber stehen Buchstaben mit der Bedeutung des Herzens der Oasis. Darunter steht „Oasis" in den gleichen Buchstaben. Es sind Gedankenformen, die hier aufgeschrieben sind und deren Bedeutung über die Buchstaben bekannter Sprachen hinausgeht.

Im Inneren der Oasis ist ein runder Bereich mit Pflanzen und Wasser. Nach oben ist das Haus geöffnet und große Pflanzen und Bäume ragen hinauf bis auf das Dach. Bei kühlem oder feuchtem Wetter lässt sich das Dach schließen.

Das Haupthaus ist dreistöckig. Im Erdgeschoß gibt es links ein großes Café/Restaurant mit Außenbereich. Rechts gibt es, ebenfalls mit Außenbereich, ein großes Geschäft mit Kristallen, Büchern und allem Möglichen an Zubehör und Utensilien. Integriert in das große Geschäft ist ein großzügiger Lesebereich mit Getränken und Obst.

Vom Innenraum des Haupthauses ausgehend gibt es im hinteren Bereich einen großen Saal mit Bühne für Veranstaltungen verschiedenster Art.

Insgesamt ist das Innere der Oasis lichtdurchflutet, voller wundervoller Pflanzen, zartem Wassergeplätscher und durchdrungen von Frieden und Leichtigkeit.

Eine große geschwungene Treppe führt in das erste Stockwerk.

Auch oben gibt es einen Innenbereich mit vielen Pflanzen. Über die Geländer kann man hinunter in das Erdgeschoß schauen. Alles ist offen und hell. Die großen Pflanzen und Bäume wachsen durch das erste Obergeschoß bis nach oben auf das Dach.

Hier gibt es viele „Farbräume". Die „Farbräume" sind unterschiedlich gestaltete Zimmer, die jeweils in anderen Farben gehalten sind. Es gibt zum Beispiel das „Violette Zimmer", welches ganz lila ist und dem es herrliche Amethyste gibt sowie wenige farblich abgestimmte Bilder und Dekorationen.

Weiterhin gibt es das „Blaue Zimmer“, das „Grüne Zimmer“, das „Orange Zimmer“, das „Gelbe Zimmer“, das „Türkise Zimmer“, das „Rosa Zimmer“ und das „Regenbogenzimmer“. Leider können nie alle Farben und Farbtöne in der physischen Dimension in diesem Rahmen ihr eigenes Zimmer erhalten, darum Muss der Kern gemeinsam entscheiden, welches Zimmer in welchem Farbton erstrahlen soll.

Die „Farbräume“ stehen zur freien Benutzung für kreative Zwecke und Heilungen zur Verfügung und laden auch einfach nur zum Verweilen ein. Von allen Zimmern ausgehend gibt es Außenbereiche mit herrlicher Aussicht.

Eine schöne Treppe führt in das Obergeschoß zum Meditationsraum.

Der Meditationsraum ist eine Kuppel aus weißer Farbe, Glas und Licht.

Hier finden die Versammlungen des Kerns der Oasis statt sowie Meditationen. Zu allen anderen Zeiten ist der Raum offen und steht jedem frei zur Verfügung.

Die Dachterrasse ist voller Pflanzen und Sitzgelegenheiten.

Das Haupthaus der Oasis hat neben dem Haupteingang noch drei weitere Türen in die anderen Himmelsrichtungen.

Vom Haupteingang gesehen im hinteren linken Bereich des Areals befindet sich das große Wohnhaus.

Im unteren Bereich des Wohnhauses befinden sich Küche, Esszimmer, Büro und Speiseraum. In den oberen drei Stockwerken sind zahlreiche Zimmer, die von permanenten Bewohnern der Oasis sowie von Gästen bewohnt werden.

Hinter dem großen Wohnhaus sind Bungalows. Die Bungalows sind rund und stehen auf Stelzen.

Alle Zimmer und Bungalows können im Bedarfsfall individualisiert werden und durch bauliche Veränderungen den Bedürfnissen seines Bewohners angepasst werden.

Im vorderen linken Bereich vom Haupthaus aus gesehen befinden sich Gärten für den Anbau von Nahrungsmitteln sowie ein Haus und Gelände für Tiere.

Die Tiere der Oasis sind, ebenso wie die Menschen, freiwillig dort. Welche Tiere es sind und wie genau ihr Lebensraum in der Oasis aussieht, ist offen, darf sich verändern und den Möglichkeiten entsprechend erweitern.

Über die Herzen kommunizieren die Menschen mit den Tieren, so dass ihre Wünsche und Bedürfnisse genauso befriedigt werden wie die der Menschen.

Vom Haupthaus aus gesehen im rechten Bereich sind das Campinghaus und der Campingplatz mit See. Hier sind sehr viele Bäume.

Das Campinghaus beinhaltet alles, was für das Leben auf dem Campingplatz notwendig ist. Dieser Bereich des Areals steht allen Menschen zur Verfügung, die gerne im Zelt oder im Wohnwagen wohnen und diese naturnahe Atmosphäre den festen Häusern vorziehen.

Das Areal der Oasis ist durchzogen von einfachen Fußwegen, die alle Häuser miteinander verbinden und in alle Himmelsrichtungen in die Natur führen.

Diese Beschreibung des Areals der Oasis stellt nur eine Möglichkeit dar. Das Bild ist nicht fixiert und verändert sich durch die Emotionen, Gedanken und Handlungen der Menschen, die an der Visionsgestaltung und Realisierung beteiligt sind.

Durch Gespräche und gemeinsames Visualisieren im Rahmen der Oasis-Projekttreffen, die bis ins Jahr 2016 stattfanden, sind einige neue Häuser und Bereiche des Oasis-Areals hinzugekommen:

- Ein Spielplatz für verschiedene Altersstufen in der Nachbarschaft des Tiergeländes

- Ein gesonderter Bereich für Pferde und heilerische Arbeit mit Pferden und Menschen
- Ein Haus für Erfindungen und Entwicklung neuer Technologien. Forschungslabor
- Ein Haus für Feiern mit Bühne, Tanzfläche und Musikanlage
- Ein Kreativhaus für künstlerisches Gestalten und Ausstellungen
- Ein Gartenabschnitt für Feen und Elfen als Einladung für die Ansiedelung durch Naturwesen (respektvoller Umgang, Betreten nur ausgeschilderter Wege gestattet).
- Ein zweites Wohnhaus, welches über eine Dachbrücke beide Wohnhäuser, die wie Zwillingshäuser sind, miteinander verbindet.
- Die individuellen Wohnhäuser im hinteren Bereich des Oasis-Geländes dürfen sehr unterschiedlich sein – die auf der Illustration angedeuteten Stelzenhäuser dienen der Veranschaulichung.

Oasis Realisierung

Die Realisierung der Oasis ist möglich.

Getreu dem Motto „Imagination is the key to creation“ (Die Vorstellungskraft ist der Schlüssel zur Schöpfung) kann sich alles verwirklichen, was ein Mensch sich vorstellen kann.

Die Oasis ist ein Ort des Herzens und des Friedens. Sie entsteht durch die Kraft der Vorstellungen vieler friedvoller Herzen. Die Aufmerksamkeit der Menschen, die diesen Ort lieben, lässt ihn Wirklichkeit werden.

Kein Mensch alleine könnte je die Oasis erschaffen, selbst dann nicht, wenn er die finanziellen Mittel hätte. Die Oasis ist ein Projekt vereinter Kräfte. Alle Menschen, die diesen Ort erträumen, sich nach ihm sehnen, ihn sich wünschen, senden durch ihre Gedanken und Gefühle Energie in das Herz der Oasis. Aus dem Herzen heraus wächst das Projekt und sammelt um sich herum nach und nach die Materie. Auf diese Weise erdet sich die Oasis. Sie landet förmlich und verwurzelt sich.

Ihr Geist existiert bereits als Vision des Planeten Erde selbst. Die Erde ist ein wunderschöner Planet, der zahlreiche Formen des Lebens beherbergen kann. Die Erde sehnt sich nach Frieden und Wertschätzung durch ihre Bewohner. Das Entstehen und Sein von Orten wie der Oasis ist gewollt.

Der Geist der Oasis schwebt im Äther und wird von zahlreichen Menschen empfangen. So findet die Oasis Einzug in deren Herzen.

Diese Menschen gehen nun schwanger mit einer Vision wie dieser, träumen von ihr, imaginieren Ort und Leben und erfüllen die Vorstellung mit Kraft und Freude.

Der nächste Schritt der Realisierung ist das Mitteilen der Vision, das Teilen der Vorstellung mit anderen mittels Sprache und Bildern.

Nach und nach verbinden sich die Herzen der Menschen, die diese Vision teilen, und tauschen sich miteinander aus.

Das Herz der Oasis sammelt immer mehr Energie und beginnt, in Resonanz mit der Erde zu pulsieren und zu wachsen.

Irgendwann und irgendwo ist die Oasis reell, lebt auf der Erde in der physischen Dimension und ist vernetzt mit anderen Orten dieser Art.

Dieses Netz trägt dazu bei, den Planeten Erde in eine licht- und liebevolle Schwingung im Einklang mit dem Universum zu erheben.

Kapitel 20 – Von der Venus mit Liebe

Wenn du die Liebe in allen Facetten erfahren hast,
lernst du die bedingungslose Liebe kennen.
Venus Liebe ist bedingungslose Liebe.

– Omnec Onec

Über die Liebe lässt sich so unendlich viel sagen und in Wahrheit lässt sich gar nichts über sie sagen. Darum erzähle ich in diesem Kapitel das, was ich von Omnec Onec über die Liebe gehört habe und gebe es aus Sicht der venusischen Spiritualität weiter, so wie sie mir mit der Stimme einer Venusierin vermittelt wurde, deren Seelenbewusstsein stets ungetrübt und ungeteilt war und die daher in einer speziellen Klarheit Zugang zu der Wahrheit der Schöpfung hat.

Der Schöpfer, also Gott, das Sugmad, das Einheitsbewusstsein, die Quelle von allem, was ist, liebte sich selbst so sehr, dass es alles, was ist, aus sich selbst heraus erschaffen hat, weil es auf diese Weise niemals aufhören wird zu existieren. Die Liebe ist die Grundlage der Schöpfung und hört niemals auf, es gibt in Wirklichkeit nichts anderes als die Liebe. Gott, die Quelle, erschuf und erschafft in unendlichen Zyklen Seelen, Lichtfunken, die aus demselben Material bestehen wie es selbst. So existiert Gott für ewig weiter und entfaltet sich ewig weiter, denn durch die Seelen, die ihre Reisen durch die Ebenen des Bewusstseins machen, erfährt Gott sich selbst.

Ich weiß, dass dies eine sehr vereinfachte Erklärung des Göttlichen und der Seelen ist. Es war immer Omnecs Bestreben und auch ihr Talent, die großen Zusammenhänge der Schöpfung in sehr einfachen Worten und Bildern zu vermitteln. Dieses Talent wurde ihr von ihren Meistern gegeben, damit sie die auf der Erde verkörperten Seelen erreicht, die sie erreichen sollte und die andersherum betrachtet mit der Stimme Omnecs in Resonanz sind.

Glücklicherweise ist Omnecs Mission auf der Erde durch ihre Existenz erfolgreich in dem Sinne, dass sie überlebt hat und ihre vollständige Botschaft der Liebe und der Wahrheit über ihre Bücher und persönlichen Kontakte weitergegeben hat.

Es liegt jetzt an uns, die wir uns mit dieser Energie, mit dieser Lehre und mit diesen Worten in Resonanz fühlen, das Wissen in unseren eigenen Leben zu verinnerlichen und über unsere Präsenz weiterzutragen.

Man könnte es auch so ausdrücken, dass Omnec als Kind mit ihrem vollen Bewusstsein auf die Erde gebracht wurde, um die reine Liebe unverfälscht und unkompromittiert und vor allem unbeschattet durch eigenes Vergessen mitzubringen und durch sich selbst die Funken in den Herzen der noch schlafenden Seelen anzuzünden und zum Lodern zu bringen.

Es ist hier gewissermaßen durchaus eine Ähnlichkeit zur Präsenz von Christus zu sehen, denn obwohl er natürlich wesentlich mehr Seelen auf der Erde erreicht hat, so ist doch die Frage nach Tausenden von Jahren geblieben, wie viele von ihnen wirklich die Liebe in ihren Herzen in Reinform zum Erblühen gebracht, gelebt und weitergegeben haben.

Der Schatten der Verdunkelung des menschlichen Bewusstseins auf der Erde lag schwer und tut es heute noch, obwohl durch die große Transformation der Erde schon wesentlich mehr Licht durch die Wolkendecke strömt und schon viel mehr Wahrheit und Liebe in den Menschenherzen Verbreitung gefunden hat. Der Erfahrungsbereich der drittdimensionalen Wirklichkeit ist ein Auslaufmodell, seine Zeit geht dem Ende entgegen und das ist möglicherweise die Wahrheit hinter dem Ende vieler alter Kalender.

Der Prozess der Durchlichtung und Durchliebung der Menschenseelen ist unumkehrbar, denn es ist Gottes Plan, dass die Erde wieder zu ihrer ursprünglichen Absicht zurückgeführt wird, und das ist, ein Paradies zu sein, in dem die göttliche Liebe omnipräsent ist.

Omnec hat es immer so bezeichnet, dass die Erde ein Juwel ist und dass es ein unermesslich großes Unterfangen sehr vieler liebevoller, großer Seelen aus verschiedenen Richtungen der Galaxien war, diesen wunderschönen Planeten mit Leben verschiedenster Formen zu besiedeln. Die Erde soll ein Symbol sein, eine lebende Bibliothek vieler Facetten des Lebens und der Lebensformen. Das war und ist ihre ursprüngliche Absicht der Existenz, in die sie durch die große Transformation jetzt zurückgeführt wird. Dafür muss sie befreit werden von all den Schatten und negativen Kräften, die die verkörperten Seelen auf der Erde seit Tausenden von Jahren in großer Unbewusstheit gefangen halten. Dies war in Gottes Plan gestattet für die Erfahrungen der Seelen, denn es gibt nichts außerhalb von Gottes Plan, es gibt jedoch innerhalb der Schöpfung maximales Vergessen und maximale Trennung vom Gottbewusstsein.

Wie ich im Kapitel über die Zyklen und Zeitlinien mit den zwei aktuellen Entwicklungsrichtungen erwähnte, gibt es momentan diese zwei Wege, für die die Seelen sich entscheiden können: Entweder in den Aufstieg des Bewusstseins in Richtung fünftdimensionale (oder höhere) Existenz oder in den Abstieg des Bewusstseins in Richtung zweidimensionale (oder digitale, künstliche) Existenz.

Was mit der Erde selbst geschieht, darüber gibt es verschiedene Auffassungen und Vorstellungen. Manche glauben, es wird zwei Erden geben. Omnec hat es so beschrieben, dass die negativen Kräfte die Erde verlassen werden, weil sie mit der Frequenz des höheren, warmen Lichtes nicht in Resonanz sind und daher von der Schwingung her nicht mehr her passen. Die Seelen, die die Wahl haben, mit welcher Entwicklungsrichtung sie ihre weiteren Erfahrungen zu machen wünschen, werden laut Omnec die alte Erde ebenfalls verlassen und „recycelt", also ihren Übergang zurück in die geistige Welt machen, um später mit einem neuen Körper zu reinkarnieren, in dem das erweiterte Bewusstsein Platz hat. Ob dies genau so sein wird oder ob wir auf der Erde ähnlich wie auf der Venus einfach das Leben in mehreren Frequenzstufen gleichzeitig haben, was viele ja als jetzt schon erfahrbar erleben, das werden wir sehen. Vielleicht erlebt es auch wirklich jedes Individuum genauso, wie es die Erfahrung für sich erschafft und dies im Einklang mit verwandten Seelen. Viele erfahren heute schon die Dimensionsvermischungen, Zeitsprünge und Synchronizitäten, die ein Zeichen für das Durchdringen höherer Dimensionen sind. Auch Unsichtbarkeiten, wenn man also gerade selber in einer total anderen Frequenz schwingt als die Umgebung und man so überhaupt nicht wahrgenommen wird oder andere, die wesentlich niedriger schwingen, nicht mehr wahrnimmt, kommen immer mehr vor.

Wie auch immer jeder Einzelne diese Phase der Schwingungsveränderung der Erde erfährt, der Schlüssel, um in Frieden, Freude, Gelassenheit, Humor und mit allen Glückseligkeiten und Wundern diese Reise zu erleben, ist – ja, was ist der Schlüssel? Es ist vielleicht am besten, du definierst das selbst für dich.

Aus meiner Sicht gehören Zeichen wie „glückliche Zufälle" (englisch serendipity) und das Maß an innerem Frieden dazu, um zu erkennen, was gerade stimmig ist und wo ich mich auf meiner Seelenreise befinde. Ich finde, die Ausrichtung auf das eigene Herz und die innewohnende Liebe ist immer und ohne Ausnahme der richtige Weg – ebenso das Teilen und Mitteilen der Liebe.

Venus Liebe ist bedingungslose Liebe

Bedingungslose Liebe ist ein Begriff, der bedeutungslos ist, wenn er für dich keine Bedeutung hat. Außerdem klingt er in jeder Sprache anders – die Sprache selbst kann immer nur eine Energie transportieren. In dem Moment, wo ein Wort aus dem Mund kommt, ist es ja schon in der dualen Welt und wird daher auch oft unterschiedlich interpretiert, missverstanden oder gar nicht gehört.

Begriffe wie Liebe und Gott bedeuten für sehr viele Menschen sehr Unterschiedliches. Und wer die Sprache nicht versteht, der versteht die Worte nicht.

Dennoch versteht jeder Mensch Energien, denn alle Menschen sind in Wahrheit Energiewesen. Sie sind nur umhüllt von biologischen Körpern, von Organismen, doch durch diese Körper schwingt die Energie der Essenz dessen, was diesen Körper bewohnt.

Wenn dieses Innere in ungetrübter Resonanz mit seinem Schöpfer ist, der nichts als Liebe ist, dann schwingt diese Energie automatisch über die dichteren Körper in seine Erlebenswelt hinaus und wieder hinein.

Liebe deinen Nächsten wie dich selbst. Das ist damit gemeint, denn es ist in Wahrheit alles eins – der Nächste und ich sind scheinbar zwei, doch in den inneren Ebenen eben nicht, in den inneren Ebenen sind der Nächste und ich eins. Und darum wohnt Gott im eigenen Herzen und niemals irgendwo außerhalb, Gott ist der Nächste, der eins mit mir ist und der ich bin.

Um diese Wahrheit tief in sich zu erkennen und nicht nur zu denken oder zu glauben, braucht es eine innere Seelenerkenntnis, eine Erinnerung, eine Realisierung.

Wann und auf welchem Weg diese Art der Erkenntnis einen Menschen findet, liegt in dessen Seelenplan. Doch alleine das Lesen von spiritueller Literatur und das Hören von Worten echter Meister bringt diese Ebenen der Wahrheit zum Klingen und führt zu den Erkenntnissen.

Mit bedingungsloser Liebe meint Omnec die absolute Akzeptanz von allem, was ist. Lieben, so wie Gott liebt, das ist damit gemeint. Und Gott als der Schöpfer hat alles, was ist, aus Liebe erschaffen, also liebt er auch alles gleichermaßen und ohne Unterscheidung. Dieses Liebesbewusstsein im menschlichen Körper zu realisieren, ist für viele Menschen nahezu unvorstellbar, weil wir in der Regel unterscheiden, das ist ein Teil des dualen Erlebnisfeldes. Wir unterscheiden in das, was wir mögen und lieben und das, was wir ablehnen. Diese Unterscheidung ist aus meiner Sicht auch absolut richtig und menschlich und es ist ein Ausdruck von Liebe zu mir selbst, wenn ich die Absicht habe und darauf achte, dass ich mich in meinem Leben mit allem umgebe, was ich liebe und wertschätze und immer mehr in Liebe loslasse, was mich in Wahrheit belastet oder was ich schlicht nicht mag.

Doch dahinter ist noch eine andere Ebene und die ist hier mit der bedingungslosen Liebe gemeint. Das heißt, es ist alles so, wie es gerade ist. Das ist die Akzeptanz des Ist-Zustandes. In Bezug auf andere Menschen ist damit gemeint, dass ich die Seele in dem anderen liebe und akzeptiere, weil sie ein Teil Gottes ist, so wie auch ich als Seele ein Teil Gottes bin. Es ist nicht mehr und nicht weniger als das mit bedingungsloser Liebe gemeint – es ist die Anerkennung der lebendigen Seele im anderen, auch im Tier und in der Pflanze und im Mineral und in allen Lebensformen, die ich mit meinen physischen Sinnen nicht wahrnehme. Es ist die Anerkennung ihrer Existenz als etwas, das vom Schöpfer erschaffen wurde und das darum geliebt ist – geliebt auf der Ebene der Einheit, des Einheitsbewusstseins.

Deshalb muss ich es nicht in meinem Leben haben wollen oder deshalb darf eine Form sich auch verändern oder auflösen – auch eine Beziehungsform oder eine Gedankenform. Ich muss nicht zu allem Ja sagen – ganz im Gegenteil. Liebe zu mir selbst bedeutet, dass ich Grenzen setze, dass ich genau spüre, was sich für mich stimmig anfühlt und was nicht. Auch eine Grenze kann in Liebe gesetzt werden, es kann auch eine Partnerschaft oder eine berufliche, freundschaftliche, religiöse oder familiäre Situation in Liebe beendet werden.

Die Anerkennung der Gott-Gegenwart als meine wahre Natur, die Essenz dessen, was ich bin und die Ebene, in der ich wirklich und wahrhaftig mit allem Geschaffenen und Ungeschaffenen eins bin, das ist aus meinem Verständnis das Sein in Liebe.

Omnec Onec ist für mich persönlich die Meisterlehrerin in Sachen göttlicher Liebe, weil ich sie persönlich seit Jahrzehnten kenne und vieles mit ihr gemeinsam erlebt habe. Ich weiß aus eigener Erfahrung, wie sich das Leben bedingungsloser Liebe aus dem hohen Bewusstsein einer Seele, die hier unter uns lebt, anfühlt.

Und durch meine eigene erste Einweihung in die Erfahrung bedingungsloser Liebe, die ich in diesem Buch bereits an einigen Stellen erwähnte, weiß ich, wie sich das Weiterreichen eines Liebesfeuers anfühlt und was es für Auswirkungen im eigenen Leben haben kann.

Von daher ist all das, was ich hier schreibe, aus meiner eigenen Erfahrung und aus meiner Erinnerung erzählt und nicht als theoretische Abhandlung über die Liebe. Sollte aus diesen vielen Worten in diesem Buch auch nur ein Funke in dein Herz gesprungen sein, der dein eigenes Herzensfeuer ein klein wenig größer gemacht hat, dann hat dieses Buch mehr erfüllt, als ich mir je zu wünschen geträumt hätte.

Im nächsten, dieses Buch abrundende Kapitel erzähle ich dir von einer Straße des Erwachens in die göttliche Liebe, die aktuell von immer mehr Seelen gegangen wird: den Zwillingsflammen.

Kapitel 21 – Zwillingsflammen

Nun hat sich dies Wunder, nach dem ich mich zeitlebens sehnte, erfüllt: Das Geschenk höchster Liebe und die Herrlichkeit meines Zwillingsstrahls mit all dem innersten Wissen in einem! Was für ein Wunder!

„Die magische Gegenwart“, Buch 2 der Saint Germain Reihe von Godfré Ray King

Dass ich einmal über dieses hochspirituelle, heilige Thema schreiben würde und das auch noch basierend auf eigener Erfahrung, ist etwas ganz ganz Besonderes für mich. Ich widme den Zwillingsflammen dieses letzte Kapitel in dieser Geschichte, die keinen Anfang und kein Ende hat, denn in Wahrheit eröffnet und schließt sich hiermit wieder ein Zyklus. Normalerweise würde ich sagen, dass es noch nicht reif ist für mich, darüber zu sprechen, aber heute erhebe ich mich über meine eigenen Ansprüche und Begrenzungen und sage: Doch, es ist reif. Das Thema der Zwillingsflammen ist ein globales Thema und das Wissen darüber, besonders, wenn es auf eigener Erfahrung basiert und nicht nur auf Theorie, gehört ausgesprochen.

Ich würde sogar sagen, dass es aus angelesenem Wissen und Hörensagen durch vermutlich die wenigsten Menschen vermittelt wird, einfach weil es in eine so hochspirituelle Ebene des Erfahrens gehört, dass auf diejenigen, die es nicht selbst erfahren haben, am ehesten wie Science-Fiction, Utopie, Wunschdenken oder Märchen wirken muss, also wie etwas scheinbar Unerreichbares, etwas Mystisches, etwas Heiliges – oder etwas Erfundenes. Jemand, der diese Erfahrung nicht selbst macht, kann darüber nicht authentisch berichten.

Die Zwillingsflammen-Begegnung ist eine extreme und kompromisslos schnelle Straße des Erwachens.

Es ist etwas Heiliges. Und aus diesem Grund kann ich darüber auch noch nicht sehr viel sagen. Das wenige, das ich in diesem Kapitel mit dir teile, schreibe ich ganz besonders für dich, der oder die du hiermit eine Resonanz fühlst und vielleicht entweder selbst bereits deiner Zwillingsflamme begegnet bist oder in deinem Herzen eine Ahnung fühlst, dass sie in dein Leben gehört.

Ich drücke mich bewusst sehr sehr vorsichtig aus, denn ich bin nicht sicher, ob alle Seelen als Zwillingsseelen durch die Ebenen des Bewusstseins reisen. Allerdings glaube ich, dass diejenigen, die als Zwillingsseelen reisen, gerade jetzt in dieser Zeit der Transformation der Erde vermehrt parallel inkarniert sind, um Mutter Erde durch das Bringen einer speziellen Frequenz der Liebe beim Aufstieg zu helfen.

Doch auch, wenn die Zwillingsflammen-Erfahrung nicht in dein selbst gewähltes Erlebnis- und Erwachensfeld gehören sollte, so bist auch du ein Mensch, in dessen Leben Themen wie Beziehungen, Erleuchtung und Liebe eine wesentliche Rolle einnehmen, sonst würdest du dieses Buch nicht lesen.

Bevor ich mich weiter in die Zwillingsflammen vertiefe, möchte ich klar sagen, dass es mehrere Straßen des Erwachens gibt; die Zwillingsflammen-Straße ist eine davon. Alle Seelen, die in ihr volles Bewusstsein erwachen, haben die Freiheit, ihre Reinkarnationszyklen abzuschließen und helfen alleine durch ihr Erwachen der Erde bei ihrer Schwingungserhöhung und Heilung.

Obwohl ich es bereits an mehreren Stellen im Verlauf dieses Buches ausgesprochen habe, so möchte ich es ganz speziell für dieses Thema erneut betonen, dass alles, was ich hier schreibe, auf persönlicher Erfahrung und basierend auf meinem aktuellen Kenntnisstand basiert sowie auf dem, was sich hier und jetzt für mich stimmig anfühlt. Prüfe mit deiner Intuition und deinem Herzen selbst, was davon mit dir in Resonanz ist und verwerfe einfach alles andere.

Zwillingsflammen sind eine Seele in zwei Inkarnationen. Sie sind von der Energie her identisch, aus demselben Frequenzmaterial gemacht. Sie kommen aus demselben Ei Gottes.

Seele ist ein Funke Gottes. Gott ist pure Liebe. Somit ist auch Seele pure Liebe. Seele ohne Körper der polaren Welten um sich herum ist vergleichbar mit einem Tropfen im Ozean. Der Ozean entspricht Gott, der Schöpferquelle, der göttlichen ICH BIN-Gegenwart, dem Alles-was-ist. Der Tropfen entspricht der Seele, absolut identisch mit ihrer Quelle und gleichzeitig ein individualisierter Aspekt, ganz besonders durch das Entscheiden, in die niederen, polaren Welten zu gehen und sich in jeder Frequenzebene oder Dimension mit einem Körper zu bekleiden, um in dieser Dimension Erfahrungen zu machen. Das Erleben von sich selbst durch Erfahrungen ist der Grund des Reisens durch die Ebenen des Bewusstseins. Alle Seelen sind in sich vollständig, absolut perfekt und vollkommen. Das bleiben sie auch in alle Ewigkeit, sie sind ganz und heilig.

Um in den niederfrequenten Dimensionen Erfahrungen zu machen, treffen manche Seelen die Entscheidung, ihre innewohnenden Polaritäten des göttlich-weiblichen und des göttlich-männlichen aufzuteilen, was ihre Erfahrungsspektren verdoppelt. Sie reisen somit nach dem Abstieg in die dichteren Welten als Seelenpaar, das dennoch eins und immer und untrennbar miteinander verbunden ist. Es ist nur scheinbar eine Trennung der Polaritäten in Yin und Yang, männlich und weiblich, elektrisch und magnetisch, wobei immer der eine Aspekt innerhalb des anderen Seelenaspekts vorhanden ist. Eine Seele ist und bleibt immer vollständig, auch wenn sie eine göttlich-weibliche oder göttlich-männliche Polarität ist, als die sie durch die dichteren Welten reist.

Wie du in der Gottwelten-Illustration siehst, gibt es gemäß unserer spirituellen Vorstellung nach den Welten der Einheit eine Art Grenzlinie, die wir als die ätherische Dimension bezeichnen und die die Grenze in die Welten der Dualität darstellt. Hier findet die Entscheidung statt, ob eine Seele als Zwillingsseele ihre Erfahrungsreise antritt oder ob sie eine Einheit bleibt. Diese Anschauung ist natürlich nicht in Stein gemeißelt, so wie nichts, was ich hier sage, vielleicht gehen auch *alle* Seelen als Zwillingsseelen los und es gibt auch Lehrer, die sagen, dass eine Seele in noch mehr Aspekten als zu zweit in die Erfahrungsebenen reisen kann, denn letztlich ist vermutlich so ziemlich alles möglich in dieser Ebene, die so schwer für den hier inkarnierten kleinen Verstand zu erfassen ist und vollständig sicher nicht, zumindest nicht für mich.

Ich breite diesen ganzen Teppich aus, um dir zu vermitteln, dass ich vieles für möglich halte, doch ich entscheide mich hier für die Variante, die ich nachvollziehen kann und vor allem, die ich selbst erfahren habe – und das ist die Realisierung meiner selbst als Seele in einer anderen Verkörperung.

Vielleicht ist es rückblickend ein Indikator, dass ich als Zwillingsflamme inkarniert bin, obwohl ich das bis in mein 52. Lebensjahr nicht bewusst wusste, dass ich schon immer auf der kompromißlosen Suche nach der ultimativen Liebe war. Wie ich durchgängig in diesem Buch immer wieder geschrieben habe, blieb die Erfüllung dieser inneren Sehnsucht im Hinblick auf eine Liebesbeziehung natürlich immer unerfüllt und jedes Mal, wenn ich mich verliebt habe, litt mein Herz und ich prallte an eine neue Erfahrung des Schmerzes durch unerwiderte und unerfüllte Liebe, was mich andererseits immer spirituell in neue Erfahrungs- und Erkenntnisdimensionen anhob – ich entwickelte mich in immer größeres Bewusstsein durch jede Erfahrung der unglücklichen Liebe. In meinem Leben ging und geht es um das Auflösen von Bindungen und um das Finden der Wahrheit, daher habe ich mich als Seele dafür entschieden, keine festen Bindungen im alten 3D-Auslaufmodell einzugehen, was ich natürlich identifiziert mit Ego-Bewusstsein, also in Unbewusstheit, in dieser Form jahrzehntelang nicht verstand.

Ich dachte immer, mit mir sei etwas nicht in Ordnung, so dass mir das Glück einer Liebesbeziehung nicht vergönnt sei. Phasenweise dachte ich sogar, es läge eine Art Fluch auf mir und es sei eine Strafe, dass ich keinen Partner finde und dass mich kein Mann lieben kann. In unzähligen Gesprächen im Laufe meines Lebens mit Freundinnen, durch das Lesen von Büchern, in Seminaren und in Sitzungen mit Personen, von denen ich mir Heilung und Rat erhoffte, kam unterm Strich heraus, ich müsste es mir nur auf die richtige Weise wünschen oder ich müsste halt an mir arbeiten oder jeder Topf findet irgendwann schon seinen Deckel oder ich verliebe mich halt in die Falschen und man müsse ja auch Kompromisse in einer Partnerschaft eingehen und ich sei halt zu eigensinnig und hätte zu hohe Ansprüche und so weiter und so fort. Oder Männer hätten Angst vor mir, weil ich so eigenständig und dominant sei oder es würde schon noch irgendwann klappen oder es sei doch nicht so wichtig, ich bräuchte doch keinen Mann oder man verstünde das ja selber nicht, ich sei doch ansehnlich und intelligent und mit mir sei doch alles in Ordnung. Bis ins Jahr 2019, als ich im inneren Frieden mit meinem Single-Dasein ankam, war das ganze Thema wirklich ein lebenslanges Problem, würde ich rückblickend sagen, denn ich war ja im falschen Zug unterwegs und angedockt an die Programmierung, dass ich einen Partner brauche, um Liebe in meinem Leben zu haben. Rückblickend ist es so offensichtlich, dass auf dieser linearen Ebene niemals eine Lösung gefunden werden kann und ich bin sicher, viele Menschen, die zwar anders als ich Partnerschaften lebten oder heute noch leben, kennen dennoch nicht die Erfahrung göttlicher Liebe und klemmen oft in 3D-Partnerschaften fest. Genau das ist *ein* Grund für die Transformation der Erde und die Inkarnation der Zwillingsflammen, die die hohe, bedingungslose Liebe über ihre Herzchakra-Aktivierung und damit die Heimkehr in die Liebe Gottes erfahren und in ihren Körpern auf die Erde bringen. Die Zwillingsflammen sind Teil des großen Transformationsprozesses, der die ganze Erde in die wundervolle hohe Frequenz der fünftdimensionalen Realitätsebene anhebt, in der die göttliche Liebe endlich gelebte Wirklichkeit sein wird.

Heute habe ich tiefe Einsicht in die Wahrheit, dass der Glaube, Liebe und Glück seien außerhalb von sich zu finden und der oft sogar zwanghafte Wunsch nach einer Partnerschaft Programmierungen der Matrix und Folgen der genetischen Manipulation an der Menschheit sind und dass das ganze Mann-Frau-Familienthema, so wie wir es global seit Tausenden von Jahren kennen, eine Transformation des Bewusstseins braucht. Ich bin mir heute bewusst, dass ich als eine von den Seelen inkarniert bin, um diese verkrusteten Strukturen aufzubrechen und um sowohl mir selbst als auch auch den Menschen dabei zu helfen, die wahre, göttliche Liebe in sich aufsteigen zu lassen und zu verkörpern. Wir sind hier, um durch die Heimkehr in die göttliche Liebe Mutter Erde dabei zu helfen, sich in eine höhere Schwingungsfrequenz anzuheben und das Zeitalter der Dunkelheit und Unwissenheit zu beenden.

Rückblickend sehe ich in diesem ganzen Szenario das Drama der Indoktrinierung und Programmierung, die tief in den irdischen Gesellschaften und Genen sitzt. Alleine schon der innere oder je nach Gesellschaft auch äußere Zwang, einen Partner finden zu müssen, um scheinbar vollständig und glücklich zu sein und weil das einfach gesellschaftlich oder religiös richtig ist und dazu gehört, ist falsch und hält die Seelen gefangen. Dieses Programm hält die Seelen in Unfreiheit und in karmischen, oft lieblosen Verwicklungen, denn in den seltensten Fällen findet sich ein Paar und geht gemeinsam bewusst den Weg des gemeinsamen Erwachens und der bedingungslosen Liebe. Dies war seit Jahrtausenden in der 3D-Erfahrungsebene auch nahezu unmöglich, im Gegenteil, die Schwingung war so niedrig und dicht, dass wahre Liebe fast keinen Erfahrungsraum hatte. Die Inkarnation von Zwillingsflammen war eine Ausnahme und diente meines Erachtens nach immer dem Bringen der besonderen Qualität göttlicher Liebe und Lehre[13] – so wie auch verschiedene Meister der Weisheit immer wieder von Gott auf die Erde geschickt wurden. Sehr selten war es Zwillingsflammen bestimmt, zusammenzufinden und ihre Seelenliebe in einer gelebten Verbindung zu leben. Desweiteren gibt es Kräfte, die seit Tausenden von Jahren gegen die Inkarnation von Zwillingsflammen gewirkt haben und die, wenn diese inkarniert waren, deren Aktiverung und Zusammenkommen gestört und verhindert haben. Diese Kräfte sind heute noch hier, allerdings schwinden sie und verlieren ihren Einfluss – dies ist ein Grund, warum sich immer mehr Zwillingsflammen begegenen. Ich glaube, dass im Laufe der kommenden Jahre und Jahrzehnte auch immer mehr Zwillingsflammen in die gelebte Verbindung finden werden. Je höher sich die Frequenz der Erde anhebt, desto mehr Zwillingsflammen in harmonischer Einheit kann sie beherbergen – und das ist auch ihre Absicht.

Der Prozeß der Schwingungsanhebung ist für die inkarnierten Zwillingsflammen mit einer großen Heimreise zu sich selbst verbunden. Sie erheben sich auf einer Schnellstraße aus dem drittdimensionalen in das fünftdimensionale Bewusstsein. Dieser Weg geht in dieser Zeit, da ich dieses Buch schreibe, für viele nach der Anfangsaktivierung oft noch mit Phasen der äußeren Separation einher, während jede Seelenflamme für sich in ihrer Verkörperung ihre innere Arbeit macht, die Liebe anerkennt, Seelenverträge vollendet und in ihre vollkommene göttliche Anbindung hineinfindet. Zeit und Begegnungen laufen in Zwillingsflammen-Verbindungen in zyklischer, göttlicher Zeit und nicht in linearer Zeit.

Die gemeinsame bewusste innere Ausrichtung auf die Quelle ist meinem Verständnis nach der Schlüssel für die gelebte, harmonische Verbindung.

---

13 Ich weise auf das Elizabeth Clare Prophet (1939-2009) und Mark L. Prophet (1918-1973) hin, die sich als Zwillingsflammenpaar gefunden haben und gemeinsam die Summit Lighthouse Bewegung gegründet haben. Es gibt auf der Website *https://www.summitlighthouse.org/* und auf YouTube viele Videos mit Vorträgen über Twin Flames.

Saint Germain und die Zwillingsstrahlen

Seit meiner eigenen Zwillingsflammen-Erfahrung drücke ich spirituell gesehen erneut die Schulbank. Ich habe in einer in linearer Zeit gemessen sehr großen Dichte, also in sehr kurzer Zeit, sehr viel gelernt und mich an Vergessenes erinnert. Ausgelöst durch die Realisierung meiner eigenen Seele wurde die Not des Erwachens so dringlich, dass mir nichts anderes übrig blieb, so erfahre ich es jedenfalls, als mit der Wahrheit und der absoluten Liebe in mir selbst zu verschmelzen und der göttlichen Anbindung Priorität vor allem Äußeren einzuräumen.

Eine der ersten und besonderen Erinnerungen nicht sehr lange nach meiner Realisierung, dass ich meiner Zwillingsflamme begegnet bin, ist das Buch „Die magische Gegenwart“ von Godfré Ray King, in dem er von Begegnungen mit dem Aufgestiegenen Meister Saint Germain in den dreißiger Jahren des letzten Jahrhunderts erzählt.

Ich kannte dieses Buch schon viele Jahre lang und habe sogar noch eine alte Ausgabe von 1991, die heute in der Form nicht mehr erhältlich ist. Im Jahr 2015 habe ich selbst für den Saint Germain Verlag in Höhr-Grenzhausen dieses Buch überarbeitet und das Layout gemacht, daher konnte ich mich besonders gut daran erinnern, dass in diesem Buch von „Zwillingsstrahlen“ gesprochen wird.

Das Besondere an meiner Erinnerung für mich ist, dass ich in diesem Leben erstmalig durch dieses wundervolle Buch mit dieser Thematik in Berührung gekommen bin. Ich erinnere mich an diesen Geschmack, diesen Ton, diesen Klang, den die Beschreibungen der Zwillingsstrahlen in meiner Seele hinterlassen hat, es war so ein Gefühl von Wissen, dass all das auf einer bestimmten Ebene Wirklichkeit ist, es war ein Gefühl von Anerkennung und von ganz weit entfernter Sehnsucht danach, diese Verbindung selbst erleben zu wollen, wenngleichen ich mich davon so weit entfernt fühlte, dass es mehr wie ein schöner Traum klang und wie etwas Unerreichbares.

Das Buch „Die magische Gegenwart" enthält für mich so viel Tiefe, Schönheit und Wahrheit, insbesondere durch die direkten Worte von Saint Germain und seiner Lehren, dass ich innerlich wußte, dass es wahr ist, was dort geschrieben steht. Insofern hat es eine sehr tiefe Verwandtschaft mit meinen Empfindungen, als ich Omnec Onecs Autobiographie „Ich kam von der Venus" las – ich wußte einfach intuitiv, dass das alles stimmt und dass ich in diesem Wissen zuhause bin.

Vor diesem Hintergrund hatte und hat das Buch „Die magische Gegenwart" mitsamt seinen Zwillingsstrahlen-Erwähnungen eine Spur in mir hinterlassen, deren Pfad meine Seele offenbar Jahrzehnte später aufnahm und über die sie auch meine bewussten Erfahrungen in die erlebte Wirklichkeit führte.

Ich füge hier zwei Zitate aus diesem Buch ein, die dir etwas über die Natur der Zwillingsstrahlen sagen können:

> *Rex und Pearl sind ‚Zwillingsstrahlen' der gleichen Göttlichen Flamme. Die Flamme kommt aus dem Herzen Gottes, des Großen Lebens-Bewusstseins des Universums, der Großen Zentral-Sonne. Will die ‚Mächtige ICH BIN Gegenwart' zu einem einzelnen individualisierten Brennpunkt bewusster Herrschaft werden und das Schöpferische Wort ‚ICH BIN' aussprechen können, so besteht die erste individuelle Tat in der Bildung einer Flamme. So beginnst du, der individualisierte Brennpunkt der ‚Mächtigen ICH BIN-Gegenwart', deine dynamische Lebensgestaltung.*
> *Diese Tätigkeit nennen wir Selbst-Bewusstsein. Sie bedeutet, dass das Individuum sich seines Ursprungs und der Vollkommenheit des Lebens, die es ausdrückt, bewusst wird. Nur das seiner selbst bewusste Individuum hat alle Eigenschaften und die schöpferische Kraft der ‚Mächtigen ICH BIN Gegenwart'. Es allein kann wissen, wer und was es ist*

und die Fülle der schöpferischen Kraft Gottes durch die Verwendung des Wortes ‚ICH BIN' ausdrücken, wo immer es dies will.

Aus „Die magische Gegenwart", Buch 2 der Saint Germain Reihe von Godfré Ray King

Es gibt noch so viel mehr über die Realität der Zwillingsflammen zu sagen und möglicherweise wird dies an anderen Stellen und zukünftig noch mehr Offenbarungen hierzu geben – auch durch mich. Für dieses Buch möchte ich es hierbei belassen und dich persönlich einladen, mit mir Kontakt aufzunehmen, falls du mehr über dieses Thema erfahren möchtest. Ich fühle, dass es aufgrund des intensiven Einschlages, den diese dritte Einweihung in mir bewirkt hat, ein großer Teil meines Lebens ist, dessen Dimensionen ich momentan noch nicht überblicken kann.

Chart Nr. 3 – Zwillingsflammen – Seelenreise

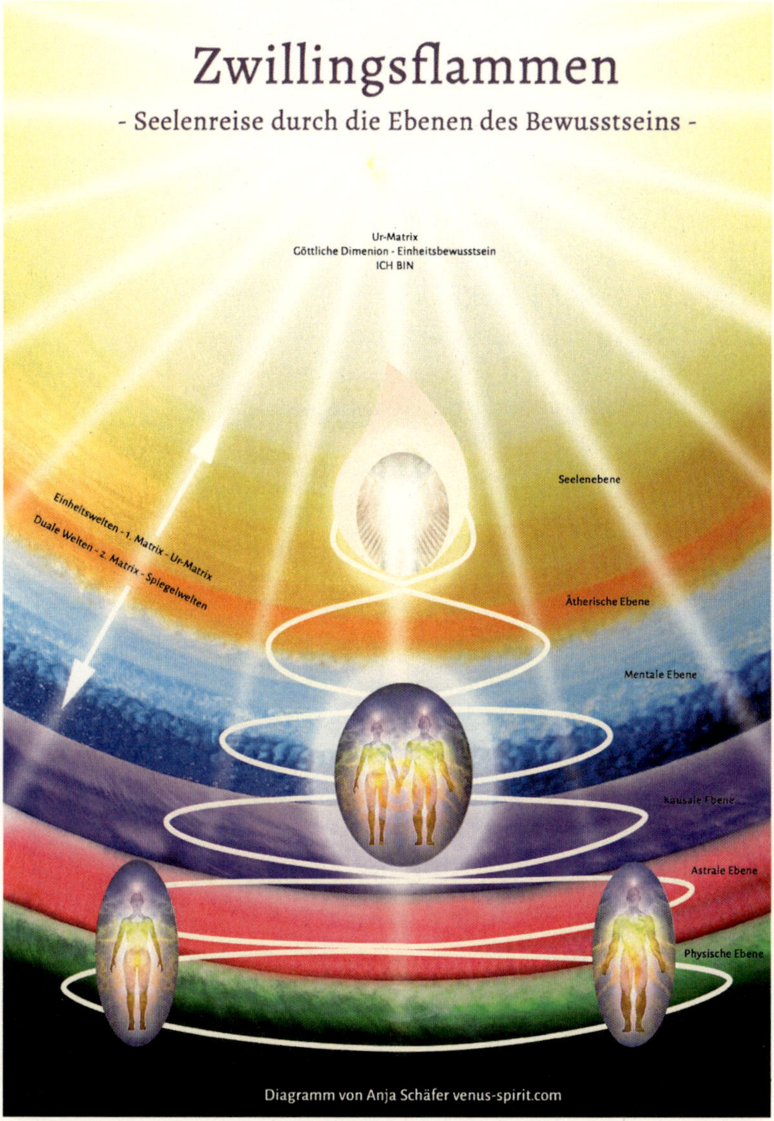

Bild 11: Zwillingsflammen – Seelenreise

Erschaffung und Reise der Seele durch die Ebenen des Bewusstseins als göttlich-weiblicher und göttlich-männlicher Aspekt.

Abschließend teile ich ein Gedicht mit dir, das ich vor Kurzem spontan geschrieben habe und das dir vielleicht ein Gefühl dafür vermittelt, was für eine Erfahrung die Begegnung mit der eigenen Seele sein kann:

Gott hat mir sein Herz nur geliehen.
Es gehört mir nicht.
Jetzt hat er es zurückgefordert.
Er kam wie ein Wind –
ein Schauer des Lichts.
Ein Regen voller Goldfunken
Von oben durch das Kaminrohr
Ganz plötzlich, ich ahnte es vorher nicht.
DA ist es, das Licht.
Weit, weit stieß es Türen und Fenster von innen auf
Wie ein Sturm im Wohnzimmer
Er fegte hindurch
Mein Herz – alles auf!
Alles ist auf – es gibt kein Zurück!
Es ist kein Platz mehr
Die Türen und Fenster gehen nicht mehr zu.
Nie mehr.
Gott kam und forderte sein Herz zurück.
Ich habe es nicht verstanden, ich schenkte es DIR!
Oder schenktest Du mir erstmal Deins?
Und dann kam Gott und brachte es mir?
Es ist alles Licht
Es ist alles EINE LIEBE
Du, Gott, ich – wo ist da noch ein Unterschied?
Ich weiß es nicht mehr.
ICH BIN nur noch LIEBE.
Ich gebe Gott sein Herz zurück.
Es hat in uns allen Platz.
Ich liebe Dich.

Epilog

Es erscheint einfach, wenn man all die vielen tausend Leben betrachtet, die man gelebt hat. Jedes Leben sieht aus wie ein Sandkorn und erscheint im Vergleich zu der ewigen Existenz der Seele so unwichtig. Aber wenn man sich in dieses Sandkorn hineinbegibt, wird dieses Leben riesengroß und überwältigend.

Omnec Onec, Autobiographie Teil 2 „Engel weinen nicht"

Das Buch ist fertig. Die Reise geht weiter.

Eine Station ist erreicht – ich lasse das Paket jetzt hier stehen. Ein Buch in die Verwirklichung zu bringen ist ein bisschen wie eine Inkarnation – es ist die Materialisierung von etwas Geistigem, das auf seine individuelle Weise eine kleine Spur im riesigen Geflecht der schöpferischen Fäden hinterlässt.

In Erinnerung an Omnec Onecs Worte, die ich diesem Nachwort vorangestellt habe, sind mir folgende Gedanken gekommen: Wenn ich als Seele frei in den formlosen Welten einfach nur BIN, BIN ICH alles und EINS, reines Bewusstsein, reines Licht, reine Liebe. Wenn ich dann einen Funken meiner Essenz in eine physische Verkörperung hinabsende, scheint auf einmal alles so riesig zu sein – jeder Gedanke, jedes Gefühl, jede körperliche Erfahrung – auch jedes Drama, jedes Trauma, jeder Schmerz. Alles fühlt sich so gigantisch an. Und wenn ich wieder in die Unendlichkeit zurückkehre und Abstand habe, dann war das ganze Leben ebenso wie die Erschaffung dieses Buches nur ein kleines Sandkorn am Strand des Ozeans der Liebe und Gnade – und das ist ebenso unbedeutend wie unglaublich wertvoll und wichtig.

Letztlich zählen die Augenblicke der Liebe, jeder Moment der Achtsamkeit, jeder kleine freundliche Akt des Mitgefühls. Alles Schmerzhafte ist vergessen, alles Unbewusste vergeben, alle Trennung verwandelt sich in Einheit.

Die Reise geht weiter. Möge sie glückselig sein.

Das wünsche ich uns allen aus tiefster Seele.

In Liebe

Anja

Anhang: Jo Conrad Interview mit Omnec Onec

Bild 12: Interview Jo Conrad mit Omnec Onec

Link zum YouTube-Video: *https://youtu.be/S1fR26Pn3tg*

Dieses Interview von Jo Conrad mit Omnec Onec entstand im Sommer 1999 im Garten des Seminarhauses Pegasus zwischen der Elbe und der Nordsee. Die Transkription wurde ursprünglich in Jo Conrads Buch „Ursprünge: Über die Vielfalt des Lebens, die Ordnung und den Grund des Hierseins", 2000, ISBN 978-3933718013 veröffentlicht

Ich bedanke mich herzlich für die Erlaubnis von Jo Conrad, dass ich sein Interview mit Omnec noch einmal selbst veröffentlichen darf. Original-Videoaufnahme mit deutschen Untertiteln auf dem YouTube Venus Spirit Kanal *https://youtube.com/@venus-spirit*.

Das Interview mit Omnec Onec

Jo: Omnec, unsere Zuschauer können sich nicht vorstellen, dass es Leben auf der Venus gibt, da die Wissenschaft alles untersucht hat und behauptet, dass es dort kein Leben gibt. Ist diese Behauptung wahr, oder wird uns etwas von der Wissenschaft verschwiegen? Oder können wir das Leben dort nicht feststellen, weil es auf einer anderen Ebene ist?

Omnec: Früher war das Leben auf der Venus auf physischer Ebene wie jetzt hier auf der Erde. Das ist allerdings mindestens 20 Millionen Jahre her.

Jo: Das ist eine Weile her.

Omnec: Ja. Und heute leben unsere Gesellschaften und Kulturen in einer Parallelwelt oder -dimension zur Physischen. Sie sind die Vorfahren einiger alter Zivilisationen auf der Erde. Alle Rassen auf der Erde kommen von anderen Planeten, aber das geschah zu einer Zeit, bevor ihr mit der Geschichtsschreibung begonnen habt.

Jo: Waren die Venusier die ersten Besucher oder waren sie nur ein Teil verschiedener Besucher aus dem All?

Omnec: Alle menschlichen Lebewesen in unserem Solarsystem kamen aus anderen Galaxien, bevor die Erde zu einem Planeten wurde, also als die Erde noch ein Komet war, der sich gerade zu einem Planeten entwickelte. Sie sind zum Schutze dieses Sonnensystems gekommen und dazu auserkoren, die höhere Lebensform im Universum zu sein, denn menschliche Lebensformen sind die höheren Lebensformen. Sie kolonisierten die ältesten vier Planeten im Sonnensystem, nämlich Mars, Venus, Jupiter und Saturn. Das waren die vier Hauptrassen, die dann die Erde kolonisierten und die ihr kennt. Sie bevölkerten ursprünglich die Erde.

In der heutigen Zeit leben die ursprünglichen Wesen, ich meine nicht die ersten Besucher, sondern die Nachfahren der ursprünglichen Rassen, mit ihren Technologien und ihren spirituellen Fähigkeiten in einer parallelen Dimension. Wir haben die Fähigkeit, uns einen physischen Körper zu manifestieren, um in der physischen Welt zu leben und zu arbeiten.

Jo: So wie du jetzt?

Omnec: Ja, genau

Jo: Und wie sieht es mit den anderen Planeten heute aus? Ist dort immer noch Leben?

Omnec: Ja, aber nicht physisch.

Jo: Nicht physisch, aber etwa auf einer anderen Schwingungsebene?

Omnec: Ja, genau, das ist richtig. Es gibt sogar noch Spuren und alte Relikte aus vergangenen Zeiten.

Jo: Etwa das Marsgesicht und die Pyramiden?

Omnec: Ja, genau. Einiges ist schon entdeckt worden.

Jo: Und auf dem Mars ist immer noch Leben, genauso wie auf der Venus, auf demselben Level praktisch?

Omnec: Ja, natürlich.

Jo: Wie bist du denn auf die Erde gekommen? Wie sollen wir uns das vorstellen? Etwa in einer fliegenden Untertasse oder in einem UFO?

Omnec: Auf jedem der alten Planeten (Mars, Venus, Saturn und Jupiter) gibt es noch eine alte Stadt, die sowohl in der physischen als auch in den höheren Dimensionen existiert. Es ist eine verborgene Stadt sozusagen.

Jo: Auf der Erde auch?

Omnec: Ja, auch auf der Erde gibt es diese verborgenen Tempelanlagen an verschiedenen Orten. Sie dienen auch als interdimensionale Tore. Aber sie wurden vor langer Zeit versteckt. Auf den anderen Planeten haben wir dieselben Anlagen und dort können wir uns physisch manifestieren. Wir können dort auch Schiffe manifestieren, die wir im Physischen zum Reisen benutzen. Wir haben die Fähigkeit, mit unseren Raumschiffen intergalaktisch, interdimensional und in der Zeit zu reisen.

So bin ich auf die Erde gekommen. Nachdem ich mir auf der Venus in dieser speziellen Stadt meinen physischen Körper manifestierte, wurde ich in ein physisches Schiff gebracht, das mich zur Erde brachte. Das erste Jahr nach meiner Ankunft lebte ich in Tibet. Dort lernte ich mit der Schwerkraft umzugehen, die Sprache zu sprechen und meinen physischen Körper zu benutzen.

Jo: Das ist sicher eine harte Erfahrung von einem leichten, sphärischen Leben in ein manifestiertes, physisches Leben wie bei uns auf der Erde herabzusteigen.

Omnec: Ja, es ist sehr schwierig, sich an einen physischem Körper zu gewöhnen.

Jo: Wie alt warst du, als du zur Erde gekommen bist? Warst du schon in deinem physischen Körper oder in dem Zustand, in dem du auch auf der Venus lebtest? Etwa als Reinkarnation oder in einem physischen Körper von der Venus?

Omnec: Eurer Zeitrechnung entsprechend war ich sieben Jahre alt. In unserer Zeit war ich aber schon 130 Jahre alt. Das ist in eurer Zeitrechnung zwar genauso lange wie bei uns, wir leben aber länger als ihr und unser Alterungsprozess geht wesentlich langsamer. Und nun bin ich nach eurer Zeitrechnung ungefähr 250 Jahre alt.

Jo: Für dieses Alter siehst du aber wirklich noch gut aus.

Omnec: Hier auf der Erde sehe ich wie eine 50 Jahre alte Frau aus.

Jo: Warum bist du gekommen? Hast du einen Auftrag, war es freiwillig oder eine Mission?

Omnec: Alle drei Gründe sind richtig. Zuerst einmal war es der Wunsch der spirituellen Hierarchie.

Jo: Auf der Venus selbst oder wo anders?

Omnec: Die spirituelle Hierarchie beherrscht das ganze physische Universum.

Jo: Also überall, nicht nur auf der Venus?

Omnec: Ja, und sie hat eine ganze Menge mit dem Schicksal der Menschheit zu tun in den physischen Ebenen. Die Hierarchie besteht aus fortgeschrittenen Seelen, aufgestiegenen Meistern und spirituellen Wesen, von denen viele selbst im Physischen gelebt haben.

Jo: Also aufgestiegene Meister?

Omnec: Ja, korrekt.

Jo: Wie Jesus?

Omnec: Genau, Jesus ist auch ein aufgestiegener Meister.

Eine meiner Aufgaben besteht darin, die Menschen an ihren Ursprung zu erinnern und ihnen die Information über die Erde und die verloren gegangene Geschichte zurückzugeben. Dieses Wissen muss den Menschen zurückgebracht werden, um die Konzepte und das Bewusstsein zu verändern. Die Erde geht nun in ein neues Zeitalter, die Menschen auf der Erde nennen es „New Age". Deshalb müssen sie wissen, warum sie hier sind und welche Fähigkeiten in ihnen schlummern.

Es handelt sich um dieselben Lehren, die Jesus Christus brachte.

Jo: Bist du alleine von der Venus gekommen oder sind noch andere Venusier hier?

Omnec: Nein, nicht nur ich. Da sind noch etliche.

Jo: Eine ganze Menge also. Aber du bist die Bekannteste, oder warum sehen wir gerade dich?

Omnec: Nein, ich bin dazu ausgewählt worden, um auf der Erde bekannt zu werden.

Jo: Es gibt also andere, die in anderen Bereichen arbeiten?

Omnec: Ja, die anderen sind unterschiedlich auf der Erde tätig.

Jo: Hast du spezielle Fähigkeiten, etwa meine Gedanken oder meine Aura zu lesen?

Omnec: Die Menschen haben einen spirituellen Verschluss um ihre Gedanken, eine Art „Schloss“. Gedanken sind ihre Privatsache, da gibt es einen speziellen Schutz. Das ist nicht möglich.

Jo: Willst du oder kannst du es nicht?

Omnec: Ich kann es nicht. Aber wenn die Menschen wieder Gedanken senden können, dann können wir sie empfangen. Die meisten auf der Erde können keine Gedanken senden, aber einige können es.

Jo: Gibt es auf der Erde Menschen, mit denen du telepathisch kommunizieren kannst?

Omnec: Ja, das geht mit einigen wenigen, die diese Fähigkeit haben. Auf diese Weise kommuniziere ich auch mit Wesen, die nicht auf der Erde sind.

Jo: Auf der Venus

Omnec: Ja, um Information zu bekommen, die ich benötige. Es ist kein Channeling, sondern persönlicher Kontakt mit Wesen, die ich kenne. Schau, vor langer Zeit hatten die Menschen auf der Erde diese Fähigkeit der Telepathie noch und erinnerten sich an ihre früheren Existenzen, und daran, wer sie erschaffen hat und woher sie kamen. Doch dann fand nach Atlantis eine genetische Manipulation an der Menschheit statt. Damals fand eine Invasion von Besuchern aus einem anderem Sternensystem statt.

Jo: Vor etwa zehntausend Jahren?

Omnec: Ja, genau, lange bevor Jesus Christus kam.
Die genetische Manipulation teilte das Gehirn der Menschen in zwei Hälften und nahm ihnen dadurch die Fähigkeit, ohne Worte zu kommunizieren, sich an

ihre früheren Inkarnationen zu erinnern und daran, woher sie kamen. Es wurden ihnen nur jene Fähigkeiten gelassen, die sie hier auf der Erde zum physischen Überleben benötigen. Die Wesen, die das getan haben, die als Invasoren auf die Erde kamen, haben die irdischen, herrschenden Hierarchien etabliert, führten die Rassentrennung ein, erfanden die Sprachen und Religionen und brachten die Konflikte in die Welt. Sie manipulieren und kontrollieren, und seitdem die Menschen ihre Fähigkeiten verloren haben, ist das viel einfacher für sie.

All das „geheime" Wissen, das die Menschen auf der Erde vor der Manipulation hatten und alle Fähigkeiten, die sie besaßen, waren nun für sie nicht mehr zugänglich. Das Wissen wurde nur einer speziellen Elite, den geheimen Bruderschaften, zum Studieren zugänglich gemacht.

Das übrige Wissen ist kontrollierte und manipulierte Information, religiöse Lehren. Sie haben die Rassentrennung eingeführt und Sprachen erschaffen.

Jo: Sie haben alles von der Quelle getrennt.

Omnec: Ja, und sie haben die Konflikte aufgrund dieser Unterscheidungen durch Rassen und Religionen erzeugt.

Jo: Wer waren sie?

Omnec: Nun, ich darf nicht sagen, aus welchem Sternensystem sie kamen. Sie haben mittlerweile erkannt, was sie getan haben und sind nun daran beteiligt, durch die Transformation der Erde und der Menschheit beim Heilen zu helfen.

Jo: Sind sie auf der Erde? Besuchen sie uns oder geschieht es durch Reinkarnationen?

Omnec: Ja, eine Menge sind schon inkarniert. Viele Menschen, die hier geboren sind, fühlen, dass sie nicht hierherge-

hören, aber sie können sich dieses Gefühl mit ihrem logischen Verstand nicht erklären.
Die Erde und die Menschheit geht nun durch einen Transformationsprozess – und alles wird wieder wie vor der genetischen Manipulation. Die Menschen werden sich wiedervereinigen und alle Konflikte beenden. Das ist auch der Grund, warum ich hier bin und darüber informiere.
Es fängt damit an, dass sich die Wahrnehmungsweisen und Ansichten der Menschen ändern. Das ist es auch, was ich in meinen Workshops mache. Ich lehre die Menschen, die strukturierten und kontrollierten Vorstellungen zu überwinden. Wenn ihr hier geboren werdet, werden euch eure Religionen, eure politischen Ansichten und alles Mögliche gegeben. Alles wird euch von klein auf beigebracht – nichts ist euer freier Wille, eure freie Wahl.
Eure Familien vermitteln euch diese Informationen und zwingen sie euch sogar auf, weil sie glauben, dass all das das Richtige und das Beste für euch ist. Konzepte, Ansichten und Programme werden von Generation zu Generation weitergegeben und es lässt wenig Raum für das Individuum, sich zu entfalten, frei zu sein und sich seiner eigenen wirklichen Wünsche bewusst und frei zu sein.
Ich versuche, den Menschen dabei zu helfen, all das Übernommene zu überwinden und sich mit ihrer inneren Quelle wieder zu verbinden. Es ist wichtig, sich darüber klar zu werden, was wirklich die eigenen Gedanken, Gefühle und Entscheidungen sind. Wie fühlst du wirklich? Das herauszufinden ist wichtig, um die Programmierungen loszulassen, die von außen kommen.

Das ist ein großer Prozess. Die Menschen müssen da individuell selbst hindurchgehen. Ich habe keine magischen Lösungen, aber ich kann andere Sichtweisen anbieten und die Schlüssel geben, um alte Konzepte zu überwinden. Darum geht es auch in meinen Büchern. Man muss nicht in meine Workshops kommen, alle Informationen sind in meinen Büchern.

Jo: Du sagst also, wir alle haben das Grundrecht, frei zu sein und unsere eigenen Entscheidungen zu treffen?

Omnec: Richtig. Der individuelle freie Wille steht über allem. Jeder Mensch hat das Recht, seinen eigenen religiösen Weg zu wählen und zu leben, wie er leben möchte. Aber um wirklich ihre eigenen Entscheidungen treffen zu können, brauchen die Menschen das Basiswissen darüber, was Menschsein ist und was vor lange Zeit auf der Erde passiert ist, sie benötigen das komplette Wissen der menschlichen Geschichte und Natur. Wenn du ihnen einen Überblick über alle Zusammenhänge gibst, so wie ich es in meinen Workshops tue, dann gibst du ihnen damit die Möglichkeit, die Welt, das Universum und sich selbst und deren Ursprung von verschieden Seiten aus zu betrachten. Nicht nur über das physische, menschliche Leben, sondern über die Essenz – über die Lebenskraft, die jedem Individuum innewohnt.

Jo: So gesehen ist es also nicht alleine unser Fehler, dass wir als spirituelle Wesen noch nicht weiterentwickelt sind? Es hat mit der genetischen Manipulation zu tun?

Omnec: Und auch mit der ganzen Gesellschaft, in der ihr hier lebt.

Jo: Teilweise also begründet in der Manipulation und teilweise auch im eigenen freien Willen?

Omnec: Nun, die Manipulation zieht sich durch alle gesellschaftlichen Strukturen und durch die eigene Genetik.

Jo: Und es ist schwierig, all das zu überwinden ..., aber es verändert sich?

Omnec: Ja, denn wir ziehen sozusagen die Manipulationen Schritt für Schritt heraus, indem wir uns individuell mit einzelnen Menschen verbinden und ihnen so zeigen, wie sie ihre Sichtweisen und Konzepte verändern können. Natürlich MUSS sich niemand verändern, die Menschen dürfen selbst entscheiden, was für sie richtig ist und was nicht.

Doch wenn sie erst einmal die vollständige Information haben, dann können sie erst wirklich eine freie Wahl treffen. Der Transformationsprozess nimmt dann sowieso von selbst seinen Lauf.

Jo: Das sind Informationen, die wir nicht über die Massenmedien bekommen.

Omnec: Absolut richtig. Doch selbst wenn sie diese Informationen hätten, würden sie nicht die Schulen ändern, weil ihnen das zu teuer wäre.

Jo: Es ist nicht gewollt, dass die Menschen diese Informationen bekommen?

Omnec: Natürlich ist das nicht gewollt. Die Machthaber manipulieren die Energieindustrien und das Geld. Jegliche Veränderungen bedrohen ihre Systeme und bedeuten letztlich ihr Ende, und das ist es, was sie verhindern wollen.

Jo: Macht, Gier und Geld.

Omnec: Natürlich, materielle Dinge.

Jo: Wie siehst du unsere Entwicklung? Bist du zuversichtlich in Bezug auf die Zukunft der Menschheit?

Omnec: Absolut! Man muss den Menschen die Konzepte und Zusammenhänge in einfachen kleinen Schritten veranschaulichen. Alleine durch das Ersetzen von Kritisieren und Urteilen durch Akzeptanz habt ihr eine völlig andere Lebensweise, denn so erlaubt ihr anderen, ihre eigenen freien Entscheidungen zu treffen. Ihr gestattet anderen, selbst zu entscheiden, was das Beste für sie und ihr Leben ist und dass sie selbst die Verantwortung für sich tragen. Somit mischt ihr euch nicht in die Angelegenheiten anderer ein und fokussiert euch nicht zu sehr auf sie, sondern auf euch selbst. Auf diese Weise löst ihr viele Konflikte, denn ihr erschafft keine Konflikte, wenn ihr einfach sagt: Nun, du hast deine Sichtweise, du hast deine Wirklichkeit, du triffst deine eigenen Entscheidungen. Lass sie ihre Leben leben, denn es ist ihr freier Wille.

Die größten Probleme und Konflikte in eurer Welt werden erschaffen, wenn ihr versucht, eure eigenen Vorstellungen auf andere zu übertragen – denn auch das ist wieder das Ausüben von Kontrolle und Manipulation.

Jo: Hast du, seit du von der Venus gekommen bist, eine Veränderung hier in Bezug auf das Verhalten der Menschheit festgestellt?

Omnec: Ja, sicher! Als ich mein Buch in den Sechziger Jahren geschrieben habe, gab es noch kein Verständnis für andere Dimensionen. Es gab damals noch keine Möglichkeit, mit diesen Informationen die Menschen zu erreichen. Doch mit der Entwicklung der Technologien hier und euren Satellitensystemen, den Computern und des Kommunikationssystems entwickelte sich ein größeres Gewahrsein. Mittlerweile sind eine Menge Informationen für jeden Einzelnen verfügbar. Diese Informationen haben die Menschen verändert und ihnen die Türen in ein umfassenderes Verständnis geöffnet.

Jo: Alles hat also zwei Seiten: Informationen können manipulieren, können aber auch den Horizont erweitern.

Omnec: Absolut richtig. Ihr könnt zwischen viel mehr Möglichkeiten unterscheiden. Ihr könnt die Vorteile sehen und auch die Schwierigkeiten besser erkennen.

Jo: Haben die Venusier die Vorstellung eines Gottes oder Schöpfers?

Omnec: Ja, wir glauben, es nur eine Quelle gibt – eine Energiequelle. Durch diese Energiequelle existiert alles. Diese Quelle erschafft alles, was ist, aus sich selbst heraus in nie endenden Zyklen. Auf diese Weise existiert die Quelle für immer.

Jo: Sind wir ein Teil davon oder ist es hoch über uns?

Omnec: Diese Quelle, diese schöpferische Energie oder der Schöpfer ist in jedem Lebewesen vorhanden. Sie existiert durch alles Lebendige.

Jo: Das klingt etwas anders als das, was wir aus der Bibel kennen. Dort wird uns ein anderes Gottesbild vermittelt.

Omnec: Stimmt. Stelle dir mal eine Zentrifuge vor, die sich schnell dreht. Nun wirf Steine, Sand und Wasser in sie hinein. Das schwerere Material wird sich außen sammeln – dieser Bereich entspricht der physischen Dimension. Je weiter du ins Innere schaust, desto leichter ist das Material. Im Zentrum selbst hast du pure Energie. Dort ist das Zentrum der Schöpfung – die Energiequelle.

Alle anderen Welten oder Dimensionen gehen bis hinunter in die physische Ebene, die der materiellen Welt entspricht, in der wir hier gerade leben. Natürlich musst du als Mensch einen physischen Körper haben, um hier Erfahrungen machen zu können. Die Seele, dieser kleine Funke der schöpferischen Quelle, hat die Fähigkeit, sich in jeder Dimension mit einem Körper zu umhüllen – einem Körper, der jeweils dieselbe Energie wie die entsprechende Dimension hat.

In diesen anderen Dimensionen hält sich die Seele auf, wenn sie nicht im Physischen ist.

Jo: Also haben wir nicht nur einen physischen Körper, sondern Teile von uns sind auch in den höheren Dimensionen näher am Zentrum der Schöpfung?

Omnec: Richtig. Dein Körper ist nur ein Gefährt, in dem du lebst und mit dem du deine Erfahrungen in dieser Welt machst. Mit ihm kannst du auf dieser Welt kommunizieren und dich fortbewegen. Doch die Essenz deines Seins ist die Seele. Und wenn dein Körper nicht mehr funktioniert, lebt die Seele in den anderen Dimensionen weiter. Wenn sie sich dafür entscheidet, wieder in die physische Welt zurück zu kommen, dann trifft sie diese Entscheidung im Hinblick auf die Erfahrungen, die sie zu machen wünscht. Das ist es, was ich in meinen Workshops lehre. Ich erkläre das ganze Konzept der Schöpfung und eure Verbindung mit allem und dass auch ihr eine unendliche, schöpferische Quelle des Lebens seid.

Jo: Und Liebe ist der Schlüssel zu allem?

Omnec: Ja. Wahre Liebe ist die Energie des Schöpfers, und sie fließt durch alles, was lebt. Ohne die Liebe gäbe es nichts.

Ich spreche von bedingungsloser Liebe, nicht von der an Bedingungen geknüpfte Liebe, so wie sie in euren Gesellschaften existiert. Bedingungslose Liebe bedeutet: Ich liebe dich, weil du BIST. Aus keinem anderen Grund.

Jo: Also nicht nur, wenn du mich auch liebst.

Omnec: … oder wenn du machst, was ich will.

Jo: Es gibt also einiges hier auf der Erde, das anders ist als auf der Venus.

Habt ihr Sex auf der Venus oder ist das eine rein physische Angelegenheit?

Omnec: Als wir auf der Venus noch eine physische Gesellschaft hatten, natürlich. Jetzt, wo wir dort keine physischen Körper mehr haben, kennen wir dennoch Empfindungen. Wir haben astrale Körper und wir haben die Anziehungskraft. Wir können Energie miteinander austauschen. Es ist fast dasselbe Gefühl wie Sex im Physischen, nur intensiver. Es ist ja dieselbe Energie und wir können den Austausch der Energien fühlen.

Jo: Ich glaube, dass Sexualität ein großes Problem bei Leuten ist, die auf der Suche nach spiritueller Entwicklung sind.

Omnec: Nun, ich denke, dass Sexualität eine Funktion des physischen Körpers ist und grundsätzlich sehr gesund und nützlich. In euren Gesellschaften wurde die Sexualität häufig missbraucht und missverstanden und damit verbunden sind viele Schwierigkeiten und Moralvorstellungen. Es gibt viele Probleme aufgrund von Unterdrückung und fehlendem Verständnis darüber, was Sexualität eigentlich ist.

Ihr solltet keine Beziehung auf sexueller Anziehung bauen. Eine Beziehung sollte eine echte Verbindung zwischen allen menschlichen Ebenen sein – emotional, geistig und spirituell – und die Sexualität sollte ein Teil dieser besonderen Verbindung sein und sie ergänzen. Doch wenn ihr eine Beziehung auf Sexualität baut, ist sie natürlich nicht sehr stabil.

Jo: Wir haben ja momentan eine Entwicklung bei uns, dass viele Leute in den großen Medien über ihr Sexleben sprechen. Auch hier scheint es wieder zwei Seiten zu geben: Einerseits geht es zwar hauptsächlich um physische Sexualität und nicht um wahre Liebe, andererseits lässt es uns toleranter gegenüber verschiedenen sexuelle Verhaltensweisen unter den Menschen werden. Siehst du das auch so?

Omnec: Ja, es gibt alle möglichen Formen der Sexualtherapie, viele nützliche Informationen, doch es gibt auch noch so viel Unterdrückung, die sehr tief sitzt und all diese Unterdrückungen haben zu so viel Missbrauch in diesem Gebiet geführt. Es hängt nur an dieser Unterdrückung und dem Mangel an ehrlichem Ausdruck, dass ihr auch kriminelle Tendenzen und sexuellen Missbrauch entwickelt habt.

Ich meine damit auch die Übertreibung. Der Schlüssel zu einem harmonischen Leben ist Balance.

Wenn man fanatisch wird, auch gesundheitsfanatisch, sich oder anderen keinen Tropfen Alkohol erlaubt, keine Sexualität – auch dann unterdrückt man natürliche Tendenzen. Man versucht eine Perfektion zu erreichen, die in dieser Welt nicht realistisch ist.

In dieser Welt bist du ein physisches Wesen. Das bedeutet auch, dass du dir die Erlaubnis geben solltest, ein Teil des sogenannten Negativen und Positiven zu sein und gleichermaßen das Gleichgewicht anstreben und Verständnis für deine Begrenzungen haben.

In der Übertreibung liegt die wirkliche Gefahr. In einer Weise fanatisch zu sein bedeutet auch, im Ungleichgewicht zu sein. Jeder muss für sich selbst seine Balance finden und das ist etwas, das ich niemandem sagen kann – jeder muss das für sich selbst herausfinden.

Auch hier spielt wieder das Urteilen und Kritisieren eine wichtige Rolle. Wenn du dich perfekt vegetarisch ernährst, nicht rauchst, nicht trinkst und so weiter und dann auf andere schaust und denkst, dass sie falsch liegen, weil sie all diese Dinge tun, dann kritisierst du schon wieder und bist auf diese Weise nicht im Gleichgewicht. Es ist wiederum kein Ausdruck davon, andere leben und sein zu lassen, wie sie es gerade wählen. Das ist es, was ich mit Akzeptanz und Balance meine.

Jo: Du meinst, wir sollen nicht über andere und deren Leben richten, sondern sie so akzeptieren, wie sie sind?

Omnec: Genau. Wir alle leben. Menschen leben, Pflanzen leben und die Tiere leben – alle Lebewesen enthalten dieselbe Essenz und erfüllen einen Zweck. Es ist alleine deine individuelle Entscheidung zu wählen, wie du leben möchtest und niemand hat das Recht darüber zu entscheiden außer dir selbst.

Jo: Ein anderes Thema – Technologie auf der Venus: Habt ihr dort Technologien, so wie wir das aus Science-Fiction Filmen kennen? Zum Beispiel kleine Kommunikationssysteme, Beamen – kannst du darüber etwas erzählen?

Omnec: Ja, wir haben all diese Fähigkeiten. Wir haben große Raumschiffe, die wie Städte sind, wir haben kleine Schiffe, die sich sichtbar und unsichtbar machen können, weil sie zwischen Dimensionen wechseln können. Sie können ihre Frequenz, also ihre Schwingung verändern. Ja, das, was du als Science-Fiction kennst, all das haben wir. Aber für uns ist das alles ganz natürlich. Großartige Technologie entwickelt sich gemeinsam mit einem fortgeschrittenen Bewusstsein, denn diese Technologie funktioniert in Harmonie mit der Schöpfung. Sie betreibt keinen Raubbau, verbraucht sich nicht und zerstört nicht, sie wirkt im Einklang mit dem Universum. Es ist eine schwingende, magnetische Energie, die wir uns zunutze machen. Sie hängt mit dem Fortschritt unseres Gedankenprozesses zusammen – mit unserem Bewusstsein.

Jo: Stehen uns diese Technologien auch zur Verfügung, wenn wir spirituell weiter fortgeschritten sind?

Omnec: Wenn du die Energie begreifst, die aus den anderen Dimensionen durch deinen Körper fließt – sie fließt 24 Stunden ununterbrochen durch uns und das wissen die meisten Menschen nicht und so verbrauchen sie ihre Energie einfach. Wo immer du deine Aufmerksamkeit hinlenkst, dorthin sendest du auch deine Energie. Wenn du deine Energie auf einen negativen Aspekt des Lebens konzentrierst oder auf Ängste, wenn du zum Beispiel Angst vor einem Krieg hast, dann verstärkst du genau diese Dinge mit deiner Energie. Genau das zeige ich den Menschen – ich zeige ihnen, wie sie ihre Energie bewusst ausrichten können und so die jeweiligen Gebiete oder Themen segnen können. So können die Menschen eine vereinte Kraft aussenden und das beenden, was sie in Wahrheit gar nicht haben wollen.

Ich lehre die Menschen in meinen Workshops, wie sie die Lebensenergie fühlen können, die ständig durch ihre Körper fließt und ich zeige ihnen auch, wo im Körper diese Energiepunkte sind, wo die Energien aus den andere Dimensionen ein- und ausströmen.

Jo: Du meinst die Chakren?

Omnec: Ja, genau. Und ich erkläre auch die Auswirkungen der anderen Dimensionen auf den menschlichen Körper.

Jo: All das sind doch sehr alte Lehren, oder?

Omnec: Ja, richtig, sie sind sogar älter als die Erde.

Jo: Du bist also nicht die Erste, die dieses Wissen so weitergibt?

Omnec: Nein, doch was ich mache ist, eine einfache Erklärung von alldem zu geben, die nicht kompliziert ist. Ich versuche immer, alles in einfachen Worten zu erklären, so dass jeder es verstehen kann und direkt einen Zusammenhang zu sich selbst und sein Leben herstellen kann. Es ist wichtig, dass die Lehren nicht so merkwürdig und abgehoben wirken, so dass man nichts nachvollziehen kann und keine Ahnung hat, worüber ich spreche.

Jo: Du benutzt aber keine Technologien von der Venus, um die Menschen zu beeindrucken oder um ihnen zu beweisen, dass du von der Venus bist?

Omnec: Nein, ich glaube nicht, dass das notwendig ist. Ich mag es auch nicht, denn dies wäre eine Art Effekthascherei, das habe ich nicht nötig. Es ist schon sensationell genug, was die Menschen durch diese Informationen über sich selbst erfahren.

Jo: Das heißt, dass die Leute dir einfach glauben müssen, was du sagst?

Omnec: Was zählt, ist, dass die Menschen an sich selbst glauben. Es spielt keine Rolle, ob sie mir glauben oder nicht. Mein Wissen spricht für sich selbst.

Jo: Ja, ich denke, das tut es. Aber einige Leute wollen es sicher nicht glauben.

Omnec: Ich habe einen schnelleren Herzschlag als die Menschen auf der Erde, ich trage meine Kinder länger als die Erdenfrauen aus, ich stelle mein eigenes Kalzium her, was zum Beispiel gut für die Erneuerung meiner Zähne ist.

Jo: Können wir Menschen das auch, oder ist es eine spezielle Gabe?

Omnec: Weißt du, ihr habt in Wahrheit viele Fähigkeiten, aber die Medizin und die Medien haben euch davon überzeugt, dass dies und das schädlich für eure Gesundheit sei, dass ihr mit 65 Jahren zum alten Eisen gehört und in Rente gehen müsst und dass ihr nicht mehr gut funktioniert und so weiter, und die Menschen glauben das und darum werden sie so. Ich glaube nichts von alledem, ich bin jetzt um die 50 Jahre alt und genieße mein Leben wie eine Zwanzigjährige, habe viel Energie, kann auch ein Glas Wein trinken oder eine Zigarette rauchen und das kontrollieren. Ich weiß, dass diese Dinge meinem Körper keinen Schaden zufügen.

Jo: Was kannst du denn zu Krebs oder AIDS sagen? Woher kommen diese Krankheiten, und werden wir sie besiegen?

Omnec: Manche Krankheiten werden, so denke ich, absichtlich von euren Regierungen erschaffen, um sogenannte „unerwünschte Gesellschaften" zu eliminieren. Und ich denke, dass diese Absichten zu ihren Urhebern zurückgeworfen werden – als eine Art Bestrafung. Wenn sie damit anfangen, ihre Technologien zu verwenden, um das, was der Schöpfer erschaffen hat, zu verbessern, bedeutet dies immer den Niedergang der Zivilisation.

Jo: Die genetischen Veränderungen, meinst du? Sie wollen etwas verbessern, was bereits perfekt ist.

Omnec: Genau. Sie sehen nicht, dass die Schöpfung bereits perfekt ist. Sie denken, was nicht perfekt zu sein scheint, muss verbessert werden. Ich sehe das anders – ich sehe, dass alle Imperfektionen einzigartige Qualitäten sind, die wir wertschätzen sollten.

Jo: Unsere Sicht auf Krankheiten sind also eher Irrtümer oder Missverständnisse?

Omnec: Nun, manche Krankheiten werden durch die Medien erschaffen. Sie veröffentlichen Bücher und schreiben, dies verursache Krebs, jenes verursache Krebs. Wenn die Menschen dann diese Informationen in ihre Glaubenssysteme übernehmen, erschaffen sie sich diese Krankheiten in ihren Körpern aus ihrer Angst heraus.

Jo: Es sind also die Gedanken, die die Krankheiten manifestieren?

Omnec: Ja, wenn die Menschen es wirklich glauben, erschaffen sie es auch. Das ist es, was ich meine: Was auch immer

du glaubst, was auch immer du in dein Denksystem integrierst und wenn du es wirklich als Wahrheit akzeptierst, dann wird es ein Teil von dir. Wenn du andererseits weißt, dass das nicht stimmt, dass du etwas nicht als eine Gefahr für dich anerkennst – natürlich solltest du in keiner Weise übertreiben, sondern von allem nur so viel konsumieren, dass es noch Genuss ist – dann erschafft nichts von alledem eine Krankheit in dir. Natürlich kannst du krank werden, wenn du übertreibst und deinem Körper Schaden zufügst.
Ich denke, die Verbreitung von angstmachenden Informationen ist ein Weg, um die Chemiekonzerne und Ärzte in eurem System am Leben zu erhalten.

Jo: Das wird durch Machtgier und Geld gesteuert.

Omnec: Alles führt immer wieder auf dasselbe zurück, richtig. In Wirklichkeit haben die Menschen die Fähigkeit, wesentlich länger zu leben.

Jo: Wir müssen also gar nicht sterben, wenn wir ein Alter von etwa 75 Jahren erreicht haben?

Omnec: Nein, ich glaube das nicht.

Jo: Alles, was man also machen muss, ist sein Denken zu verändern?

Omnec: Ja. Ich lehre die Menschen, nicht nur zu glauben, sondern auch zu wissen. Es besteht ein Unterschied zwischen Glauben und Wissen.

Jo: Du sagst, dass die Angst ein Teil dieser Krankheiten ist.

Omnec: Die Angst ist das stärkste Werkzeug, das sie in euren Gesellschaften haben, um die Menschen zu kontrollieren. Sie wird in euren Kirchen verwendet, in euren Schulen, in euren Familien. Die Angst ist der Schlüssel, um alles, was geschieht, zu kontrollieren. Die Menschen können die Angst überwinden, indem sie sich bewusstmachen, dass ihre physischen Körper zwar sterben können, doch dass die Essenz bleibt. Der Tod ist nur ein Übergang von einer Existenzform in eine andere. In den höheren Dimensionen lernst du dann das, was du hier nicht erfassen kannst.

Jo: Also kommt man danach wieder zurück, um die Dinge zu lernen, die man nicht gelernt hat? Gibt es die Reinkarnation?

Omnec: Es ist deine freie Entscheidung.

Jo: Man sagt sich also freiwillig etwas wie: Oh, das hab ich wohl vermasselt – jetzt komme ich wieder – oder wie funktioniert das?

Omnec: Du gehst hier Bindungen ein – und dann kommt die Angst vor dem Tod hinzu. Du hast das Gefühl, dass du etwas nicht abgeschlossen hast. Oder du hast in einer Beziehung Mist gebaut und hattest keine Gelegenheit mehr, sie in Ordnung zu bringen oder die Verantwortung dafür zu übernehmen, dann fühlst du aus dir selbst heraus, dass du zurückkehren möchtest. Manchmal fühlst du dich also von selbst zurückgezogen aus dem Gefühl heraus, dass etwas fehlt, dass du für deine Handlungen noch keine Verantwortung übernommen hast.

Jo: Du sagst, dass uns so etwas wie eine Transformation bevorsteht.

Omnec: Korrekt. Angefangen hat diese Transformation 1993. Zu der Zeit haben wir die alten, versteckten Tempel auf der Erde aktiviert. Diese Tempelanlagen dienen auch als Torwege in die anderen, höheren Dimensionen. Die spirituelle Hierarchie in den höheren Dimensionen hat dann damit begonnen, Energie zur Erde zu senden. Sie haben die Natur, die Vögel, die Insekten, die Naturwesen, die Elemente – angewiesen, ihre Frequenz durch ihre Klänge zu ändern. Die Naturklänge sind nützlich und heilsam für den Planeten. Es bilde-

ten sich viele spirituelle Gruppen und sie haben mit dem regelmäßigen Meditieren an verschiedenen Orten der Welt begonnen. Der ganze Prozess wird durch spirituelle Quellen angeleitet und durchgeführt.
Außerdem haben sich große Raumschiffe an verschiedenen Orten rund um die Erde positioniert. Auch sie senden Energie zur Erde. Alles in allem ist es ein kooperatives Zusammenwirken von Millionen Wesen aus verschiedenen Orten der Galaxie und aus verschiedenen Dimensionen, um die Erde und die Menschen in ihren natürlichen Zustand zurückzuversetzen.
Dazu entsteht ein neues Chakrasystem in den Menschen. Dieses hilft dabei, die beiden Gehirnhälften zu synchronisieren, so dass sie wieder miteinander funktionieren. Fähigkeiten wie Intuition, Erkenntnis, Erinnerungen an eure früheren Existenzen und an euer wahres Selbst kehren so zurück. Ihr werdet wieder intuitiv wissen, was und wem ihr glauben könnt – in anderen Worten – ihr werdet wieder wissen, wer euch täuscht und wer ehrlich ist. All diese natürlichen Fähigkeiten kehren zu euch zurück.
Die nächste Generation wird mit all diesen Fähigkeiten genetisch intakt geboren werden. Aber wir, die wir schon hier leben, bekommen dieses künstliche Unterstützungssystem von den anderen Dimensionen, das der Erde und uns dabei hilft, durch den Transformationsprozeß hindurchzugehen.
Das bedeutet, dass sich die Frequenz der Erde ändert und sich in eine höhere Schwingung versetzt. Es wird den Punkt geben, an dem die herkömmliche Technologie hier nicht mehr funktioniert. All das geschieht nicht über Nacht – es läuft seit 1993 und ist ein allmählicher Prozess, denn wir wollen den menschlichen Körpern keinen Schaden zufügen.

Es kann auch mit dem Jahrtausendwechsel in das Jahr 2000 schon Probleme geben wegen der Umstellung der Computer. Die Menschen müssen sehen, dass sie sich nicht wirklich auf die hiesige Technologie verlassen können. In der Zukunft wird sie in der bekannten Weise nicht mehr funktionieren.

Die politischen Systeme wackeln schon. Sie basieren auf Korruption und diese wird immer mehr ans Tageslicht kommen. Die politischen Systeme werden durch ihre eigenen ungerechten Handlungen zusammenbrechen und die Menschen hier werden sich dessen immer mehr bewusst. Sie werden es erkennen und immer mehr ihr Vertrauen verlieren. All das wird auseinanderfallen. Wenn das Geld seinen Wert verliert, werden die Menschen lernen, sich auf sich selbst zu besinnen und aus sich selbst heraus überleben. Die Menschen SIND die Macht. Ihr habt all diese Industrien und Firmen, die ein Monopol auf alles haben. Doch die Menschen, die für sie arbeiten, sind diejenigen, die durch ihre Energie die Funktionalität der jeweiligen Bereiche am Leben erhalten. Wenn sie fortgehen und ihre Arbeitskraft und Energie mitnehmen, dann können diejenigen, die diese Unternehmen besitzen, ohne die Arbeiter nicht mehr funktionieren. Letztlich werden die Menschen das einsehen und verstehen, dass nicht sie die Industrien brauchen, sondern die Industrien die Menschen.

Jo: Was uns erwartet, ist nicht das Ende der Welt, sondern eine Veränderung, eine Transformation.

Omnec: Ja, genau. Doch die Menschen werden überleben, denn sie haben sich all das Wissen durch ihre Beschäftigungen angeeignet, das sie brauchen. Sie wissen, wie man Häuser baut und wie man alles macht und produziert, was man zum Überleben braucht. **Menschen werden**

sich miteinander verbinden und vernetzen und ihr werdet eine neue Gesellschaft bilden. Viele werden auch sterben – es wird auch Suizide geben von Industriellen und Bankern und anderen, wenn sie erkennen, dass das, wofür sie ihr Leben lang gearbeitet haben und all ihr Geld nichts wert sind. Die Menschen, die überleben, werden vielmehr jene sein, die sowieso nie viel hatten.

Jo: Sind die elektromagnetischen Wellen, die unsere Mikrowellen und Handys aussenden, schädlich für uns? Stören sie unsere Verbindung mit den höheren Dimensionen?

Omnec: Sie sind schädlich, aber auch diese Dinge werden irgendwann nicht mehr funktionieren.
Schau, neue Technologie wird hier eingeführt. Sobald die herkömmliche Technologie nicht mehr funktioniert und der Transformationsprozess vollständig ist. Es wird sicherlich eine Menge Zerstörung und Panik unter den Menschen aufkommen. Das ist auch der Grund, warum ich hier bin und darüber informiere. Die Menschen geben diese Informationen weiter und dann werden genug da sein, die nicht in Panik geraten und den verängstigten Menschen helfen. Es wird Orte und Zentren geben, wo die Menschen sich treffen, sich sicher fühlen und informieren können. Außerdem kann man Informationen zur Transformation im Internet finden und sich auf dem Laufenden halten. Es wird viele Meditationen und Meditationsgruppen geben und Netzwerke für Kontakte. Wenn die Transformation abgeschlossen ist, werden neue Technologien eingeführt und ihr werdet auf andere Weise leben als bisher.

Jo: Was für eine neue Technologie?

Omnec: Freie Energie: Magnetkraft, Sonnenenergie, alles, was in Harmonie mit der Natur funktioniert.

Jo: Keine Elektronik? Etwa photonische Energie?

Omnec: Ihr werdet magnetische Schwingungsenergie haben. Wir werden auch Informationen über Kristalle und deren Kräfte weitergeben, die schon in alten Zeiten bekannt waren, es wird Heilungsmöglichkeiten geben, die von innen aus deinem eigenen Selbst kommen. Weißt du, es gibt eine Menge freie Energie auf der Erde und es existieren bereits Geräte. Mein erster Verlag hat viele Bücher und Videos über freie Energie veröffentlich. Es gibt Listen, Bücher und Videos zu diesem Thema und viele Menschen haben bereits Erfindungen gemacht, aber sie dürfen nicht benutzt werden, weil die Energie-Industrie das verhindert.

Jo: Es ist also alles schon da und irgendwann wird es an der Zeit sein, wo wir diese Techniken benutzen dürfen?

Omnec: Ja, es gibt viele Menschen, die nur darauf warten, ihre Geräte der Öffentlichkeit zur Verfügung zu stellen.

Jo: Das sind erfreuliche Aussichten.

Omnec: **Ja, es wird eine bessere Welt werden, aber die Übergangszeit wird schwierig.** Es wird eine Menge Panik unter den Menschen geben, die diese Transformation nicht akzeptieren und nicht mitgehen können. Meistens, weil sie nicht informiert sind und nicht wissen, was vor sich geht. Manche verletzten sich gegenseitig aus Angst und Panik, doch ihre Seelen werden in neuen Körpern zurückkehren, die sich dann mit der neuen Welt besser zurechtfinden. Man kann ja die Seele nicht umbringen.

Jo: Helfen uns die Venusier bei diesem Prozess? Du bist ja nun hier – sind da noch andere?

Omnec: Ja, die Venusier sind hier, auch Sirianer und viele andere. Es sind viele Galaxien und Wesen an diesem kooperativen Prozess beteiligt – auch die Plejadier. Manche sehen nicht menschlich aus. Natürlich gibt es auch die Wesen aus den anderen Dimensionen. Was ich hier sage, findest du in allen Prophezeiungen aus allen Ländern.

Jo: Was hat es mit den kleinen Grauen und Entführungen auf sich?

Omnec: Das sind negative Wesen.

Jo: Das ist also real?

Omnec: Die Regierungen haben mit ihnen Geschäfte gemacht für Technologie und ihnen dafür die Erlaubnis gegeben, Menschen zu entführen.

Jo: Roswell war also echt?

Omnec: Ja. Und die Regierungen machen Geschäfte mit diesen Wesen. Als wir die verborgenen Tempelanlagen um die Erde herum reaktiviert haben, haben wir auch ein Schutzfeld um die Erde herum errichtet, um zu verhindern, dass das weiter passiert.

Jo: Das hört sich gut an. Omnec, hast du den Menschen auf der Erde noch etwas Wichtiges mitzuteilen?

Omnec: Die Vorstellungskraft ist der Schlüssel zum Erschaffen von Wirklichkeit. Alles, was existiert, war vorher in deiner Phantasie. Wenn du ihr keine Grenzen setzt, dann kann das, was du dir vorstellen kannst, auch existieren.

Jo: Das klingt gut. Omnec, danke für das Interview, ich wünsche dir noch eine schöne Zeit hier auf der Erde.

Omnec: Sehr gern geschehen. Ich hoffe, du hast auch eine Menge über dich selbst und deine Transformation erfahren.

Bildverzeichnis

Quellen und Empfehlungen

Ich schätze und liebe noch viel mehr Menschen und Inspirationsquellen als die hier aufgeführten. Ich bin *allen* Menschen dankbar – auch *dir*, der oder die du hier vielleicht nicht genannt bist. Bitte sei dir bewusst, dass ich dich in meinem Herzen und in meiner Erinnerung halte oder/und mich auf dich freue.

- Omnec Onec – *Ich kam von der Venus, Engel weinen nicht, Handbuch venusischer Spiritualität*
- Omnec Onec und Anja Schäfer – *Einfach Weisheit und Liebe – Venusische Spiritualität*
- Omnec Onec CDs *„From Venus with Love", „Meine Mission auf der Erde" und „Seelenreise"* – auch im englischen Original sowie als Downloads erhältlich
- Dr. Raymond Keller – Bücher *Aufsteigende Venus und die englische Venus Rising Serie, Infos:* https://venus-spirit.com/ray
- Dr. Raymond Keller – *The Gospels of Thomas and Mary Magdalene, deutsch „Die Evangelien von Thomas und Maria Magdalena"* (deutsche Veröffentlichung 2023)
- Jen McCarty – u.a. *„Twin Flames and the Event", deutsch „Zwillingflammen und das Event"* (deutsche Veröffentlichung 2023) *https://www.144jenmccarty.com/*
- Saint Germain / Godfré Ray King – u.a. die Bücher *„Die magische Gegenwart", „Enthüllte Geheimnisse", „Die 33 Reden"*
- Peter Mount Shasta *https://www.i-am-teachings.com/*
- Elizabeth Clare Prophet *https://www.summitlighthouse.org/*
- Boris Lukacs *https://borislukacs.com/*
- Eckhart Tolle *https://eckharttolle.de/*
- Ein Kurs in Wundern *https://www.jcim.net/*
- Abraham Hicks *https://www.abraham-hicks.com/*
- Robin Kaiser *https://robinkaiser.eu/*

- Neale Donald Walsch – *„Ich bin das Licht! Die kleine Seele spricht mit Gott"* *http://www.nealedonaldwalsch.com/*
- Robert Potter – Venus-Contactee, Organizer Mount Shasta Summer Conferences *https://thepromiserevealed.net/*
- Viviane Chauvet – Arcturian Hybrid and Galactic Healer *https://infinitehealingfromthestars.com/*
- AERI Austrian Extraterrestrial Research Initiative – Claus Gomig, *https://t.me/AERIufo*
- Cosmic Society – Steffi Steinecker und Gerhard Praher *https://cosmic-society.net/*
- Kim Cramer – Mediale Beratungen *https://www.kim-cramer.de/*
- Dr. iur. Ralph Straessle – Plejaden-Channeling und Rechtsanwalt *https://www.ralphstraessle.com/*
- Saskia Voigtländer – *https://www.saskiavoigtlaender.com/*
- Frank Jacob – *Webinar „Eine Geschichte von zwei Zeitlinien", Filme u. a. „Packing for Mars", „Solar Revolution", „The Klaus Dona Chronicles",* *https://frankjacob.com/*
- Reiner Elmar Feistle – Verlag, Events, Heil-Einzelsitzungen *https://www.all-stern-shop.com/*

Filme

- Der dunkle Kristall
- Arrival
- Sie leben
- Star Wars
- Contact
- Matrix
- Avatar
- Men in Black
- Hereafter
- Der Tag, an dem die Erde still stand (1951 und 2008)
- Jupiter Ascending

- Astral City
- Hinter dem Horizont
- Ad Astra – Zu den Sternen
- Kampf der Titanen (der alte von 1981)
- In meinem Himmel

Venus-Perlen

Die drei Original-Bücher von Omnec Onec mit den Titeln „Ich kam von der Venus“, „Engel weinen nicht“ und „Handbuch venusischer Spiritualität“ erscheinen im Jahr 2023 neu bei uns. *(Hinweis: Zum Zeitpunkt der Veröffentlichung dieses Buches sind die neuen Cover noch in Arbeit und der Sammelband „Die venusische Trilogie“ von 2011 ist noch erhältlich.)*

Ich kam von der Venus
Omnec Onec
Die Autorin kam 1955 als Kind mit einem Raumschiff von der Venus zur Erde und wuchs hier in einer irdischen Familie auf. In ihrer Autobiographie berichtet sie über die Geschichte, Spiritualität und Kultur der Venusier, die seit langer Zeit auf der Astralebene leben. Omnec erzählt von ihren ersten Lebensjahren dort, erklärt, warum und wie sie hierher kam und welche Mission sie auf der Erde zu erfüllen hat.
Dieses Buch ist ein in seiner Art einzigartiges Dokument über die märchenhafte Welt des Astralen.
Als Schwesterplanet der Erde ist die Venus bereits durch einen ähnlichen Transformationsprozess in eine höhere Frequenze-

bene gegangen, wie ihn die Erde mitsamt ihrer Bewohner gerade durchläuft. Die durch Omnec Onec überbrachte Geschichte der Venus mitsamt ihrer spirituellen Lehren sind ein Geschenk reiner Liebe und zeigt, wie die Transformation in ein erweitertes Bewusstsein im Einklang mit den universellen Gesetzen der Höchsten Gottheit gemeistert werden kann.
Dieses Buch ist die autorisierte Neuausgabe der Originalfassung, so wie sie Omnec Onec in den sechziger Jahren verfasste und erstmalig 1991 unter dem Titel UFO – From Venus I Came in den USA erschien.
Neuerscheinung 2023, DISCUS Publishing
ISBN: 978-3-910804-05-0

Engel weinen nicht
Omnec Onec
In der Fortsetzung ihrer Autobiographie erzählt Omnec von ihren Lebenserfahrungen auf der Erde. Ihre klare Erinnerung an ihre Herkunft und die telepathischen und teilweise physischen Kontakte mit ihren Raumfreunden und Meistern gaben ihr die Kraft und den Mut, sehr herausfordernde und leidvolle Erfahrungen inmitten einer noch unerwachten Gesellschaft zu meistern. Immer mit offenem Herzen und der göttlichen Liebe verbunden erfüllt Omnec ihre Mission als Botschafterin der Venusier und als Überbringerin bedingungsloser Liebe im Dienst für die Transformation der Erde.
Neuerscheinung 2023, DISCUS Publishing
ISBN: 978-3-910804-06-7

Handbuch venusischer Spiritualität
Omnec Onec
Essenz der spirituellen Lehren
Die Wahrheit ist immer einfach. Aktuell und in leicht verständlichen Worten beschreibt Omnec das Wesentliche über den Aufbau der Schöpfung, über die Seele und das Leben. Dieser Band

beinhaltet die wesentliche Botschaft der Autorin und gibt praktische Schlüssel für die Erweiterung des eigenen Bewusstseins.
Neuerscheinung 2023, DISCUS Publishing
ISBN: 978-3-910804-07-4

Einfach Weisheit und Liebe – Venusische Spiritualität
Omnec Onec und Anja Schäfer
Die Welt ist im Wandel, der Transformationsprozeß der Erde ist im Gange. Das uns bekannte Weltsystem, das auf Kontrolle und Manipulation basiert, geht dem Ende entgegen. Dank mutiger Botschafter wie Omnec Onec werden wir an das erinnert, was wir vor langer Zeit vergessen haben: Unsere Vorfahren kamen von anderen Sternensystemen und unsere Existenz ist nicht auf dieses physische Leben begrenzt. Wir alle sind Seelen, die von einem liebenden Schöpfer erschaffen wurden.
Inhalte: Die unbekannte Geschichte unseres Sonnensystems und die spirituelle Transformation der Erde aus venusischer Sicht · „Die wahre Geschichte von Jesus Christus" · „Ein venusischer Brief" · Abschriften öffentlicher Veranstaltungen mit Fragen und Antworten · Hinweise, wie du die Transformation der Erde in eine höhere Schwingungsfrequenz unterstützen kannst
Liebevoll, weise, inspirierend. Dieses Buch ist ein Lichtfokus für die Erweiterung des Bewusstseins und gibt einen tiefen Einblick in die Lehren der Venusier.
320 Seiten inklusive Abbildungen, DISCUS Publishing, 2016
ISBN: 978-3-9817441-1-8

Aufsteigende Venus

Facettenreiche Verbindungen und Freundschaften mit unserem Schwesterplaneten

Dr. Raymond Keller und Anja Schäfer (Co-Autorin)

Dr. Raymond Kellers „Venus Rising-Buchreihe“ erforscht den Planeten Venus und seine vielseitigen Verbindungen mit der Erde. Sehr gut dokumentiert und basierend auf persönlicher Forschung und jahrzehntelanger Erfahrung enthüllen diese Bücher Zusammenhänge aus den Perspektiven von Geschichte, Mythologie, Theosophie, Weltraumforschung, Ufologie, Filmveröffentlichungen, Comicliteratur, Wissenschaft, „Verschwörungen“, Politik, Exopolitik, Kontaktpersonen, Venusiern, Spritualität und aktuellen Ereignissen.

Inhalte: Venus in Kunst und Kultur · Theosophie · Kontaktpersonen · Venusier unter uns · Geschichte und Politik · Einflüsse der Venusier auf das Weltgeschehen · UFOs und fortgeschrittene Technologie · Außerirdische und unsere eigenen Verbindungen mit unserem Ursprung · Spiritualität und Wissenschaft · Dimensionaler Aufstieg · Transformation der Erde · Bedingungslose Liebe · Botschaften der Venusier

436 Seiten inkl. Abbildungen, DISCUS Publishing, 2022

ISBN: 978-39817441-7-0

Die Evangelien von Thomas und Maria Magdalena
Dr. Raymond Keller
Das Thomasevangelium und das Evangelium der Maria Magdalena wurden im Dezember 1945 in der ägyptischen Wüste in Nag Hammadi gefunden, zusammen mit einigen anderen Büchern, die als „Nag Hammadi Bibliothek“ bezeichnet werden. Diese Texte waren durch das Alter stark fragmentiert und befanden sich in einem Zustand fortgeschrittenen Verfalls. Bis heute konnten diese heiligen Texte von Gelehrten nur teilweise interpretiert werden, da nie eine vollständige Aufzeichnung dieser Texte gefunden wurde. Selbst wenn es diese Texte gäbe, könnten sie nicht so vollständig oder genau sein wie die jetzt hier vorliegende Version von Dr. Raymond Keller.
Diese „Morgenstern-Ausgabe“ ist ein übernatürliches Geschenk an die Menschen durch die Hierarchie des Lichts.
Neuerscheinung 2023, DISCUS Publishing
ISBN: 978-3-910804-04-3

CDs von Omnec Onec

In Zusammenarbeit mit dem Musikproduzenten Wulf Wemmje erschuf Omnec Onec unter venusischer Inspiration diese drei sehr unterschiedlichen, wunderschönen CDs.

„Die Seelenreise“ und „Meine Mission auf der Erde“ gibt es auch in der englischen Originalfassung mit Omnecs Stimme.

Die Seelenreise
Eine geführte Meditation mit abwechslungsreicher Musik für eine Erfahrung der Ebenen des Bewußtseins
Mantras und Visualisierungen unterstützen die Erfahrung der verschiedenen Dimensionen von der physischen über die astrale, kausale, mentale, ätherische und Seelenebene bis zur göttlichen Ebene. *„Das Seelenreisen ist eine Kunst und Wissenschaft, bei der Sie zeitweise den physischen Körper verlassen, um im Seelenkörper einige oder alle der Welten jenseits des physischen Universums zu besuchen und zu erforschen. Sie reisen mit Licht und Klang und haben Zugang zu Ebenen des Bewußtseins, in denen Sie Wissen erlangen und eine innere Erfahrung zu Ihrem Wohle machen können."*
Länge: ca. 71 Min. Deutsche Stimme: Anja Schäfer

Meine Mission auf der Erde
Omnec erzählt die Geschichte ihrer Herkunft und gibt universelles Wissen weiter. Lauschen Sie Omnecs faszinierender Geschichte, eingebettet in Klangsphären und venusisch inspirierter Musik. Omnec erzählt von der Verbindung der Venus zur Geschichte der Erde und vom Zweck und Ziel ihres abenteuerlichen Transfers von der Astralebene der Venus auf die physische Erde.
Länge: ca. 53 Min. Deutsche Stimme: Anja Schäfer

From Venus with Love
Omnec spricht und singt über Liebe mit sphärischer musikalischer Untermalung. „Wenn Du Liebe in allen Formen erfahren hast, dann lernst Du bedingungslose Liebe kennen. Venus Liebe ist bedingungslose Liebe". Diese Musik- und Poesie-CD ist mit

Omnecs Stimme gesungen und gesprochen. Das deutsche Booklet enthält alle Texte auf Deutsch und auf Englisch.
Länge: ca. 65 Min. Englisches Original

Die CDs sind physisch und als Downloads im mp3-Format in unserem **Venus Spirit Shop https://venus-spirit.com** erhältlich. Du findest dort auch **Hörproben**.

Kontakt

Anja Schäfer
Venus Spirit und **DISCUS Publishing**

- Website: **https://venus-spirit.com**
- E-Mail: **contact@venus-spirit.com**
- YouTube **https://youtube.com/@venus-spirit**
- Telegram **https://t.me/venus_spirit**

Abonniere unseren **Newsletter** *und* **YouTube Kanal**.

Lasst uns immer mehr miteinander verbinden und gemeinsam eine wundervolle, neue Welt erschaffen!

Mögen universelle Liebe und Segnungen sein.

Anja ♥

DISCUS
PUBLISHING